势流理论在舰船流体性能预报中的应用

谢 伟 陈材侃 ◎ 编著

国防工业出版社

·北京·

内 容 简 介

本书结合作者在舰船工程设计实践中的部分研究成果和应用经验，系统地介绍了势流理论在舰船流体性能预报中的应用。主要内容包括近海面三维非定常势流理论、下潜涡环栅格法以及势流理论方法在舰船多个方面具体计算力学问题中的应用等。在介绍理论方法的同时，书中给出了多项计算应用的示例，以指导读者研究和使用。

本书注重理论、突出应用，适用于高等院校和科研单位研究生、工程技术人员和研究人员，可作为船舶工程、流体力学等专业的教材和参考用书。

图书在版编目（CIP）数据

势流理论在舰船流体性能预报中的应用/谢伟，陈材侃编著. —北京：国防工业出版社，2023.1
ISBN 978 – 7 – 118 – 12656 – 3

Ⅰ.①势… Ⅱ.①谢… ②陈… Ⅲ.①船舶性能—位势流动—研究 Ⅳ.①U661

中国版本图书馆 CIP 数据核字（2022）第 193449 号

※

国防工业出版社出版发行
（北京市海淀区紫竹院南路 23 号　邮政编码 100048）
北京龙世杰印刷有限公司印刷
新华书店经售

*

开本 710×1000　1/16　印张 13　字数 220 千字
2023 年 1 月第 1 版第 1 次印刷　　印数 1—2000 册　定价 148.00 元

（本书如有印装错误，我社负责调换）

国防书店：(010)88540777　　　书店传真：(010)88540776
发行业务：(010)88540717　　　发行传真：(010)88540762

序言

　　舰船流体力学性能预报涉及许多研究课题,如船体外部流场预报、舰船快速性研究、阻力预报及船型优化、舰船在波浪中的运动响应、舰船操纵性能及舰船推进性能研究等。在研究中为了简化可引入适当的假定,如将流体视作均匀不可压理想流体或者流动视作无旋运动,这样就可以采用势流理论的方法求解。势流理论方法理论明晰、计算简单经济,能反映流动的主要特性及其与舰船船型和尺度的关联,且具有可靠的预报精度,因此得到了广泛的应用。

　　20世纪60年代以来,随着计算机科学的进步,船舶计算流体力学迅速发展,各种舰船流体力学的计算方法也得到蓬勃的发展。美国学者 J. L. Hess 和 A. M. O. Smith 提出了以 Rankine 源分布为基础的任意三维物体的无升力势流计算方法,后来又提出了以偶极子分布为基础的有升力物体的势流计算方法,为船体外部势流场预报奠定了基础。线性兴波理论的发展,为舰船兴波阻力预报和阻力优化船型研究开拓了空间。基于细长体假设的切片理论可预报舰船在规则波、非规则长峰波、短峰波中的运动响应。船舶操纵运动方程中的各种导数,诸如附加质量、舵和鳍的导数等,均可用势流理论的方法计算。在预报螺旋桨推进性能时,可采用偶极子分布的涡环栅格法,这也是建立在势流理论的基础上的。21世纪以来,虽然基于求解平均纳维尔—斯托克斯方程(RANS)的商业软件已广泛应用到舰船流体性能预报中,但势流理论方法仍然有着它应有的价值。

　　根据舰船设计和科研工作的需求,多年来作者长期从事舰船流体性能课题的研究,这些课题都有着实际的工程背景和理论价值。

　　书中首次提出的下潜涡环栅格法是对翼表面分布涡环栅格法的重要改进,用于水翼、舵、鳍的计算,提高了精度。书中将艇体和各附体整合的全艇附加质量计算方法比传统的切片法更精确。在潜艇应急上浮运动和上浮稳性的研究中,考虑了非线性自由液面边界条件,并且将艇体运动和水动力计算耦合,建立了更严密的理论模型。利用线性兴波理论的方法,预报了潜艇近水面航行的兴波阻力和纵倾力矩,而潜艇近水面航行时的纵向稳定性是十分受关注的问题。本书对潜艇前体水动力特性与声纳平台区噪声级的计算,有利于评估潜艇前体线型设计的优劣。本书还讨论了前体线型设计的原则。本书建立了潜射导弹水下发射的理论模型,预报了水下水平发射、垂直发射导弹的运动轨迹与受力状态。较全面地论述了小水线面双体船的兴波阻力、耐波性、稳定性和横向波浪载荷的理论与方法。采用源汇-偶极子复合奇点法,计算外涡蜗尾船型的流场,预报了船尾桨盘面处预旋环流的存在,首次用理论的方法阐明了蜗尾船型的优良性能。另外,书中还阐述了潜艇观通拖体的水动力设计要素等,建立了适用观通拖体浮标的计算理论和方法。

本书理论公式推导详细,数学处理严谨,工程应用背景明确,可为广大从事舰船性能研究的科研设计人员提供有益的参考。对于船舶与海洋结构物设计制造、流体力学等专业的硕士和博士研究生,这是一本较好的教材。相信本书的出版,对于势流理论在舰船性能研究中的普及和发展,将起到积极的推动作用。

前言

海洋环境是舰艇计算力学主要研究和关注的课题。海洋自由表面，作为最具特色的海洋物理环境，具有随机性特征，是流体力学难题之一。一方面，舰船运动以惯性力为主导的特性，使势流理论研究持续保持了热度；另一方面，舰艇领域诸多特殊问题的理论及应用突破，以及对非线性问题的深入研究等，又使船舶势流理论不断焕发了新活力。

长期以来，舰船科研人员克服诸多困难，在以源汇法为代表的船舶势流理论方面取得了可观的研究成果，为解决型号设计及工程实际问题提供了重要的理论方法和手段。需要特别指出的是，船舶势流理论的这些研究和应用成果均为自主可控。作者将多年来所取得的理论和应用创新总结成书，书中结合舰船流体性能预报实际问题，既是对势流理论应用的重要梳理，也是我国船舶势流理论研究体系的完善和补充。

本书主要介绍以源汇法为代表的势流理论在舰船流体性能预报中的部分实际应用，书中有关计算力学理论模型的建立、数值方法的开发、计算结果的分析与讨论等，可为舰船及海洋工程领域的科研设计人员提供有益的参考，同时本书也可作为流体力学、船舶与海洋结构物设计制造、船舶与海洋工程等专业硕士及博士研究生的教材。

本书共15章，涵盖了基础理论、理论创新、水下舰艇重要计算力学问题应用、水面舰艇重要计算力学问题应用等多个层次，其中计算力学问题又包括舰艇主要航行性能、运动稳定性、应急上浮性能、前体流动特性、潜射导弹性能、波浪载荷、尾流场均匀性等多个方面。本书主要内容包括：近海面三维非定常势流理论、三维水翼绕流的下潜涡环栅格法、潜艇整艇附加质量与加速度导数、非定常势流理论在潜艇应急上浮研究中的应用、潜艇应急上浮运动稳性、潜艇近水面航行阻力、潜艇近水面航行水动纵倾力矩、潜艇前体流体动力特性、潜射导弹水下弹道、小水线面双体船阻力、小水线面双体船耐波性、小水线面双体船稳定性、小水线面双体船波浪载荷、蜗尾船型尾流场以及潜艇观通拖体水动力特性等。分述如下：

（1）近海面三维非定常势流理论。采用完全非线性自由液面边界条件，将潜艇视为三维无升力体和升力体的组合体，建立了潜艇近海面运动的非定常势流理论,使用全三维非线性的非定常势流理论,将潜艇运动、流场与艇体水动力计算完全耦合,这种理论模型既需考虑非定常势流,又需考虑非线性自由液面边界条件,同时还需在解算艇体运动时耦合计算流场与艇体水动力。本书介绍了对以上问题的圆满处理方法,使近海面三维非定常势流理论在工程应用中能够达到一定高度,这是本书的创新点之一。

(2) 三维水翼绕流的下潜涡环栅格法。模型试验结果表明,在中速范围近水面围壳舵的水动力系数比深水时减小 10%~20%,由此使围壳舵的舵效率显著下降,且尾水平舵也存在类似影响,这使得潜艇近水面航行的操纵性变差。而潜艇在近水面航行时,为了准确保持航行深度,更需要具备良好的垂直平面操纵性。因此,研究近水面时水深对舵角导数的影响就十分必要。本书通过在包含于机翼表面内的某次表面及尾涡面上分布法向偶极子,在翼面上满足物面边界条件,建立了求解三维机翼绕流的下潜涡环栅格法,并且考虑非线性的自由液面边界条件,用下潜涡环栅格法求解了水翼绕流问题,用于水翼、水下安定翼和各种舵的水动力计算和近水面航行时舵角系数的计算,这是本书的另一创新点。

(3) 潜艇整艇附加质量与加速度导数。以往深水中附加质量的计算,通常采用切片法。一方面,切片法难以准确计算指挥台围壳和各附体的附加质量,由此将带来较大误差;另一方面,在考虑自由表面影响时,将其视为刚性壁面采用镜像原理计算,也不符合自由表面的物理本质。本书采用完全非线性的自由液面边界条件,用非线性势流理论计算整艇的速度势函数,进而求得附加质量系数及加速度系数,用数值计算方法预报潜艇附加质量和加速度系数,以尽量消除数学模型误差,在理论上力求严密。此外,本书将主艇体、指挥台围壳、水平与垂直稳定翼以及首围壳舵等附体一起计算,以尽量减少几何模型误差。本书采取的方法相比估算法或切片法可获得更精确的结果。

(4) 非定常势流理论在潜艇应急上浮研究中的应用。应急上浮是潜艇设计中须重点关注的方面。作为非定常势流理论的工程实际问题应用,本书结合潜艇应急上浮运动这一特定情况,将流场分析、艇体水动力与潜艇运动计算完全耦合,在计算潜艇上浮过程的同时完成对液面随时间变化规律的计算。本书的处理方法在计算力学理论与工程实际问题应用的密切结合方面开辟了可供参考的新途径。

(5) 潜艇应急上浮运动稳性。书中通过对潜艇应急上浮运动以及高压空气系统吹除主压载水舱机理的分析,推导了潜艇应急上浮运动方程,给出了将上层建筑"背水量"作为临时加载的应急上浮稳性计算方法,完成了应急上浮运动与非定常势流的耦合求解。本书对实际工程背景下潜艇应急上浮运动稳性的研究具有一定现实意义。

（6）潜艇近水面航行阻力。常规动力潜艇常航行在潜望镜深度进行充电、侦察等，核动力潜艇的部分通信、导航，尤其发射导弹等也在近水面进行，须准确保持航行深度，特别是潜望镜深度和发射弹道导弹深度。近水面航行时的速度往往较低（通常傅汝德数小于等于0.2），有效舵力小，艇舵效降低而受力复杂，此时操纵性问题凸显。深入研究潜艇近水面航行，首要是对近水面航行阻力的计算，艇阻力系数除关乎艇的阻力性能外，还可为近水面操纵方程提供重要的纵向力系数。

（7）潜艇近水面航行水动纵倾力矩。当潜艇在近水面静水中航行时，一方面产生的兴波改变了船体表面压力分布，使艇体表面水动力分布与深水中有所不同，艇体由此将受到由兴波生成的垂向力和纵倾力矩的作用；另一方面，兴波作用和艇的纵倾将产生垂直于艇体纵轴的流动，这一垂向流动的黏性作用会产生垂向力和纵倾力矩。本书采用线性兴波理论方法，将潜艇主艇体简化为细长旋转体，在其轴线上分布线性兴波源，将指挥台围壳视为薄翼型体，在其中纵剖面上分布兴波面源，由此推导了兴波速度势，计算了垂向力和纵倾力矩。本书对以上垂向力和纵倾力矩的探讨和处理同样具有较强的现实意义。

（8）潜艇前体流体动力特性。潜艇前体的流体动力特性，对潜艇的总体性能指标有着重要影响。前体线型设计必须协调艇阻力（速度）、武备布置、水声设备布置、压力场特征及操纵性能要求等众多方面，如必须保持低的边界层噪声水平，以保证声纳装置的正常工作；必须保持低的潜艇压力场特征，以尽量减少触发水雷的危险。考虑降低噪声级水平、减弱压力场特征、保证操纵性能、保障武备布置等要求，从流体动力学观点，即需要按速度、噪声和压力场的要求完成艇体线型的精细设计，其最重要的设计参数是压力和速度沿艇体外形的分布。本书重点研究了潜艇前体水动力特性，计算了首部流场、薄边界层，确定了转捩点、逆压点，分析了声纳平台区的声学特性，可为重要的潜艇前体线型设计提供参考。

（9）潜射导弹水下弹道。针对水下弹道设计与计算的工程实际问题，书中重点针对水动力、火箭矢量推进器参数及导弹运动轨迹等开展研究，计算参量包括在水下点火时导弹承受的推力、惯性力、黏性力、重力、浮力、阻力，及其速度、加速度等，以确保所设计的水中弹道和出水姿态满足相关技战术要求。本书对相关理论分析和数学建模工作进行了系统阐述，推导了导弹水下发射的空间运动方程、导弹水中运动黏性类力和惯性类力估算公式，推导了固体火箭矢量推进器在水中点火时的推力计算公式等，建立了水下弹道计算的有效数值方法，书中所述理论及处理方法可为类似工程实际问题的解决提供参考。

（10）小水线面双体船阻力。小水线面双体船阻力计算中需考虑的干扰和影响复杂,包括片体与片体、同侧片体与支柱、不同侧片体与支柱、支柱与支柱等。此外,在单个片体上可布置单支柱或双支柱,由此成为两类不同的小水线面双体船。本书采用线性兴波理论方法,将小水线面双体船的片体简化为细长体,在其轴线上分布线性兴波源,其强度随横截面面积曲线的斜率而变化,将支柱视为薄翼型体,在其中纵剖面上分布兴波面源,其强度随支柱半厚度曲线的斜率而变化,由此分别推导了单支柱及双支柱的两类小水线面双体船的兴波阻力公式,这是本书的另一个重要应用特点。

(11) 小水线面双体船耐波性。与单体船相比,小水线面双体船的主要排水量分布在离水面较深的片体中,因此所受到的波浪力和力矩要小得多,其支柱和片体可分别视为薄片体和细长体,片体远离水面沉入水下,符合线性切片理论的细长体假设,因此小水线面双体船耐波性预报方法多以切片理论为基础。与单体船不同,第一,小水线面双体船须考虑片体及支柱多者之间的多类流体动力干扰,对此在计算截面的水动力系数时需计入;第二,对于单体船运动计算,其黏性阻尼远小于兴波运动产生的阻尼,因而可忽略不计,而对小水线面双体船而言,二者属同一量级,因此不能忽略黏性引起的水动阻尼。第三,对于小水线面双体船还必须考虑首尾鳍对水动力系数的影响。综合考虑以上特点,本书简要论述了 C. M. Lee 等所发展的切片理论,重点列出了主要计算公式,以指导不同航速各种波向角下小水线面双体船匀速航行时的运动响应预报。

(12) 小水线面双体船稳定性。小水线面双体船在静水中做直线匀速航行时,受到某外力干扰后船偏离初始平衡位置,当外力干扰消失后船能恢复到初始平衡位置,则称为运动稳定,否则是不稳定的。小水线面双体船与排水量相当的常规单体船或双体船相比,其突出特点是水线面积很小,这使得其具有较小的兴波阻力和较好的耐波性。然而,小水线面双体船的垂荡和纵摇恢复力也很小,所以它对于垂荡和纵倾外力干扰的抵抗能力也较弱,这使得小水线面双体船的稳定性较差,当航速傅汝德数超过 0.38~0.44 后,小水线面双体船的纵向运动一般是不稳定的。因此,设计中须加装合适尺度的前后稳定鳍,以改善其纵向运动稳定性,稳定性理论的重要应用之一即为稳定鳍的设计。影响纵向运动稳定性的特征参数是垂荡和纵摇的固有周期、半衰周期和阻尼比,在预报计算中需加以关注。综上,本书简要论述了小水线面双体船在静水中直线航行时的纵向运动稳定性理论,讨论了纵向运动稳定性方程及其特征解的求解方法,给出了纵向运动特征参数的计算公式(包括垂荡和纵摇的固有周期、半衰周期和阻尼比等)。稳定性理论方法对指导稳定性设计具有一定工程实际意义。

(13) 小水线面双体船波浪载荷。与一般常规单体排水型船舶不同,小水线面双体船的纵向波浪载荷并不重要,而重要的是其在正横浪作用下的横向波浪载荷。一方面,小水线面双体船船长船宽比较小,船体结构具有足够的纵向刚度和强度;另一方面,其具有较大的侧面积和型深,在正横浪的作用下,将受到较大的横向波浪载荷作用,如横向弯矩、水平和垂直方向的拉力或剪力等。这些载荷可能引起船体局部结构的破坏或疲劳,中小型小水线面双体船为了减轻结构重量,常采用全铝结构或钢铝混合结构,其结构强度问题更应受到重视。本书论述了小水线面双体船在正横浪作用下受到的横向波浪载荷计算方法和不规则横浪中横向波浪载荷的预报方法(包括在横向连接桥中心剖面和支柱剖面上弯矩、剪力、拉力等),介绍了正横浪作用下船的运动响应计算、船体表面的水动压力分布计算,水动压力和船运动惯性力联合产生的合力和合力矩计算等。利用书中所述理论方法预报横向波浪载荷,可获得满足工程设计要求的计算结果。

(14) 蜗尾船型尾流场。蜗尾船型是一种船尾伴流场均匀性优秀的新船型,对提高螺旋桨效率、降低振动噪声具有重要意义。对于蜗尾船型,采用传统势流方法面临一定的困难,如采用传统源分布的计算方法,则无法反映该船型的预旋流特征,即单纯地分布源这一种奇点,不能反映其流动的本质特征。此外,考虑偶极子不能分布于一个明确的翼面上,必须抛弃薄翼假设等,可行方法是采用偶极子直接分布于船体表面的涡环栅格法。本书采用涡环栅格法结合 Hess - Smith 方法,创新提出了计算任意物体势流场的数值方法——源汇—偶极子复合奇点法,建立了蜗尾船型的势流场计算模型,定性地用理论计算的方法预报了蜗尾船型存在预旋流的特征,验证了涡模型设想,部分地反映了蜗尾船型的性能(创造均匀的尾部伴流、提高螺旋桨的推进效率、有利于尾部减振降噪性能的改善),以上理论方法的提出和应用是本书的创新点。

(15) 观通拖体水动力学。潜艇在水下航行时可将观通拖体浮标施放至水面,开展观测、通讯及定位等任务,在任务完成后再将观通拖体收回到浮标收放装置中。海面波浪、海流和风的作用,使得近水面浮标的运动状态变得十分复杂。观通拖体水动力设计的主要任务包括拖体型式分析与净浮力设计、浮标缆索性状和拖曳力计算、拖航收放运动稳定性分析、浮标在规则波及不规则波中的运动预报、观通浮标设计环境和技术指标的确定等。本书建立了适用潜艇观通拖体浮标水动力设计的理论和方法,可指导观通拖体类装备的研究和设计。

作者在诸多课题的研究工作中,得到梁中刚、黄绪琼、吴汉生、邓志纯、程尔升、吴建财和刘华等同志的鼎力支持及帮助,刘强博士在本书的校对中做了大量的工作,在此表达诚挚的谢意。

因作者学识所限,书中难免存在不足之处,期待交流指正并诚恳欢迎读者提出宝贵意见。

目录

第1章　近海面三维非定常势流理论 ························· 001
　1.1　近海面非定常势流理论基础 ························· 001
　1.2　非定常势函数 ························· 002
　1.3　水动力计算公式 ························· 002
　1.4　非线性自由表面边界条件 ························· 004
　　1.4.1　运动学边界条件 ························· 004
　　1.4.2　动力学边界条件 ························· 004
　　1.4.3　定常运动的非线性自由液面边界条件 ························· 005

第2章　三维水翼绕流的下潜涡环栅格法 ························· 006
　2.1　三维水翼下潜涡环栅格法理论基础 ························· 007
　2.2　下潜涡环栅格法的数值方法 ························· 008
　2.3　下潜涡环栅格法示例计算 ························· 009

第3章　潜艇附加质量与加速度导数 ························· 015
　3.1　水下潜艇运动的非定常势流理论 ························· 015
　3.2　单位绝对运动速度势方程的求解 ························· 016
　3.3　附加质量表达式 ························· 017
　3.4　附加质量示例计算 ························· 017

第4章　潜艇应急上浮中的非定常势流理论 ························· 020
　4.1　潜艇应急上浮运动中非定常势流的数学提法 ························· 020
　4.2　速度势及流场的数值计算 ························· 022
　4.3　应急上浮示例计算 ························· 022

第5章　潜艇应急上浮稳性 ························· 026
　5.1　潜艇应急上浮运动方程 ························· 026
　5.2　黏性阻力计算 ························· 027
　5.3　剩余浮力计算 ························· 027
　5.4　水舱内高压空气垫容积计算 ························· 028
　5.5　稳性计算方法 ························· 028
　5.6　应急上浮稳性示例计算 ························· 029

第6章 潜艇近水面航行的兴波阻力理论 ·············· 031
6.1 兴波阻力理论 ·············· 031
6.2 切比雪夫多项式拟合 ·············· 033
6.2.1 主体横剖面面积曲线 ·············· 033
6.2.2 围壳厚度分布曲线 ·············· 033
6.3 主体兴波阻力公式 ·············· 033
6.4 围壳兴波阻力公式 ·············· 034
6.5 主体与围壳干扰兴波阻力 ·············· 035
6.6 黏性阻力 ·············· 035
6.6.1 主体黏性阻力 ·············· 035
6.6.2 指挥台围壳黏性阻力 ·············· 035
6.6.3 附体阻力 ·············· 036
6.6.4 附加阻力 ·············· 036
6.7 近水面通气管航行阻力示例计算 ·············· 037

第7章 潜艇近水面航行的水动纵倾力矩 ·············· 038
7.1 兴波产生的垂向力和纵倾力矩 ·············· 038
7.2 黏性产生的垂向力和纵倾力矩 ·············· 039
7.3 兴波速度势函数 ·············· 040
7.4 垂向力及纵倾力矩示例计算 ·············· 041

第8章 潜艇前体的水动力特性 ·············· 042
8.1 潜艇前体设计要素 ·············· 042
8.1.1 声纳平台区的流噪声水平 ·············· 042
8.1.2 声纳平台区的边界层流态 ·············· 043
8.1.3 潜艇前体的压力场特性 ·············· 043
8.1.4 潜艇上浮运动中声纳的工作特性 ·············· 043
8.2 计算理论及方法 ·············· 044
8.2.1 理想流动的基本方程 ·············· 044
8.2.2 黏性流动的基本方程 ·············· 045
8.2.3 层流边界层转捩点计算 ·············· 048
8.2.4 声纳平台区噪声级估算 ·············· 049
8.2.5 数值计算方法 ·············· 051
8.3 前体水动力示例计算 ·············· 052
8.4 潜艇前体线型设计 ·············· 056

第9章 潜射导弹的水下弹道计算 ·············· 058
9.1 导弹水下发射的空间运动方程 ·············· 058
9.1.1 坐标系与转换矩阵 ·············· 058
9.1.2 运动学方程 ·············· 061
9.1.3 动力学方程 ·············· 063
9.1.4 空间运动方程的简化式 ·············· 065
9.2 黏性力估算 ·············· 068
9.2.1 鳍舵流体动力估算 ·············· 068
9.2.2 弹体流体动力估算 ·············· 071
9.2.3 导弹流体动力估算 ·············· 073
9.3 导弹附加质量估算 ·············· 074
9.3.1 弹体附加质量估算 ·············· 074
9.3.2 鳍舵附加质量估算 ·············· 075
9.4 固体火箭矢量推力器 ·············· 077
9.4.1 固体火箭发动机推力公式 ·············· 077
9.4.2 推力系数 ·············· 078
9.4.3 推力系数修正与喷管质量系数 ·············· 079
9.4.4 水下工作的固体火箭推力 ·············· 080
9.4.5 火箭发动机燃烧室总压的非定常修正 ·············· 080
9.4.6 扰流片矢量推力器 ·············· 081
9.4.7 摆喷管矢量推力器 ·············· 082
9.4.8 水下火箭矢量推力器估算 ·············· 082
9.5 水下弹道计算方程组 ·············· 084
9.6 水下弹道示例计算 ·············· 085

第10章 小水线面双体船兴波阻力理论及阻力计算 ·············· 091
10.1 单支柱小水线面双体船兴波阻力理论 ·············· 091
10.2 双支柱小水线面双体船兴波阻力理论 ·············· 094
10.3 黏性阻力 ·············· 097
10.4 函数性质 ·············· 098
10.5 阻力示例计算 ·············· 099
10.5.1 计算状态 ·············· 099
10.5.2 计算结果 ·············· 100

第 11 章 小水线面双体船耐波性理论及预报 · 103
11.1 运动预报理论基础 · 103
11.2 不规则波中的运动统计值 · 108
11.3 耐波性示例计算 · 109

第 12 章 小水线面双体船稳定性理论及预报 · 116
12.1 纵向运动稳定性方程及其解 · 116
12.2 纵向运动的特征参数 · 117
12.3 稳定性示例计算 · 118

第 13 章 小水线面双体船波浪载荷理论及预报 · 121
13.1 横向波浪载荷 · 121
13.2 波浪载荷示例计算 · 123

第 14 章 蜗尾船型的势流理论方法及应用 · 128
14.1 蜗尾船型研究的势流理论方法 · 129
14.1.1 常规势流理论方法面临的困难 · 129
14.1.2 无升力势流计算方法 · 131
14.1.3 涡环栅格法 · 132
14.1.4 蜗尾船型的势流理论方法 · 138
14.2 蜗尾船型研究的势流理论应用 · 142
14.2.1 翼型势流场计算 · 142
14.2.2 蜗尾船型势流场计算 · 153

第 15 章 潜艇观通拖体水动力学设计 · 162
15.1 拖体型式分析与净浮力设计 · 162
15.1.1 拖体型式 · 162
15.1.2 拖体上浮位置分析 · 164
15.1.3 拖体净浮力设计 · 166
15.2 浮标系统静水力性能计算 · 166
15.2.1 浮标在平静水面匀速拖航时的姿态计算 · 166
15.2.2 零航速时浮标姿态计算 · 166
15.2.3 姿态示例计算 · 167
15.3 缆索性状和拖曳力计算 · 167
15.3.1 缆索平衡方程 · 167
15.3.2 缆索受力分析 · 168

- 15.3.3 缆索无因次方程 ································ 169
- 15.3.4 端点张力条件 ································ 170
- 15.3.5 缆索性状示例计算 ································ 170

15.4 水下浮标收放运动计算 172
- 15.4.1 水下运动微分方程组 ································ 173
- 15.4.2 浮标收放运动示例计算 ································ 174

15.5 浮标系统在规则波中的动力响应 178
- 15.5.1 线性波理论 ································ 178
- 15.5.2 小尺度结构物上的波浪力 ································ 179
- 15.5.3 浮标系统动力响应方程 ································ 180
- 15.5.4 解摇荡微分方程的数值方法 ································ 181
- 15.5.5 规则波中动力响应示例计算 ································ 183

15.6 浮标系统在不规则波中的摇荡响应 184
- 15.6.1 浮标在不规则海浪中的摇荡响应 ································ 184
- 15.6.2 不规则波中浮标摇荡统计特性的预报 ································ 186
- 15.6.3 不规则波中摇荡响应示例计算 ································ 186

参考文献 ································ 188

第1章 近海面三维非定常势流理论

假设流体流动为不可压缩理想流体无旋运动,流场内所涉及的运动物体均为刚体。

近海面三维非定常势流理论是计及非线性自由液面边界条件、固壁边界、无穷远边界等边界条件,研究水下近海面流域内三维组合体运动的流场速度分布、压力分布、流体对组合体作用力的非定常势流理论。

为处理非线性自由液面边界条件、非定常势流、近海面组合体运动解算以及流场与水动力计算耦合等问题,需建立近海面三维非定常势流理论模型。通常将近海面流域内的目标求解物视为三维无升力体和升力体的组合体,采用完全非线性自由液面边界条件,建立组合体近海面运动的非定常势流理论,并使用全三维非线性的非定常势流理论,求解组合体运动、流场与水动力耦合[1-6]。

1.1 近海面非定常势流理论基础

取 $oxyz$ 为直角坐标系,其中 xoy 平面与静止水面重合,z 轴垂直向上。物体以速度 $\boldsymbol{W}(t)$ 做非定常运动,则速度势 $\phi(x,y,z,t)$ 应满足拉普拉斯方程,在流场内,有

$$\nabla^2 \phi = 0 \tag{1.1}$$

此外,满足下列边界条件:

(1) 物面边界条件。在物面上,有

$$\left.\frac{\partial \phi}{\partial n}\right|_S = \boldsymbol{n} \cdot \boldsymbol{W}(t) \tag{1.2}$$

(2) 自由表面运动学边界条件。在自由表面处,有

$$\frac{\partial \zeta}{\partial t} + \phi_x \frac{\partial \zeta}{\partial x} + \phi_y \frac{\partial \zeta}{\partial y} - \phi_z = 0, \quad z = \zeta(x,y,t) \tag{1.3}$$

(3) 自由表面动力学边界条件。在自由表面处,有

$$\frac{\partial \phi}{\partial t} + \frac{1}{2}\nabla\phi \cdot \nabla\phi + g\zeta = 0, \quad z = \zeta(x,y,t) \tag{1.4}$$

(4) 无穷远边界条件。在无穷远处,有

$$\nabla\phi \to 0, \quad r \to \infty \tag{1.5}$$

(5) 库塔条件。在升力体(机翼、鳍、舵等)的后缘速度为有限值。

(6) 兴波辐射条件。在物体的远前方无兴波形成。

(7) 初始条件。适当的自由液面初始条件。

以上式中,$\boldsymbol{n}$ 为物体表面法线方向矢量,ζ 为自由液面高度。

1.2 > 非定常势函数

满足式(1.1)及式(1.5)的非定常速度势 ϕ 可写为

$$\phi(x,y,z,t) = -\frac{1}{4\pi}\int_{S_b+S_f}\sigma(q,t)\frac{1}{r(p,q)}\mathrm{d}s - \frac{1}{4\pi}\int_{S_e+S_w}m(q,t)\frac{\partial}{\partial n}\left(\frac{1}{r(p,q)}\right)\mathrm{d}s \tag{1.6}$$

$$r(p,q) = \sqrt{(x-\xi)^2 + (y-\eta)^2 + (z-\zeta)^2}$$

式中:S_b 为物体表面;S_f 为自由液面;S_e 为机翼表面;S_w 为尾涡面;$p(x,y,z)$ 为空间点的坐标;$q(\xi,\eta,\zeta)$ 为物面或自由表面上点的坐标。

在物体表面及自由液面上布置源,其源强为 σ,在机翼表面及其尾涡面上布置法向偶极子,其强度为 m。也即 $\sigma(\xi,\eta,\zeta;t)$ 为在物面和自由表面上布置的源汇强度;$m(\xi,\eta,\zeta;t)$ 为在机翼表面和尾涡面上布置的法向偶极子强度。

显然势函数 ϕ 在流场内满足拉普拉斯方程式(1.1)和无穷边界条件式(1.5)。

而流场中的扰动速度为

$$\boldsymbol{V} = \nabla\phi = -\frac{1}{4\pi}\int_{S_b+S_f}\sigma(q,t)\nabla\frac{1}{r(p,q)}\mathrm{d}s - \frac{1}{4\pi}\int_{S_e+S_w}m(q,t)\nabla\frac{\partial}{\partial n}\left(\frac{1}{r(p,q)}\right)\mathrm{d}s \tag{1.7}$$

1.3 > 水动力计算公式

考虑水下近海面组合体运动是变速度的,随其运动坐标系为非惯性坐标系,故可应用动坐标系中的柯西—拉格朗日积分:

$$\frac{\partial \phi}{\partial t} - \boldsymbol{V}_e \cdot \nabla \phi + \frac{1}{2} \nabla \phi \cdot \nabla \phi + \frac{p}{\rho} + gz = f(t) \qquad (1.8)$$

式中:$\boldsymbol{V}_e$ 为运动坐标系牵连速度,其值为

$$\boldsymbol{V}_e = \boldsymbol{V}_0 + \boldsymbol{\omega} \times \boldsymbol{r} \qquad (1.9)$$

式中:$\boldsymbol{V}_0$ 为动坐标系原点相对于固定坐标系的运动速度;$\boldsymbol{\omega}$ 为动坐标系的瞬时旋转角速度;$\boldsymbol{r}$ 为考察点相对于动坐标系的向径。

由于无穷远处的自由液面是不受扰的,故

$$\zeta \to 0, \quad r \to \infty$$

于是,由自由液面动力学边界条件,得

$$\frac{\partial \phi}{\partial t} + \frac{1}{2} \nabla \phi \cdot \nabla \phi = 0, \quad r \to \infty$$

而无穷远条件为

$$\nabla \phi \to 0, \quad r \to \infty$$

故

$$\frac{\partial \phi}{\partial t} \to 0, \quad r \to \infty$$

另外,无穷远处自由液面还应满足:

$$p = p_0$$
$$z = -z_0(t), \quad r \to \infty$$

式中:$z_0(t)$ 为动坐标系原点在固定坐标系中的垂向坐标值。

将以上各式代入式(1.8),得

$$f(t) = \frac{p_0}{\rho} - gz_0(t)$$

整理得出流场中任意点的压力为

$$\frac{p - p_0}{\rho} = \boldsymbol{V}_e \cdot \nabla \phi - \frac{1}{2} \nabla \phi \cdot \nabla \phi - \frac{\partial \phi}{\partial t} - g[z + z_0(t)] \qquad (1.10)$$

这样,物体表面所受的水动力 $\boldsymbol{F}(t)$ 和水动力矩 $\boldsymbol{M}(t)$ 可分别由下述积分表示:

$$\boldsymbol{F}(t) = -\iint_{S_b + S_e} (p - p_0) \boldsymbol{n} \mathrm{d}s \qquad (1.11)$$

$$\boldsymbol{M}(t) = -\iint_{S_b + S_e} \boldsymbol{r} \times (p - p_0) \boldsymbol{n} \mathrm{d}s \qquad (1.12)$$

式中:$\boldsymbol{n}$ 为物面单位法向矢量;$\boldsymbol{r}$ 为参考点 O 到表面各点的向径。

1.4 > 非线性自由表面边界条件

1.4.1 运动学边界条件

设自由表面方程:
$$z = \zeta(x,y,t)$$

或记为
$$F(x,y,z,t) = \zeta(x,y,t) - z \equiv 0$$

则有
$$\frac{\mathrm{d}F}{\mathrm{d}t} = \frac{\partial F}{\partial t} + \nabla\phi \cdot \nabla F = \frac{\partial \zeta}{\partial t} + \frac{\partial \phi}{\partial x}\frac{\partial \zeta}{\partial x} + \frac{\partial \phi}{\partial y}\frac{\partial \zeta}{\partial y} - \frac{\partial \phi}{\partial z} = 0 \quad (1.13)$$

由此即得到运动学自由表面边界条件。

为了计算方便,可推导出运动学自由表面边界条件的另一表达形式:

$$\frac{\partial \zeta}{\partial t} = -\nabla\phi \cdot \nabla F = -\nabla\phi \cdot \frac{\nabla F}{|\nabla F|}|\nabla F| = -\nabla\phi \cdot \boldsymbol{n}|\nabla F| = -\phi_n|\nabla F|$$

式中

$$|\nabla F| = \sqrt{\left(\frac{\partial \zeta}{\partial x}\right)^2 + \left(\frac{\partial \zeta}{\partial y}\right)^2 + 1}$$

$$n_z = \frac{\partial F}{\partial z}\bigg/|\nabla F| = \frac{-1}{|\nabla F|}$$

由此得到
$$\frac{\partial \zeta}{\partial t} = \phi_n/n_z \quad (1.14)$$

1.4.2 动力学边界条件

在自由液面上 $p = p_0$,由柯西—拉格朗日积分给出的动力学边界条件为

$$\frac{\partial \phi}{\partial t} + \frac{1}{2}\nabla\phi \cdot \nabla\phi + g\zeta = 0$$

于是可得
$$\frac{\partial \phi}{\partial t} = -\left(\frac{1}{2}\nabla\phi \cdot \nabla\phi + g\zeta\right) \quad (1.15)$$

由全导数公式
$$\frac{\mathrm{D}\phi}{\mathrm{D}t} = \frac{\partial \phi}{\partial t} + \nabla\phi \cdot \nabla\phi$$

将上式代入式(1.15),得到动力学边界条件的另一形式:

$$\frac{D\phi}{Dt} - \frac{1}{2}\nabla\phi \cdot \nabla\phi + g\zeta = 0 \qquad (1.16)$$

在未知的自由液面 $z = \zeta(x,y,t)$ 上满足运动学边界条件式(1.13)或式(1.14)以及动力学边界条件式(1.15)或式(1.16),其具备严格的非线性性质。

1.4.3 定常运动的非线性自由液面边界条件

考虑理想、不可压、重力作用下的无旋流场,流动是定常的,则

$$\frac{\partial \zeta}{\partial t} = 0; \qquad \frac{\partial \phi}{\partial t} = 0$$

由此,可得定常运动的非线性自由液面运动学和动力学边界条件:

$$\begin{cases} \phi_n = 0 \\ \zeta = (V_0^2 - \nabla\phi \cdot \nabla\phi)/(2g) \\ z = \zeta(x,y,t) \end{cases} \qquad (1.17)$$

式中:V_0 为均流速度。

第 2 章
三维水翼绕流的下潜涡环栅格法

经典求解三维机翼升力问题的涡环栅格法，是在机翼表面和尾涡面上分布轴线垂直于该表面的法向偶极子，在机翼表面上满足物面边界条件，在机翼后缘满足库塔-儒可夫斯基条件及无穷远绕流条件，导出求解偶极子强度分布的离散代数方程，进一步求出势函数和翼表面速度分布，经压力系数积分计算水动力系数等[3,6-9]。这种方法的计算精度主要取决于各单元控制点速度计算的精度。由于经典的涡环栅格法偶极子分布在机翼表面上，因此计算速度时必须考虑偶极子分布的梯度，此项计算较繁复，易产生较大的误差。在单元离散时，每单元的偶极子强度视为常数，因此只能用相邻单元的偶极子强度的差分计算其梯度。在翼面上曲率变化大的前缘附近，单元剖分密，步长小，偶极子差分计算误差大，因此导致速度和压力计算不准确，使得力系数计算不准确。尤其是对于梯形翼、后掠翼、上反翼等，因为必须计算梯度在 x,y,z 三个方向上的分量，这使得偶极子梯度计算更困难。

为避免计算翼面上偶极子分布梯度，本章提出了下潜涡环栅格法，即将偶极子分布在潜于机翼表面下的某一适当的次表面及其后缘拖出的尾涡面上，控制点仍取在原机翼表面上。这样，计算控制点上的速度时，就不用计算偶极子梯度项。由于奇点分布在次表面上，同时也消除了机翼表面计算的奇异性，因此计算更为稳定和精确。机翼表面下次表面的形成，以机翼后缘为基准，前缘后缩，弦长减少 5% 左右；以机翼剖面中弧线为基准，上下表面内缩，厚度减少 5% 左右。

在包含于机翼表面内的某次表面及尾涡面上分布法向偶极子，在翼面上满足物面边界条件，建立了求解三维机翼绕流的下潜涡环栅格法。在严格的非线性自由液面条件下，在自由液面上分布源，导出非线性液面边界条件及相应的势流方程，用下潜涡环栅格法求解水翼绕流问题，由此可用于水翼、水下安定翼和各种舵的水动力计算。

2.1 > 三维水翼下潜涡环栅格法理论基础

考虑定常运动理想不可压流体以均速 V_0 流过水翼。坐标取在未受扰动的自由液面上,x 取来流方向,z 垂直向上,y 轴由右手法则确定。水翼下潜深度为 h。

考虑到流场总速度势 ϕ 是由均流势 $V_0 x$ 和扰动速度势 φ 组成,即 $\phi = V_0 x + \varphi$。将此式带入式(1.1)可得式(2.1),将此式带入定常运动的非线性自由液面边界条件式(1.17),可推导出式(2.3)和式(2.4)等。

这样,水翼在均匀来流中形成的扰动速度势 φ 满足以下方程及边界条件:
拉普拉斯方程,在流场内,有

$$\nabla^2 \varphi = 0 \quad (2.1)$$

物面边界条件,在物面上,有

$$\nabla \varphi \cdot \boldsymbol{n} = - \boldsymbol{V}_0 \cdot \boldsymbol{n} \quad (2.2)$$

自由液面边界条件,在自由表面上,有
运动学方程

$$\nabla \varphi \cdot \boldsymbol{n} = - \boldsymbol{V}_0 \cdot \boldsymbol{n}, \quad z = \eta(x,y) \quad (2.3)$$

动力学方程

$$\eta = \frac{-1}{2g}\left(2V_0 \frac{\partial \varphi}{\partial x} + \left(\frac{\partial \varphi}{\partial x}\right)^2 + \left(\frac{\partial \varphi}{\partial y}\right)^2 + \left(\frac{\partial \varphi}{\partial z}\right)^2\right), \quad z = \eta(x,y) \quad (2.4)$$

无穷远边界条件,在无穷远处,有

$$\lim \varphi = 0, \quad r = (x^2 + y^2 + z^2)^{\frac{1}{2}} \to \infty \quad (2.5)$$

库塔条件:在机翼的后缘速度为有限值。
兴波幅射条件:在机翼的远前方无兴波形成。
为求解由以上方程和定解条件组成的问题,首先构造扰动势函数如下:

$$\varphi(x,y,z) = -\frac{1}{4\pi}\int_{S_f} \sigma \frac{1}{r} \mathrm{d}s - \frac{1}{4\pi}\int_{S_e + S_w} m \frac{\partial}{\partial n}\left(\frac{1}{r}\right) \mathrm{d}s \quad (2.6)$$

在自由液面上布置源,其源强为 σ,在机翼的次表面及其尾涡面上布置法向偶极子,其强度为 m。显然势函数 φ 在 Ω 内满足拉普拉斯方程式(2.1)和无穷边界条件式(2.5)。

φ 在机翼表面上是解析的,无奇点。在涡环栅格法中,令机翼后缘处的涡强为零,以满足库塔条件。

为确定源强 σ 和偶极子强度 m,将扰动势 φ 代入自由面边界条件式(2.3)和式(2.4),以及水翼表面边界条件式(2.2)中,形成迭代算法求解。

运动学液面边界条件是在 $z = \eta(x,y)$ 的兴波面上满足的,它是未知的。
液面高 η 由非线性动力学边界条件式(2.4)计算。

由此,加上水翼表面边界条件,构成了求解定常非线性升力体势流的基本方程。

2.2 下潜涡环栅格法的数值方法

将自由液面 S_f 剖分为 M 块四边形单元,第 j 单元记为 S_{fj},将机翼的次表面 S_e 剖分为 N 块四边形单元,第 j 单元记为 S_{ej},其边界周长记为 L_{ej}。将各单元的源强视为常数,记为 $\sigma_j (j = 1, 2, \cdots, M)$,各单元的偶极子强度视为常数,记为 $m_j (j = M+1, M+2, \cdots, M+N)$。这样从式(2.6),得

$$\varphi = -\frac{1}{4\pi}\sum_{j=1}^{M}\sigma_j\int_{S_{fj}}\frac{1}{r}\mathrm{d}s - \frac{1}{4\pi}\sum_{j=M+1}^{M+N}m_j\int_{S_{ej}}\frac{\partial}{\partial n}\left(\frac{1}{r}\right)\mathrm{d}s \quad (2.7)$$

将式(2.7)求梯度,可得速度矢量为

$$\boldsymbol{V} = \nabla\varphi = \sum_{j=1}^{M}\sigma_j\boldsymbol{C}_j + \sum_{j=M+1}^{M+N}m_j\boldsymbol{D}_j \quad (2.8)$$

式中

$$\boldsymbol{C}_j = \frac{1}{4\pi}\int_{S_{fj}}\frac{\boldsymbol{r}}{r^3}\mathrm{d}s$$

$$\boldsymbol{D}_j = -\frac{1}{4\pi}\int_{L_{ej}}\frac{\boldsymbol{r}\times\mathrm{d}\boldsymbol{l}}{r^3}$$

其中:$\boldsymbol{C}_j$ 为单位强度面源 S_{fj} 产生的诱导速度,可以按照赫斯-史密斯方法(Hess-Smith 方法,简称 H-S 方法)[10-13],分成近场、中场和远场公式计算;$\boldsymbol{D}_j$ 为单位强度偶极子单元 S_{ej} 产生的诱导速度。根据涡环栅格法的论证,等强度偶极子单元 S_{ej} 产生的速度等价于沿 S_{ej} 边界 L_{ej} 的集中涡丝产生的速度,涡丝的强度等于其偶极子强度,$\boldsymbol{D}_j$ 即为沿 L_{ej} 边界单位强度涡丝的诱导速度。关于 $\boldsymbol{C}_j$ 和 $\boldsymbol{D}_j$ 的计算方法,可参考文献[3,10-13]。

将式(2.8)代入水翼表面边界条件和自由液面运动学边界条件,得

$$\frac{\sigma_i}{2} + \sum_{j=1}^{M}\sigma_j\boldsymbol{n}_i\cdot\boldsymbol{C}_j + \sum_{j=M+1}^{M+N}m_j\boldsymbol{n}_i\cdot\boldsymbol{D}_j = -\boldsymbol{n}_i\cdot\boldsymbol{V}_0, \quad i = 1, 2, \cdots, M \quad (2.9)$$

$$\sum_{j=1}^{M}\sigma_j\boldsymbol{n}_i\cdot\boldsymbol{C}_j + \sum_{j=M+1}^{M+N}m_j\boldsymbol{n}_i\cdot\boldsymbol{D}_j = -\boldsymbol{n}_i\cdot\boldsymbol{V}_0, \quad i = M+1, M+2, \cdots, M+N$$

$$(2.10)$$

根据以上代数方程可解出 σ_j 和 m_j,进而计算出自由液面和机翼表面单元控

制点上的速度。

由于受机翼扰动形成的液面形态是未知的,因此必须用迭代方法计算:①在未受扰动的自由液面($z=0$)上划分网格,求解代数方程式(2.9)和式(2.10);②计算液面和翼面控制点的速度;③由自由液面动力学边界条件式(2.4)计算波面η;④在新的液面η上重新划分网格;⑤重复运算,直至液面收敛为止。

在得到翼面S_b上的速度后,可计算压力系数,力系数和俯仰力矩系数:

$$\begin{cases} C_p = 1 - V^2/V_0^2 \\ \boldsymbol{C}_F = -\int_{S_b} C_p \boldsymbol{n} \mathrm{d}s \\ \boldsymbol{C}_m = -\int_{S_b} C_p \boldsymbol{r} \times \boldsymbol{n} \mathrm{d}s \end{cases} \quad (2.11)$$

2.3 下潜涡环栅格法示例计算

首先,考虑无自由液面情况,以 NACA0015 翼型为例进行(取展弦比 $\lambda=6$ 的矩形机翼)计算。考虑展向的对称性,将半翼展机翼剖分为 62×8 个单元,上下翼表面弦向分别剖分 31 个单元,半翼展剖分为 8 个单元。半翼网格剖分情况如图 2.1 所示。计算了无限空间中(无自由液面)机翼的水动力,其升力系数 C_l、诱导阻力系数 C_i 和焦点位置 C_{pc} 曲线如图 2.2 所示。其中,焦点位置即气动中心位置,为气动中心距机翼平均气动弦前缘沿弦向的无量纲距离。为便于比较分析,在图 2.2 中给出了布拉果公式计算结果[4]。图 2.3 所示为机翼上表面压力系数 C_p 和速度矢 $\boldsymbol{V}$ 的分布图,图 2.4 所示为下表面上的压力系数和速度矢。图 2.5~图 2.7 所示为 3 个剖面的压力系数,机翼上表面压力系数为负,下表面为正。无限空间中三维机翼的计算结果验证了下潜涡环栅格法的有效性。

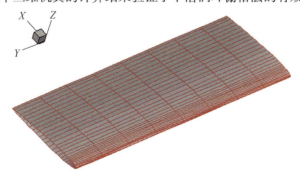

图 2.1 机翼网格剖分

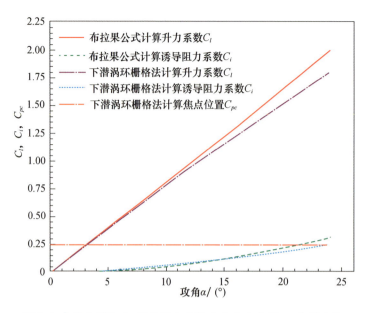

图 2.2 升力系数 C_l、诱导阻力系数 C_i 和焦点位置 C_{pc} 曲线比较

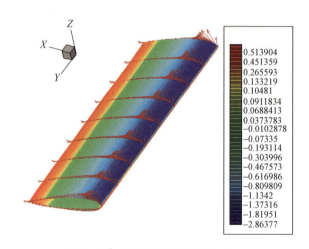

图 2.3 上表面速度矢和压力分布

其次,考虑具有自由液面情况,以 NACA0012($\lambda = 6$)翼型为例,计算有限潜深水翼的水动力性能。图 2.8 所示为相对潜深 $h/c = 0.5$ 时的升力、诱导阻力、前缘力矩等系数和焦点位置情况。图 2.9 所示为有限潜深与无限潜深升力系数之比 C_l/C_0 随相对潜深 h/c 的变化曲线,该曲线反映了自由液面对升力系数的影响。图上绘出了本方法的计算结果和利用映象涡系模型计算的结果,两者相比较的一致性良好。图 2.10 所示为相对潜深 $h/c = 0.5$,$\lambda = 6$ 矩形机翼,攻角 $\alpha =$

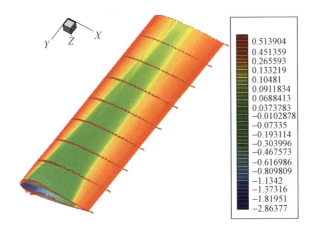

图 2.4 ┃ 下表面速度矢和压力分布

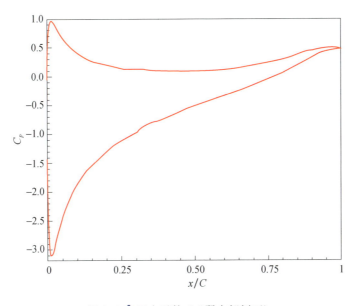

图 2.5 ┃ 压力系数 C_p（翼中部剖面）

$10°$，水深傅汝德数 $F_h = V_0/\sqrt{gh} = 1.58$，自由液面波形。由图 2.10 可见，水翼引起的水面形状合理。

本章所提出的下潜涡环栅格法，在机翼表面下的某一次表面上布置法向偶极子，在翼面上布置控制点满足物面条件。这样，可避免计算翼表面偶极子梯度的困难和误差，同时消除了在翼面上计算速度的奇异性。计算实践表明了此方法的正确性和有效性。下潜涡环栅格法可方便地用于梯形、后掠、上反等机翼的

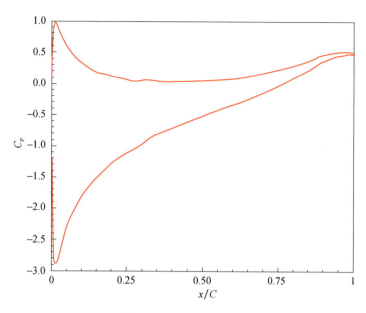

图 2.6 ┃ 压力系数 C_p(半翼中部剖面)

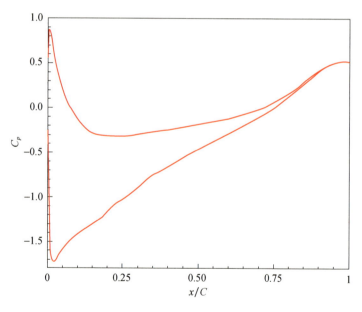

图 2.7 ┃ 压力系数 C_p(翼梢部剖面)

计算,也可用于水下无升力体、有升力体以及组合体的水动力计算,可广泛用于水翼、潜艇、水下潜体、拖体及水下结构物的水动力计算。

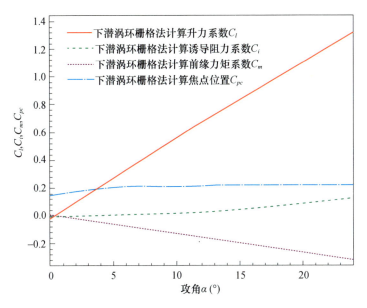

图 2.8 相对潜深 $h/c=0.5$ 时的升力、诱导阻力、前缘力矩等系数和焦点位置（NACA0012，$\lambda=6$，$h/c=0.5$）

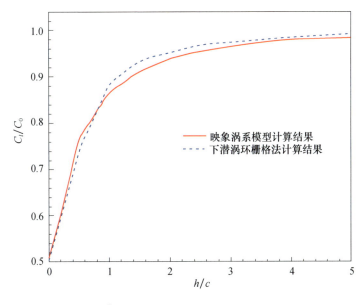

图 2.9 C_l/C_0 随 h/c 变化（NACA0012，$\lambda=6$）

图 2.10 自由液面等位线

第 3 章 潜艇附加质量与加速度导数

用潜艇操纵性运动方程组预报操纵性能时,必须确定各种水动力导数。正确预报潜艇操纵运动的水动力导数是操纵性研究的基础,也是最重要且最困难的工作之一。

一般来说,可利用理论分析、试验测定、近似估算和数值计算等方法确定水动力系数。其中,理论分析方法只对于圆球、椭球、平板等简单形体有效,不能用于计算实艇。船模试验是确定水动力系数最有效的方法之一,是解决工程实践的主要手段,但目前仍难以测量到潜艇实用的附加质量及相对应的加速度系数。近似估算是在简单几何形体理论公式的基础上进行部分修正,其可用于概算方案设计阶段的操纵性。而建立在理论分析基础上的数值计算方法,近年来有了很大发展,已逐渐具备实现准确计算的基础条件。

本章采用严格的非定常势流理论,用数值计算方法预报潜艇的附加质量及加速度系数。由此尽量避免数学模型误差,理论上是趋于严密的。此外,将主艇体,指挥台围壳,水平、垂直稳定翼及围壳舵等附体一起计算,减少了几何模型误差。经验证,此方法相比近似估算方法或切片法,计算的准确性更高[3,10-13]。

3.1 > 水下潜艇运动的非定常势流理论

物体在流场中做加速运动时,可将坐标系与物体固结在一起研究流场绝对运动。一般而言,单位速度绝对运动可分解为 3 个独立的平移运动($i=1,2,3$)和 3 个旋转运动($i=4,5,6$)。

平移单位绝对运动速度势 φ_i 应满足的方程和边界条件如下:

拉普拉斯方程

$$\nabla^2 \varphi_i = 0 \qquad (3.1)$$

物面条件

$$\frac{\partial \varphi_i}{\partial n} = n_i \tag{3.2}$$

无穷远条件

$$\nabla \varphi_i \to 0, \quad r \to \infty \tag{3.3}$$

式中：$i=1,2,3$；S_b 为物体表面，n_i 为物体表面外法线方向与 i 轴夹角的方向余弦。物体平移运动时，单位绝对运动速度势 φ_i 只与物体形状及其表面的方向余弦 n_i 有关。

旋转运动时，单位绝对运动速度势 φ_i 应满足的方程和边界条件如下：
拉普拉斯方程

$$\nabla^2 \varphi_i = 0 \tag{3.4}$$

物面条件

$$\frac{\partial \varphi_i}{\partial n} = x_j n_k - x_k n_j \tag{3.5}$$

无穷远条件

$$\nabla \varphi_i \to 0, \quad r \to \infty \tag{3.6}$$

式中：$i=1,2,3$ 时，$j=2,3,1$，$k=3,1,2$；φ_i 为绕 x 轴、y 轴和 z 轴的旋转运动速度势，x_j 为物体表面 S_b 上点的坐标，n_j 为物体表面外法线方向与 j 轴夹角的方向余弦。

物体旋转运动时，单位绝对运动速度势 φ_i 只与物体形状及其表面的方向余弦 n_i 有关。

3.2 > 单位绝对运动速度势方程的求解

平移和旋转运动的单位绝对运动速度势 φ_i 满足相同的微分方程和无穷远边界条件，只是物面边界条件存在不同。其求解方法一致，均采用有限基本解方法，在物面上布置源汇，代入物面边界条件，得到源强密度的第二类 Frendholm 积分方程，求解积分方程得到源强，再求解物面上的运动速度势，进而计算附加质量。

满足式(3.1)~式(3.3)或式(3.4)~式(3.6)的单位绝对速度势 φ_i 可以写为

$$\varphi_i(p) = -\frac{1}{4\pi} \iint_{S_b} \frac{\sigma(q)}{r(p,q)} \mathrm{d}s \tag{3.7}$$

式中：S_b 为物体表面，$p=[x,y,z]$ 为空间点的坐标；$q=[\xi,\eta,\zeta]$ 为物面点的坐标；$r(p,q) = \sqrt{(x-\xi)^2 + (y-\eta)^2 + (z-\zeta)^2}$；$\sigma(\xi,\eta,\zeta)$ 为在物面和自由表面上

布置的源汇强度。

流场中的扰动速度为

$$V = -\frac{1}{4\pi}\iint_{S_b} \sigma(q) \nabla\left(\frac{1}{r}\right) \mathrm{d}s \tag{3.8}$$

当场点 p 趋近物体表面 S_b 上的点 q_o 时,积分式(3.8)是奇异的,因此必须求主值积分,即 $p=q_o$ 时此积分取主值部分,所以 φ_i 沿物面的法向导数为

$$\left.\frac{\partial \varphi_i}{\partial n}\right|_{S_b} = \frac{\sigma(q_o)}{2} - \frac{1}{4\pi}\iint_{S_b}\frac{\partial}{\partial n}\left(\frac{1}{r(q_o,q)}\right)\sigma(q)\mathrm{d}s \tag{3.9}$$

将式(3.9)代入式(3.2)或式(3.5)可以得到 σ 的积分方程式如下:

$$\frac{\sigma(q_o)}{2} - \frac{1}{4\pi}\iint_{S_b}\frac{\partial}{\partial n}\left(\frac{1}{r(q_o,q)}\right)\sigma(q)\mathrm{d}s = b(q_o) \tag{3.10}$$

式中:$b(q_o)$ 为式(3.2)或式(3.5)中物面边界条件的右端项。

将潜艇艇体表面划分成 M 块互不重叠的四边形单元,则式(3.10)可离散为

$$2\pi\sigma_i + \mathbf{n}_i \cdot \sum_{j=1}^{M} \mathbf{C}_{ij}\sigma_j = 4\pi b_i, \quad i=1,2,\cdots,M \tag{3.11}$$

$$\mathbf{C}_{ij} = \iint_{S_j} \mathbf{r}(q_i,q)/r^3(q_i,q) \cdot \mathrm{d}s$$

式中:$\mathbf{C}_{ij}$ 为影响系数,下标 i 表示对应 q_o 点,而 j 表示对应 S_j 单元。

在物面上给定速度 $b(q_o)$,即可用式(3.11)求得源强度 σ_j,进而可求得流场的其他参数。

3.3 附加质量表达式

在完成潜艇单位绝对速度势 φ_i 求解后,即可求得艇体运动时所受的水动力和附加质量 λ_{ij},它是对称的二阶张量,这里给出其表达式:

$$\lambda_{ij} = -\rho\iint_{S_b}\varphi_i\frac{\partial \varphi_j}{\partial \mathbf{n}}\mathrm{d}s, \quad i,j=1,2,3,4,5,6 \tag{3.12}$$

式中:S_b 为物体表面;$\mathbf{n}$ 为物面单位法向矢量。

λ_{ij} 表示潜艇在 i 方向以加速度(角加速度)运动时,在 j 方向的附加质量、附加质量静矩或附加转动惯量,是潜艇在理想流体中变速运动时受到的流体惯性力。

3.4 附加质量示例计算

以带有指挥台围壳,水平、垂直安定翼和围壳舵的潜艇为例,主要参考欧美

国家艇型各组件模块间的大致比例,建立了本计算示例潜艇模型,模型艇体的中纵剖面为对称面,如图3.1所示。

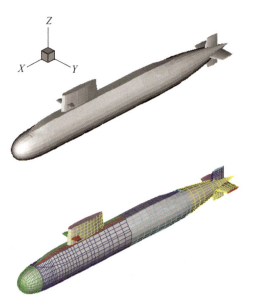

图3.1 ┃ 计算示例潜艇模型及其网格剖分

对称的 6×6 二阶张量有21个独立量,考虑对称性其中有9个量为零,有12个非零附加质量,其方阵形式为[4]

$$[\lambda_{ij}] = \begin{bmatrix} \lambda_{11} & 0 & \lambda_{13} & 0 & \lambda_{15} & 0 \\ & \lambda_{22} & 0 & \lambda_{24} & 0 & \lambda_{26} \\ & & \lambda_{33} & 0 & \lambda_{35} & 0 \\ & 对 & & \lambda_{44} & 0 & \lambda_{46} \\ & & 称 & & \lambda_{55} & 0 \\ & & & & & \lambda_{66} \end{bmatrix} \quad (3.13)$$

无因次附加质量系数的定义为

$$\begin{cases} K_{ii} = \lambda_{ii}/m & (i=1,2,3) \\ K_{ii} = \lambda_{ii}/J_i & (i=4,5,6) \\ K_{ij} = \lambda_{ij}/(m\nabla^{\frac{1}{3}}) & (i \neq j; i,j=2,4;2,6;1,5;3,5) \\ K_{13} = \lambda_{13}/m \\ K_{46} = \lambda_{46}/(m\nabla^{\frac{2}{3}}) \end{cases} \quad (3.14)$$

式中：m 为潜艇质量；$J_i(i=4,5,6)$ 为潜艇绕 x、y、z 轴的转动惯量；∇ 为水下全排水体积。

考虑示例艇的主艇体、指挥台围壳、围壳舵、水平及垂直稳定翼等附体一起，整体剖分为 2804 个四边形单元，参见图 3.1。

求解计算 12 个附加质量及其系数，并换算得到 18 个加速度系数，部分附加质量系数结果如下：

$$K_{11} = \lambda_{11}/m = 0.03978$$
$$K_{22} = \lambda_{22}/m = 1.2535$$
$$K_{33} = \lambda_{33}/m = 0.9022$$
$$K_{44} = \lambda_{44}/J_x = 0.50896$$
$$K_{55} = \lambda_{55}/J_y = 0.99047$$
$$K_{66} = \lambda_{66}/J_z = 1.02873$$

此外，应用本方法对以上计算示例潜艇模型的上浮运动进行仿真计算，将非定常势流与潜艇应急上浮运动进行耦合求解，即在求解潜艇上浮运动过程中随时对描述非定常势流的拉普拉斯方程和非线性自由液面边界条件进行求解。完成对上浮过程中流场的"实时"计算。

由此，得到潜艇上浮运动过程中的附加质量、流场压力、艇体水动力等。同时，由于考虑了非线性自由液面边界条件，也可得到潜艇上浮过程中液面随时间的变化规律。附加质量系数 K_{33} 随水深变化的曲线如图 3.2 所示。

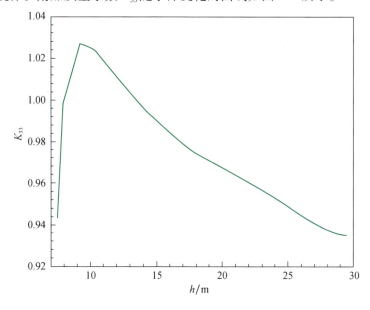

图 3.2 ┃ 附加质量系数 K_{33} 随水深 h 的变化曲线

第 4 章

潜艇应急上浮中的非定常势流理论

潜艇自水下以较高的垂向速度上浮通常称为"应急上浮"。潜艇的应急上浮过程为非定常运动,同时艇体自水下状态运动到水面状态时,必须"穿过"水面,此时自由液面具有强非线性性质。因此,流场和自由液面的计算将是潜艇应急上浮运动研究中的技术难点和关键。

在理论及工程上,潜艇应急上浮研究均具有相当难度:

首先在理论上,既需要考虑非定常势流,又需考虑自由液面的非线性性质,同时还要考虑黏性类力的影响。其次在工程上,既涉及高压空气瓶吹除压载水舱的规律,还涉及艇体非水密区与舷外海水的相通与交换等。通过本章相关数学处理及计算,可有效解决以上诸多问题并进一步提高相关理论与工程应用的高度。

研究潜艇应急上浮运动时,可将非定常势流与潜艇应急上浮运动进行耦合求解,即在求解潜艇上浮运动过程中,随时对描述非定常势流的拉普拉斯方程和非线性自由液面边界条件进行求解,应用非线性自由液面边界条件下的非定常势流理论计算流场及流体动力,使用全三维非线性的非定常势流理论,将流场、艇体水动力与艇体运动计算完全耦合。对上浮过程中流场的"实时"计算,既可求解得到潜艇上浮运动过程中的附加质量、流场压力、艇体水动力等,同时由于考虑了非线性自由液面边界条件,也可计算出潜艇上浮过程中液面随时间的变化情况[14-16]。

4.1 > 潜艇应急上浮运动中非定常势流的数学提法

取 $oxyz$ 为直角坐标系,xoy 平面与静止水面重合,z 轴垂直向上。首先假设流体为不可压无旋理想流体,物体以速度 $W(t)$ 做非定常运动,则速度势

$\varphi(x,y,z,t)$ 应满足拉普拉斯方程和下列边界条件：
在流场内
$$\nabla^2 \varphi = 0 \tag{4.1}$$

在物面上
$$\frac{\partial \varphi}{\partial n} = \boldsymbol{V}_\mathrm{b} \cdot \boldsymbol{n} \tag{4.2}$$

在自由液面上
$$\frac{\partial \zeta}{\partial t} + \varphi_x \frac{\partial \zeta}{\partial x} + \varphi_y \frac{\partial \zeta}{\partial y} - \varphi_z = 0, \quad z = \zeta(x,y,t) \tag{4.3}$$

且满足
$$\frac{\partial \varphi}{\partial t} + \frac{1}{2} \nabla \varphi \cdot \nabla \varphi + g\zeta = 0, \quad z = \zeta(x,y,t) \tag{4.4}$$

在无穷远处
$$\nabla \varphi \rightarrow 0, \quad r \rightarrow \infty \tag{4.5}$$

式中：$\boldsymbol{V}_\mathrm{b}$ 为物体运动速度。

自由液面初始条件为
$$\zeta = 0, \quad t = 0 \tag{4.6}$$
$$\varphi = 0, \quad t = 0 \tag{4.7}$$

满足式(4.1)~式(4.7)的非定常速度势 φ 可以写为
$$\varphi(p,t) = -\frac{1}{4\pi} \iint_{S_\mathrm{b}+S_\mathrm{f}} \frac{\sigma(q,t)}{r(p,q)} \mathrm{d}s \tag{4.8}$$

式中：S_b 为物体表面；S_f 为自由液面；$p(x,y,z)$ 为空间点的坐标；$q(\xi,\eta,\zeta)$ 为物面或自由表面上点的坐标；$\sigma(\xi,\eta,\zeta;t)$ 为物面和自由表面上布置的源汇强度；$r(p,q) = \sqrt{(x-\xi)^2 + (y-\eta)^2 + (z-\zeta)^2}$。

流场中的扰动速度为
$$\boldsymbol{V} = -\frac{1}{4\pi} \iint_{S_\mathrm{b}+S_\mathrm{f}} \sigma(q,t) \nabla \left(\frac{1}{r}\right) \mathrm{d}s \tag{4.9}$$

流场中任意点的压力为
$$\frac{p - p_0}{\rho} = \boldsymbol{V}_\mathrm{b} \cdot \nabla \varphi - \frac{1}{2} \nabla \varphi \cdot \nabla \varphi - \frac{\partial \varphi}{\partial t} - g[z + z_0(t)] \tag{4.10}$$

这样，物体表面所受的水动力 $\boldsymbol{F}(t)$ 可以由下述积分表示：
$$\boldsymbol{F}(t) = -\iint_{S_\mathrm{b}} (p - p_0)\boldsymbol{n}\mathrm{d}s \tag{4.11}$$

式中：$\boldsymbol{n}$ 为物面单位法向矢量。

4.2 速度势及流场的数值计算

将潜艇艇体表面划分成 M_1 块互不重叠的四边形单元,将自由液面划分成 M_2 块互不重叠的四边形单元,形成总单元数为 $M = M_1 + M_2$ 的网格,则离散方程为

$$\begin{cases} \dfrac{\sigma_i}{2} - \sum\limits_{\substack{j=1\\j\ne i}}^{M} \boldsymbol{n}_i \cdot \dfrac{1}{4\pi} \iint_{S_j} \nabla\left(\dfrac{1}{r_{ij}}\right) \mathrm{d}s\sigma_j = \boldsymbol{V}_b \cdot \boldsymbol{n}_i, \quad i \in [1, M_1] \\ -\dfrac{1}{4\pi} \sum\limits_{j=1}^{M} \iint_{S_j} \dfrac{1}{r_{ij}} \mathrm{d}s\sigma_j = \varphi_i, \quad i \in [M_1+1, M] \end{cases} \quad (4.12)$$

式中:下标 i 表示对应 p 点,而 j 表示对应 S_j 单元。

在物面上给定速度 $\boldsymbol{V}_b$,在自由表面上给定速度势 φ_i,即可求得源强度 σ_j,进而求得流场的其他参数。

由自由表面运动学边界条件式(4.3),得

$$\dfrac{\partial \zeta}{\partial t} = \varphi_n / n_z \quad (4.13)$$

由自由表面动力学边界条件式(4.4),得

$$\dfrac{\partial \varphi}{\partial t} = -\dfrac{1}{2} \nabla\varphi \cdot \nabla\varphi - g\zeta \quad (4.14)$$

在自由表面单元形心处,采用四阶 Adams 方法计算表面上的波高和势函数。

当艇体运动和流场计算不耦合时,采用四阶 Runge – kutta 方法计算艇体运动;当艇体运动和流场计算耦合时,采用四阶 Adams 方法计算波高和自由液面势函数。为节省工作量,可采用在潜艇上浮起始阶段不耦合,而在上浮一段时间后,在潜艇离水面较近时,耦合计算潜艇运动和流场的方法。具体应急上浮运动方程及计算方法,详见第 5 章。

4.3 应急上浮示例计算

建立示例艇体三维模型,拟使用约 60% 的高压空气吹除主压载水舱。潜艇从潜深 $h/D = 2$ (D 为艇体直径)处开始上浮。

基于以上理论方法,利用艇体运动与流场耦合的计算方法,求解潜艇上浮运动过程、流场和艇体水动力。主要的流场参数包括:流场的速度势 φ、速度 V、艇体表面压力 p、自由表面的波高 ζ 等。

艇体运动过程中不同时刻自由液面的变化如图 4.1 ~ 图 4.6 所示。图 4.7 所示为示例艇体上浮运动的位移、速度及加速度曲线。

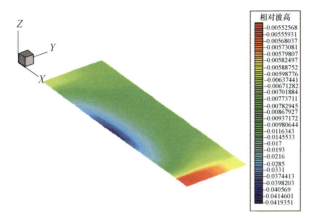

图 4.1 ▌ 自由液面波形($t=8.0$s)

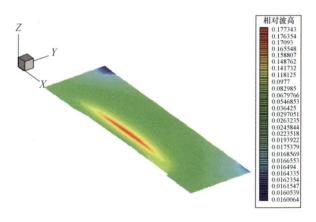

图 4.2 ▌ 自由液面波形($t=14.8$s)

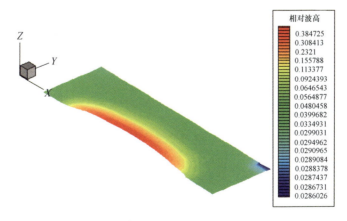

图 4.3 ▌ 自由液面波形($t=15.8$s)

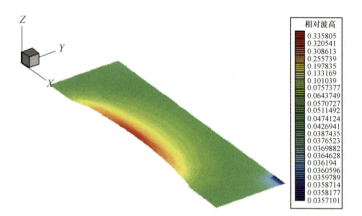

图 4.4 ▎自由液面波形($t=16.3$s)

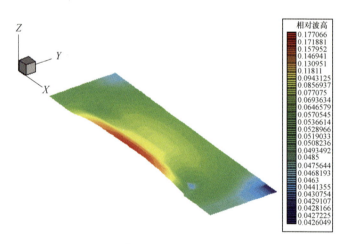

图 4.5 ▎自由液面波形($t=16.8$s)

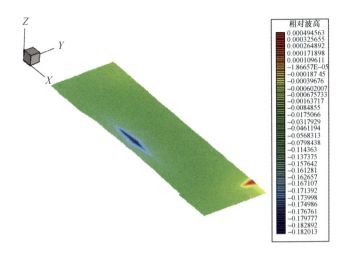

图 4.6 ▎自由液面波形($t = 19.0$ s)

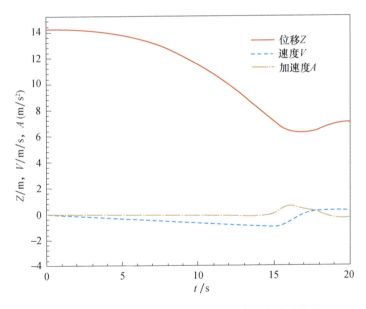

图 4.7 ▎示例艇体上浮运动的位移、速度及加速度曲线

第 5 章
潜艇应急上浮稳性

潜艇在作战、训练等水下航行过程中,可能由于敌方攻击或者战术需要,采用紧急吹除全部或部分主压载水舱压载水的方式,使潜艇迅速上浮至水面状态,即应急上浮运动。此上浮过程与正常上浮不同,具有较大的上浮速度,因此极易使上层建筑内的水来不及流出,而形成上层建筑大量的"背水"现象。应急上浮潜艇上层建筑中的"背水量"造成艇体的临时大量加载,使艇在出水过程中重心急剧升高,稳性迅速下降,尤其在艇的稳性"瓶颈"区,甚至出现负的稳性高,有可能形成潜艇上浮过程中的不安全因素[14-17]。因此,研究潜艇应急上浮运动的特点,掌握其稳性变化规律,具有重要现实意义。

本章介绍对潜艇应急上浮运动及其高压空气系统吹除主压载水舱工作机理的处理分析,并导出潜艇应急上浮运动方程,将上层建筑的"背水量"作为临时加载,从而给出应急上浮稳性计算方法,在此基础上将应急上浮运动方程与流场计算耦合进行求解[18]。

5.1 > 潜艇应急上浮运动方程

采用坐标系如图 5.1 所示,假设潜艇做正上浮运动,既无前进速度又无纵横倾运动,则其运动可用下述方程描述:

$$(m + \lambda_{zz})\ddot{\zeta} = P - R \tag{5.1}$$

式中:m 为潜艇质量,λ_{zz} 为沿 z 轴的附加质量;P 为艇所受的剩余浮力;R 为艇所受的水阻力;ζ 为潜艇重心的垂向坐标;$\ddot{\zeta}$ 为潜艇垂向运动加速度。

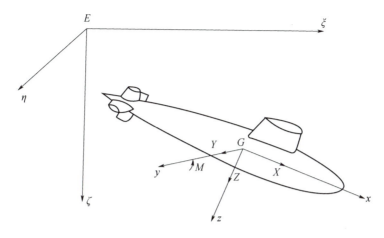

图 5.1 ┃ 坐标系

5.2 > 黏性阻力计算

采用下式计算艇体上浮运动中所受的水黏性阻力:

$$R = \frac{1}{2}\rho \mathrm{sgn}(\dot{\zeta})(S_0 C_D + S_1 C_p)\dot{\zeta}^2 \tag{5.2}$$

式中:sgn( )为符号函数;$\dot{\zeta}$ 为艇垂向运动速度;S_0 为整个艇体(不含附体)的水平投影面积;S_1 为附体的水平投影面积;ρ 为水密度;$C_p = 1.2$ 为附体阻力系数;C_D 为主艇体阻力系数,按下式计算,即

$$C_D = \frac{B}{L}C_1 + \left(1 - \frac{B}{L}\right)C_2 \tag{5.3}$$

其中:C_1 为圆球阻尼系数;C_2 为圆柱阻尼系数;B/L 为潜艇的宽长比[18]。

5.3 > 剩余浮力计算

在应急上浮中,由于高压空气吹除压载水舱和非水密区的水量变化而产生的艇体剩余浮力可表示为

$$P = F_V + Q \tag{5.4}$$

$$F_V = \rho g V \tag{5.5}$$

$$Q = -F\mu \int_0^t \mathrm{sgn}(H-z)\sqrt{2g(H-z)}\,\mathrm{d}t \tag{5.6}$$

式中:F_V 为高压空气系统吹除水舱产生的上浮力;Q 为非水密区(含上层建筑)

的水量的变化;V 为计算时刻水舱内的高压空气垫容积;ρ 为舷外海水密度;g 为重力加速度;F 为流水孔面积;H 为上层建筑内的自由液面距艇基线高度;Z 为舷外海水距艇基线的高度;μ 为黏性收缩系数。

5.4 水舱内高压空气垫容积计算

由于潜艇的管路系统非常复杂,要得到完整的高压空气瓶吹除压载水舱的理论模型几乎不可能,为此引入如下假设:

(1) 参与吹除的所有高压空气瓶中的初始压力、温度是相同的。
(2) 参与吹除的所有高压空气瓶在吹除过程中的消耗量是相同的。
(3) 从高压空气瓶到各压载水舱的管路损失是相同的。
(4) 各压载水舱处的高压空气入口管径与各水舱舱容相应成正比。

基于以上假设,经过详细推导可得出高压空气吹除压载水舱时,在舱内形成的空气垫容积计算式:

$$V = \frac{W_T(1 - e^{-\frac{W_0}{W_T}t})RT}{p_0 + \Delta p + \rho g(Z - Z_{T0})} \tag{5.7}$$

式中:W_T 为参与吹除的初始空气总储备量;W_0 为初始质流量;R 为气体常数;T 为气体的热力学温度;p_0 为标准大气压;Z_{T0} 为被吹除的压载水舱内自由液面的高度(距基线);Δp 为压载水经过通海阀(格子板)流出时所受到的局部压头损失。

停止供气后已进入压载水舱内气体充分膨胀时,空气垫体积的计算式为

$$V = \frac{W_T(1 - e^{-\frac{W_0}{W_T}t_a})RT}{p_0 + \Delta p + \rho g(Z - Z_{T0})} \tag{5.8}$$

式中:t_a 为停止吹除的时间。

5.5 稳性计算方法

将上层建筑(含指挥室围壳)内未能及时流出的水作为临时加载量计算,考虑其对潜艇上浮稳性的影响。首先计算艇体重心改变:

$$Z_{G2} = \frac{V_n Z_G + \sum V_{it} Z_{Gi} + V_{UR} Z_{UR} - V_{UT} Z_{UT}}{V_n + \sum V_{it} + V_{UR} - V_{UT}} \tag{5.9}$$

式中:V_n,Z_G 分别为潜艇的正常排水量和重心高;V_{it},Z_{Gi} 分别为第 i 个压载水舱剩余水量和重心高;V_{UR},Z_{UR} 分别为上层建筑(含指挥室围壳)内的剩余水量及其重心;V_{UT},Z_{UT} 分别为上层建筑(含指挥室围壳)内对应于 Z 水线处的排水量及

其重心。

于是，潜艇应急上浮的稳性高计算如下：

$$h = Z_B + r - Z_{G2} - \Delta h_1 - \Delta h_2 \tag{5.10}$$

式中：Z_B，r 分别为潜艇对应于吃水 Z 时浮心高和稳性半径；Δh_1，Δh_2 分别为压载水舱和内部液舱内自由液面的稳性修正量。

5.6 应急上浮稳性示例计算

按照以上理论方法对潜艇应急上浮进行示例计算，并以无量纲形式给出一种状态的部分结果。

无因次化基本量可选为：艇体外径 D、淡水密度 ρ 和重力加速度 g。对于空气总重量 W_T、初始质流量 W_0 以及所耗空气量 Q_a，则分别用空气瓶总容积 V_Σ、空气密度 $\rho_{空气}$、艇体外径 D、重力加速度 g 进行无因次化：

$$\overline{W}_T = W_T / (\rho_{空气} V_\Sigma)$$
$$\overline{W}_0 = W_0 / (\rho_{空气} V_\Sigma \sqrt{D/g})$$
$$\overline{Q}_a = Q_a / (\rho_{空气} V_\Sigma)$$

表 5.1 所列为吹除主压水舱状态时示例计算的初始输入条件。

表 5.1　吹除主压水舱状态时的初始输入条件

$\overline{W}_T$	起浮深度 $\overline{Z}_b$	耦合计算深度 $\overline{Z}_S$	$\overline{W}_0$
约 90	约 1.87	约 1.86	约 0.81

表 5.2 所示为主要参数的计算结果。

表 5.2　主要参数计算结果

上甲板出水时间/s	停止吹气时间/s	所消耗空气量 $\overline{Q}_a$	最小正稳性高 $\overline{h}$	最小稳性高时的吃水 $\overline{T}$	负稳性持续时间/s	最大上浮速度 $\overline{V}$	最大上浮加速度 $\overline{a}$
约 14.5	约 6.0	约 5.18	约 0.0084	约 0.90	约 0.20	约 0.11	约 0.01

图 5.2 所示为吹除主压水舱状态时所消耗空气量 $\overline{Q}_a$、潜艇上浮运动位移 $\overline{Z}$、上浮速度 $\overline{V}$、上浮加速度 $\overline{a}$ 和横稳性高 $\overline{h}$ 随上浮时间 t 的变化曲线。结合表 5.2 和图 5.2 结果，在设计中需关注潜艇耐压艇体出水时刻附近负稳性高的出现。

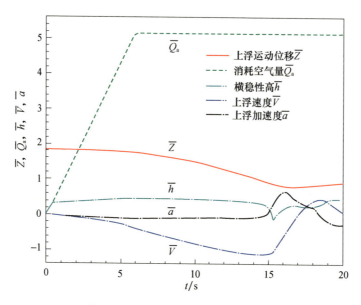

图 5.2 ┃ 示例计算上浮运动参数随时间变化曲线
（图中上浮速度×10，上浮加速度×10，横稳性高×15）

第 6 章 潜艇近水面航行的兴波阻力理论

潜艇近水面航行(典型如潜望镜深度)是常用的潜水航行状态之一。对于常规潜艇,常航行在柴油机水下工作深度,进行长时间充电及侦察作业等。对于核潜艇,其通信、定位、导航、导弹发射等作业也在近水面航行中完成。

潜艇近水面航行时,其兴波阻力与黏性阻力相比,作用不可忽视,预报近水面航行阻力必须尽量准确计及兴波阻力。针对潜艇近水面航行的兴波阻力,本章利用线性兴波理论方法,将潜艇主体简化为细长旋转体,并在其轴线上分布线性兴波源,将指挥台围壳视为薄翼型体,并在其中纵剖面上分布兴波面源,由此推导兴波阻力计算公式。

6.1 > 兴波阻力理论

采用直角坐标系,xoz 平面与艇体中纵剖面重合,x 轴指向船首,z 轴垂直向上,y 轴指向左舷,原点位于艇体中横剖面上。

根据线性兴波理论,匀速直线运动的排水型船舶兴波阻力可表示为

$$R_\mathrm{W} = 8\pi\rho k_0^2 \int_{-\pi/2}^{\pi/2} (P^2 + Q^2) \sec^3\theta \mathrm{d}\theta \tag{6.1}$$

$$P + \mathrm{i}Q = \int_s \sigma \exp[k_0 z\sec^2\theta + \mathrm{i}k_0 \sec^2\theta(x\cos\theta + y\sin\theta)]\mathrm{d}s$$

式中:ρ 为水密度;$k_0 = g/V^2$ 为波数;V 为匀流速度;σ 为分布源强。

将艇体表面分为主体和围壳两部分,即 $S = S_\mathrm{B} + S_\mathrm{S}$,则谱函数为

$$P + \mathrm{i}Q = P_\mathrm{B} + P_\mathrm{S} + \mathrm{i}(Q_\mathrm{B} + Q_\mathrm{S})$$

$$\begin{cases} P_\mathrm{B} + \mathrm{i}Q_\mathrm{B} = \int_{S_\mathrm{B}} \sigma_\mathrm{B} \exp[k_0 z\sec^2\theta + \mathrm{i}k_0 \sec^2\theta(x\cos\theta + y\sin\theta)]\mathrm{d}s \\ P_\mathrm{S} + \mathrm{i}Q_\mathrm{S} = \int_{S_\mathrm{S}} \sigma_\mathrm{S} \exp[k_0 z\sec^2\theta + \mathrm{i}k_0 \sec^2\theta(x\cos\theta + y\sin\theta)]\mathrm{d}s \end{cases} \tag{6.2}$$

式中：$P_B + iQ_B$ 为主体谱函数；$P_S + iQ_S$ 为围壳谱函数。

将式(6.2)代入式(6.1)，整理，得

$$R_W = R_{WB} + R_{WS} + R_{WBS} \tag{6.3}$$

$$R_{WB} = 8\pi\rho k_0^2 \int_{-\pi/2}^{\pi/2} (P_B^2 + Q_B^2) \sec^3\theta \mathrm{d}\theta$$

$$R_{WS} = 8\pi\rho k_0^2 \int_{-\pi/2}^{\pi/2} (P_S^2 + Q_S^2) \sec^3\theta \mathrm{d}\theta$$

$$R_{WBS} = 16\pi\rho k_0^2 \int_{-\pi/2}^{\pi/2} (P_B P_S + Q_B Q_S) \sec^3\theta \mathrm{d}\theta$$

式中：R_{WB} 为主体兴波阻力；R_{WS} 为围壳阻力；R_{WBS} 为主体与围壳干扰阻力。

按照细长体理论在主体轴线上分布线源，其强度为

$$\sigma_B = -V/4\pi \frac{\mathrm{d}A(x)}{\mathrm{d}x} \tag{6.4}$$

按照薄船理论在围壳纵中剖面上分布面源，其强度为

$$\sigma_S = -V/2\pi \frac{\mathrm{d}t(x)}{\mathrm{d}x} \tag{6.5}$$

式中：$A(x)$ 为主体横剖面面积分布，$t(x)$ 为围壳水线方程。

考虑主体轴线沉深 $z = -h_B$，轴线和围壳中纵剖面 $y = 0$，则主体和围壳的谱函数为

$$P_B + iQ_B = \int_{-L_B/2}^{L_B/2} \sigma_B \exp(ik_0 x \sec\theta)\mathrm{d}x \cdot \exp(-k_0 h_B \sec^2\theta) \tag{6.6}$$

$$P_S + iQ_S = \int_{-L_S/2+X_{OS}}^{L_S/2+X_{OS}} \mathrm{d}x \int_{-h_{S2}}^{-h_{S1}} \sigma_s \exp[k_0 z \sec^2\theta + ik_0 x \sec\theta]\mathrm{d}z \tag{6.7}$$

式中：L_B 为主体长度；h_B 为主体轴线沉深；L_S 为围壳长度；h_{S2} 为围壳底部深，h_{S1} 为围壳顶部深。

从上式中可以看出，主体和围壳的谱函数是 θ 的偶函数，因此阻力公式可记为

$$\begin{cases} R_{WB} = \int_0^{\frac{\pi}{2}} (P_B^2 + Q_B^2) F(\theta) \mathrm{d}\theta \\ R_{WS} = \int_0^{\frac{\pi}{2}} (P_S^2 + Q_S^2) F(\theta) \mathrm{d}\theta \\ R_{WBS} = 2\int_0^{\frac{\pi}{2}} (P_B P_S + Q_B Q_S) F(\theta) \mathrm{d}\theta \\ F(\theta) = 16\pi\rho k_0^2 \sec^3\theta \end{cases} \tag{6.8}$$

6.2 切比雪夫多项式拟合

6.2.1 主体横剖面面积曲线

在 x 轴方向上,设坐标原点位于主体中横剖面轴线上,取无量纲坐标:
$$\bar{x} = x/(L_B/2), \quad -1 \leqslant \bar{x} \leqslant 1$$
则主体横剖面面积 $A(\bar{x})$ 的切比雪夫拟合为

$$A(\bar{x}) = A_0 \sum_{m=0}^{N} C_{Bm} T_m(\bar{x}), \quad |\bar{x}| \leqslant 1; m = 0,1,\cdots,N \tag{6.9}$$

式中:$T_m(\bar{x}) = \cos(m\arccos\bar{x})$,$A_0$ 为主体最大横剖面积,和式首项乘以因子 $1/2$

多项式的系数由下式计算,和式首末两项乘以因子 $1/2$。

$$C_{Bm} = (2/N) \sum_{k=0}^{N} A(\cos(k\pi/N))\cos(mk\pi/N)$$

6.2.2 围壳厚度分布曲线

在 x 轴方向上,设坐标原点位于围壳水线的中横剖面轴线上,取无量纲坐标:
$$\bar{x} = x/(Ls/2), \quad -1 \leqslant \bar{x} \leqslant 1$$
同主体一样,围壳的切比雪夫拟合和系数公式如下:

$$\begin{cases} t(\bar{x}) = (t_0/2) \sum_{m=0}^{N} C_{Sm} T_m(\bar{x}), \quad |\bar{x}| \leqslant 1 \\ C_{Sm} = (2/N) \sum_{k=0}^{N} t(\cos(k\pi/N))\cos(mk\pi/N) \end{cases} \tag{6.10}$$

式中:t_0 为围壳最大厚度,同样第一式的和式首项乘以因子 $1/2$,第二式的和式首末两项乘以因子 $1/2$。

6.3 主体兴波阻力公式

将式(6.9)代入式(6.4),由此推导主体源强分布为

$$\sigma_B = \frac{VA_0}{2\pi L_B} \sum_{m=0}^{N} C_{Bm} m\sin(m\arccos\bar{x})/\sqrt{1-\bar{x}^2} \tag{6.11}$$

将式(6.11)代入主体谱函数式(6.6),推导得谱函数,得

$$P_B + iQ_B = \frac{VA_0}{4\pi} E_B(\lambda) \sum_{m=1}^{N} C_{Bm} m K_m(\lambda) \tag{6.12}$$

$$F(\lambda) = 128\pi\rho\lambda^3/(k_0 L_B^3) \tag{6.13}$$

式中,$\lambda = r_{OB}\sec\theta$。

将式(6.11)~式(6.13)代入主体兴波阻力公式,推导,得

$$\begin{cases} R_{WB} = 2\rho g A_0^2/(\pi L_B r_{OB}) \sum_{m=1}^{N} \sum_{n=1}^{N} C_{Bm} C_{Bn} W_{mn}^B \\ W_{mn}^B = mn \int_{r_{OB}}^{\infty} E_B^2(\lambda) K_m(\lambda) \overline{K_n(\lambda)} \lambda^2/\sqrt{\lambda^2 - r_{OB}^2} \, d\lambda \\ E_B(\lambda) = \exp(-2h_B\lambda^2/(L_B r_{OB})) \\ K_m(\lambda) = \int_0^{\pi} \sin(m\alpha) e^{i\lambda\cos\alpha} d\alpha \end{cases} \tag{6.14}$$

式中:$r_{OB} = gL_B/(2V^2) = 1/(2F_{nb}^2)$;$F_{nb} = V/\sqrt{gL_B}$为船长傅氏数,$\lambda = r_{OB}\sec\theta$,$\alpha = \arccos\bar{x}$。

6.4 > 围壳兴波阻力公式

设围壳中横剖面与主体中横部面的距离为x_{OS},则围壳无量纲坐标与主体坐标的变换关系为

$$\bar{x}_S = (x - x_{OS})/(L_S/2), \quad |\bar{x}_S| \leq 1$$

将式(6.10)采用$\bar{x}_S$坐标系,代入式(6.5)得到围壳源强分布为

$$\sigma_S = \frac{Vt_0}{2\pi L_S} \sum_{m=0}^{N} C_{Sm} m \sin(m \arccos\bar{x}_S)/\sqrt{1 - \bar{x}_S^2} \tag{6.15}$$

将式(6.15)代入围壳谱函数式(6.7),得

$$\begin{cases} P_S + iQ_S = \frac{Vt_0 L_S r_{OS}}{8\pi\beta^2} E_S(\beta) e^{i\beta x_{OS}} \sum_{m=1}^{N} C_{Sm} m K_m(\beta) \\ F(\beta) = 128\pi\rho\beta^3/(k_0 L_S^3) \end{cases} \tag{6.16}$$

将以上公式代入围壳阻力计算公式,推导得

$$\begin{cases} R_{WS} = \frac{\rho g t_0^2 L_S r_{OS}}{2\pi} \sum_{m=1}^{N} \sum_{n=1}^{N} C_{Sm} C_{Sn} W_{mn}^S \\ W_{mn}^S = mn \int_{r_{OS}}^{\infty} E_S^2(\beta) K_m(\beta) \overline{K_n(\beta)}/(\beta^2\sqrt{\beta^2 - r_{OS}^2}) \, d\beta \\ E_S(\beta) = \exp(-2h_{S1}\beta^2/(L_S r_{OS})) - \exp(-2h_{S2}\beta^2/(L_S r_{OS})) \\ K_m(\beta) = \int_0^{\pi} \sin(m\alpha) e^{i\beta\cos\alpha} d\alpha \end{cases} \tag{6.17}$$

式中:$r_{OS} = k_0 L_S/2 = gL_S/(2V^2) = 1/(2F_{ns}^2)$,$F_{ns} = V/\sqrt{gL_S}$为围壳傅氏数,$\beta = r_{OS}\sec\theta$,

$\alpha = \arccos \bar{x}_S$。

6.5 主体与围壳干扰兴波阻力

将主体的谱函数和围壳的谱函数式(6.12)及式(6.16)代入干扰阻力公式,推导,得

$$R_{WBS} = \frac{2\rho g A_0 t_0}{\pi} \sum_{m=1}^{N} \sum_{n=1}^{N} C_{Bm} C_{Sn} W_{mn}^{BS} \quad (6.18)$$

式中

$$W_{mn}^{BS} = mn \int_{r_{OB}}^{\infty} E_B(\lambda) E_S(\beta) \left[\left(K_m^R(\lambda) K_n^R(\beta) + K_m^I(\lambda) K_n^I(\beta) \right) \cos(\beta \bar{x}_{OS}) + \left(K_m^I(\lambda) K_n^R(\beta) - K_m^R(\lambda) K_n^I(\beta) \right) \sin(\beta \bar{x}_{OS}) \right] / \sqrt{\lambda^2 - r_{OB}^2} \cdot d\lambda$$

其中:$\bar{x}_{OS} = x_{OS}/(L_S/2)$,各符号意义同前。

6.6 黏性阻力

黏性阻力 R_V 可分为以下四部分:

$$R_V = R_{VB} + R_{VS} + R_{AP} + R_{AR} \quad (6.19)$$

式中:R_{VB} 为主体黏性阻力;R_{VS} 为指挥台围壳黏性阻力;R_{AP} 为附体阻力;R_{AR} 为附加阻力。

6.6.1 主体黏性阻力

主体黏性阻力表示为

$$R_{VB} = \frac{1}{2} \rho V^2 S_B C_{FB} (1 + k_B) \quad (6.20)$$

式中:$C_{FB} = 0.075/(\lg R_{nB} - 2)^2$,$R_{nB} = VL_B/v$。

主体形状因子:

$$(1 + k_B) = 1 + 1.5 (D/L_B)^{1.5} + 7 (D/L_B)^3$$

式中:D 为主体最大直径或相当直径;L_B 为主体长度;S_B 为主体湿面积;V 为速度;v 为水的运动黏性系数;ρ 为水密度。

6.6.2 指挥台围壳黏性阻力

指挥台围壳黏性阻力表示为

$$R_{VS} = \frac{1}{2}\rho V^2 S_S C_{FS}(1 + k_S) \tag{6.21}$$

式中：$C_{FS} = 0.075/(\lg R_{ns} - 2)^2$；$R_{ns} = VL_S/v$。

围壳形状因子：

$$1 + k_S = 1 + t/L_S + 30(t/L_S)^4$$

式中：t 为围壳最大厚度；L_S 为围壳长度；S_S 为围壳湿面积。

6.6.3 附体阻力

潜艇附体阻力是包括围壳舵（或艏舵）、水平安定翼、上下垂直安定翼等在内附体阻力的总和。单个附体的阻力又可分为黏性阻力、干扰阻力、梢端阻力、诱导阻力等。

$$R_{AP} = \sum_{i=1}^{M} R_{AP}^i \quad M \text{ 为附体的组数} \tag{6.22}$$

式中：$R_{AP}^i = R_{AV}^i + R_{HA}^i + R_{TI}^i + R_I^i$。

黏性阻力：

$$R_{AV}^i = C_F(1 + 2(t/c) + 100(t/c)^4)\rho V^2 A \tag{6.23}$$

式中：A 为舵或翼的面积；c 为平均弦长；t 为平均翼厚；C_F 是以 c 计算的摩擦阻力系数。

干扰阻力为考虑附体与艇体相互干扰引起的阻力：

$$R_{HA}^i = \frac{1}{2}\rho V^2 c^2(0.7(t/c)^3 - 0.0003) \tag{6.24}$$

梢端阻力：

$$R_{TI}^i = 0.075 t^2(0.5\rho V^2) \tag{6.25}$$

诱导阻力为当鳍或舵有攻角产生升力时，由于下洗流而产生的阻力：

$$R_I^i = \frac{1}{2}\rho V^2 A C_L^2(1/2\pi + 1/\lambda) \tag{6.26}$$

式中：A 为翼面积；λ 为展弦比；C_L 为翼的升力系数。

6.6.4 附加阻力

船体表面的粗糙度附加阻力也称相关阻力，包括了由艇体表面粗糙度引起的摩擦阻力增加，以及由船模向实船阻力换算所要求的阻力补贴。

$$R_{AR} = \frac{1}{2}\rho V^2 S C_{AR} \tag{6.27}$$

式中：S 为艇的湿面积；C_{AR} 附加阻力系数，$C_{AR} = (0.5 \sim 0.6) \times 10^{-3}$。

6.7 > 近水面通气管航行阻力示例计算

以上方法既可以用于模型(艇模)阻力计算,又可用于实艇阻力计算。针对潜艇通气管航行状态,按照以上兴波阻力理论及阻力计算方法,对示例艇模进行计算。相对潜深 $\bar{h} = h/L = 0.130$,傅汝德数范围为 $F_n = 0.2 \sim 1.28$,理论计算结果如图6.1所示。可见,通气管航行状态的兴波阻力较大,不能忽略。从兴波阻力曲线可知,在 $F_n = 0.25$ 和 0.36 时波阻系数曲线出现谷值,在 $F_n = 0.30$ 和 $F_n = 0.52$ 时出现峰值,其变化规律合理。

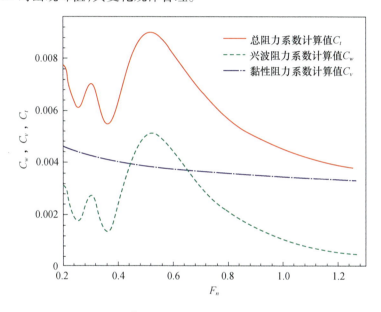

图6.1 通气管航行示例计算阻力系数

第 7 章
潜艇近水面航行的水动纵倾力矩

潜艇在近水面静水中航行时,将在水面产生兴波,由此改变艇体表面的压力分布,使艇体表面水动力分布与深水中不同。此时,艇体将受到由兴波生成的垂向力和纵倾力矩的作用。此外,兴波作用和船的纵倾将诱导产生垂直于艇体纵轴的流动,这一垂向流动的黏性作用反之也将增加产生一个垂向力和纵倾力矩[17, 19-20]。

7.1 兴波产生的垂向力和纵倾力矩

潜艇艇体主要由主艇体和指挥台围壳两大部分组成。用线性兴波理论方法,将潜艇主艇体简化为细长的旋转体,在其轴线上分布线性兴波源,将指挥台围壳视为薄翼型体,在其中纵剖面上分布兴波面源,从而推导兴波速度势。

采用随艇做匀速直线运动的直角坐标系,x 轴指向船首,z 轴垂直向上,原点位于静止水面上。按照细长体理论在主体轴线上分布线源,按照薄船理论在围壳纵中剖面上分布面源,其源强分别为

$$\sigma_B = -\frac{V}{4\pi} \cdot \frac{dA(x)}{dx} \tag{7.1}$$

$$\sigma_S = -\frac{V}{2\pi} \cdot \frac{dt(x,z)}{dx} \tag{7.2}$$

式中:$A(x)$ 为主体横剖面面积分布;$t(x,z)$ 为围壳半厚度方程。

根据线性兴波理论,推导兴波速度势为

$$\phi(x,y,z) = -Vx + \varphi(x,y,z) \tag{7.3}$$

式中:$-Vx$ 为匀流势;φ 为兴波扰动速度势。

$$\varphi(x,y,z) = -\frac{V}{4\pi} \int_{-L_B/2}^{L_B/2} \frac{dA(\xi)}{d\xi} G(x,y,z,\xi,0,\zeta) d\xi -$$

$$\frac{V}{2\pi}\int_{-L_S/2}^{L_S/2}\mathrm{d}\xi\int_{-h_S}^{0}\frac{\mathrm{d}t(\xi,\zeta)}{\mathrm{d}\xi}G(x,y,z,\xi,0,\zeta)\mathrm{d}\zeta \tag{7.4}$$

式中:L_B 为主艇体长;L_S 为围壳长。

G 表示 Green 函数,通常将单位强度点源匀速运动时的扰动兴波速度势称为 Green(格林)函数。

$$G(x,y,z,\xi,0,\zeta) = \frac{-1}{r} + \frac{1}{r'} + \frac{4K_0}{\pi}\mathrm{Re}\int_0^{\pi/2}\sec^2\theta\mathrm{d}\theta \cdot$$

$$\int_0^{\infty}\frac{\exp\{k(z+\zeta)+ik[(x-\xi)\cos\theta+y\sin\theta]\}}{k-K_0\sec^2\theta}\mathrm{d}k \tag{7.5}$$

式中

$$r = [(x-\xi)^2 + y^2 + (z-\zeta)^2]^{1/2}$$
$$r' = [(x-\xi)^2 + y^2 + (z+\zeta)^2]^{1/2}$$
$$K_0 = g/V^2$$

潜艇周围流场的压力 $p(x,y,z)$ 可用下述线性化伯努利方程计算:

$$p(x,y,z) = -\rho V\frac{\partial\varphi}{\partial x} \tag{7.6}$$

兴波产生的水动压力的垂向合力 Z_1 和纵倾力矩 M_{y1} 为

$$Z_1 = -\rho V\iint_{S_{B+S}}\varphi_x\cos(n,z)\mathrm{d}s \tag{7.7}$$

$$M_{y1} = \rho V\iint_{S_{B+S}}x\varphi_x\cos(n,z)\mathrm{d}s \tag{7.8}$$

首先计算各站横剖面上的水动压力,然后沿船长进行积分。

如潜艇的围壳部分为直壁式,则 $t(x,z)=t(x)$,这样支柱部分的方向余弦 $\cos(n,z)=0$,式(7.7)和式(7.8)中积分只在主艇体表面上计算。假设主艇体是圆形横截面,则

$$Z_1 = -2\rho V\int_{-L_B/2}^{L_B/2}\mathrm{d}x\int_{\gamma_s}^{\pi}R(x)\varphi_x\cos\gamma\mathrm{d}\gamma \tag{7.9}$$

$$M_{y1} = 2\rho V\int_{-L_B/2}^{L_B/2}x\cdot\mathrm{d}x\int_{\gamma_s}^{\pi}R(x)\varphi_x\cos\gamma\mathrm{d}\gamma \tag{7.10}$$

式中:$R(x)$ 为 x 处主体半径;γ 为半径与纵中剖面的夹角;γ_s 为围壳轮廓线交点处半径与主体纵中剖面间的夹角。

7.2 黏性产生的垂向力和纵倾力矩

为了计算黏性作用引起的水动力,需首先明确水流相对于船体的垂向速度。

该垂向速度可表示为
$$w = -V\psi + \varphi_z \quad (7.11)$$
式中：ψ 为纵倾角；$\varphi_z = \dfrac{\partial \varphi}{\partial z}$。

这样，在距船艏 x 处的横剖面上的水动力为
$$\mathrm{d}z_2 = \rho R(x)\mathrm{d}x(-V^2\psi a_0 + C_D w|w|) \quad (7.12)$$
式中：$R(x)$ 为 x 处的主体半径；a_0 为黏性升力系数，其值可取自艇模型风洞试验结果，对于横剖面为圆形或近似圆形者，$a_0 = 0.07$；C_D 为横剖面的黏性阻力系数，它随主体的长细比 L_B/D 的增大而增加，一般可在 $0.4 \sim 0.7$ 中选取。

将式(7.12)沿船长积分，可得到由黏性作用引起的垂向水动力 Z_2 和纵倾力矩 M_{y2}：
$$Z_2 = \int_{-L_B/2}^{L_B/2} \mathrm{d}z_2 \quad (7.13)$$
$$M_{y2} = -\int_{-L_B/2}^{L_B/2} x\mathrm{d}z_2 \quad (7.14)$$
由此，作用在潜艇上的总垂向力和纵倾力矩分别为
$$Z = Z_1 + Z_2 \quad (7.15)$$
$$M_y = M_{y1} + M_{y2} \quad (7.16)$$

7.3 > 兴波速度势函数

以上对兴波速度势函数的计算中，最关键的是对格林函数及其导数的计算。

在式(7.5)中对 k 的积分进行数值计算，当 $k \to \infty$ 时被积函数是一个高频振荡函数，导致计算困难。为此，将式(7.5)中对 k 的积分用指数积分表示，即
$$G = -\frac{1}{r} + \frac{1}{r'} + \frac{4K_0}{\pi}\mathrm{Re}[I_0(s,t) + 2\pi H(-t)Q_0(s,t)] \quad (7.17)$$
其中
$$I_0(s,t) = \int_1^\infty \frac{\lambda \mathrm{d}\lambda}{\sqrt{\lambda^2-1}} F(s\lambda^2 + it\lambda)$$
$$Q_0(s,t) = i\int_1^\infty \frac{\lambda \mathrm{d}\lambda}{\sqrt{\lambda^2-1}} \exp(s\lambda^2 + it\lambda)$$
$$F(\omega) = e^\omega E_1(\omega)$$
$$\omega = s\lambda^2 + it\lambda$$
$$E_1(\omega) = \int_\omega^\infty \frac{e^{-\rho}}{\rho}\mathrm{d}\rho$$

$$s = k(z + \zeta)$$
$$t = K_0(x - \xi)$$
$$H(t) = \begin{cases} 0, & t < 0 \\ 1, & t > 0 \end{cases}$$

$H(t)$ 为 Heaviside 阶跃函数;E_1 为指数积分[21],$\lambda = r_{OB}\sec\theta$,$r_{OB} = gL_B/(2V^2) = 1/(2F_{nb}^2)$,$F_{nb} = V/\sqrt{gL_B}$ 为船长傅汝德数。

7.4 垂向力及纵倾力矩示例计算

按照以上潜艇近水面航行的水动纵倾计算理论,对示例模型进行计算,其垂向力和纵倾力矩随速度的变化曲线如图 7.1 所示。

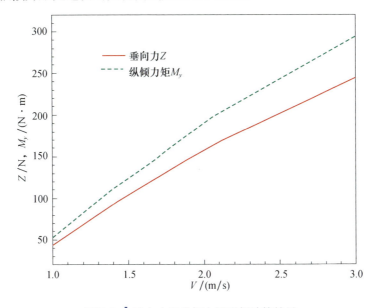

图 7.1 垂向力和纵倾力矩示例计算结果

纵倾力矩随艇身纵倾角的增加而增大;如果产生首倾,则必将产生一个正向纵倾力矩,将导致艇首倾的进一步增加。因此,在设计中必须采取相应平衡措施,以保持潜艇近水面航行的纵向稳定性。

第 8 章
潜艇前体的水动力特性

潜艇前体的流体动力特性,对潜艇的总体性能指标具有重要影响。前体线型设计必须协调潜艇阻力、武备布置、水声设备布置、压力场特征及操纵性能等的要求。其中关键是对矛盾冲突的权衡及综合优化,新型潜艇设计需尽量降低噪声级水平,减弱压力场干扰,同时保证操纵性能和武备布置的要求。从流体动力学观点看,需要按照潜艇航速、噪声级和压力场要求等,精细地设计并优化艇体线型,其将使潜艇前体形状更细长。然而从布置设计的角度,前体的丰满度(棱形系数)受到武备布置的制约,总体布置资源的限制又要求艇体前体趋向丰满,这使得在设计中必须加以综合权衡。

在潜艇前体线型设计中,必须保持低的边界层噪声水平,以便保证声纳装置的正常工作,必须保持合理的潜艇压力场特征,以便尽量减少触发水雷的危险。因此,前体最重要的设计参数是压力和速度沿艇体外形的分布[22-23]。本章重点研究潜艇的前体水动力特性、首部流场、薄边界层、转捩点、逆压点、声纳平台区声学特性等,并对不同前体艇型进行对比理论计算。

8.1 > 潜艇前体设计要素

8.1.1 声纳平台区的流噪声水平

由于潜艇的隐蔽性要求,声纳探测系统是潜艇重要的信息系统之一,其功能是搜索、警戒及辨识目标。声纳探测系统只有在良好的声学条件下才能有效发挥其功能。

搜索范围是声纳探测系统的重要参数,搜索范围主要受到潜艇产生的自噪声与环境噪声因素影响。环境噪声由外界海洋环境决定,与艇体设计无关。而艇体产生的自噪声与前体线型设计密切相关,是需要重点研究的因素。在高速航行时,流体动力产生的自噪声(流噪声)通常高于机械噪声,流噪声主要由边界层内流动和流体分离扰动激发产生,其主要取决于局部速度,湍流边界层噪声级由速度和频率决定。有资料表明,对于工作环境不受限制的球形扩张情况,当自噪声增加 6dB 时,声纳工作范围为原来的一半;而对于工作环境受限制的圆柱形扩张情况,自噪声增加 3dB,则工作范围为原来的一半[23-25]。由此可知自噪声对声纳工作性能的重要影响。

8.1.2 声纳平台区的边界层流态

流体流经潜艇首部,在艇体表面形成边界层。边界层可分为 3 种流态,即层流、湍流、由层流向湍流过渡的转捩区。在层流稳定极限雷诺数之前为稳定层流,超过失稳点(转捩过程的起点)为过渡区,超过转捩雷诺数,则发展成湍流[26]。

在转捩区和湍流边界层内的压力脉动和各种涡将向外辐射声波[27],形成噪声干扰。尤其在过渡区中,由于湍斑的猝发,形成高强度的脉冲,其自噪声级更高。如果发生分离,则在分离区会产生更强的噪声。因此,为了弄清声纳安装位置的声学环境,必须对前体的边界层进行计算分析,确定转捩点位置,以判断声纳平台区边界层的流态,保障声纳装置的正常工作性能。

8.1.3 潜艇前体的压力场特性

考虑水雷因受压力场、电磁场、噪声场等物理场的单独或联合作用而触发,而潜艇的水下运动在其周围水域产生一个变强度的压力场。压力场的强弱受排水量分布、速度以及离开艇体距离等因素影响,尤其受到艇体线型的影响。在前体逆压点处,即艇体表面顺压区至逆压区的转变点,产生的低压峰值将会由潜艇传至水雷。因此,潜体首部的最小压力系数是压力场强度的主要标志之一。

在距离潜艇大约 1/5 艇长范围内的压力峰值是能够有效测量得到的,而在更大的范围内要想测量出压力分布的峰值则是困难的,由此只能通过理论计算得到。艇尾处的压力场分布必须考虑黏性的影响和螺旋桨与船体间的相互干扰,其理论预报比较困难。

8.1.4 潜艇上浮运动中声纳的工作特性

当潜艇以较大的负攻角做上浮运动时,声纳装置的作用距离可能将有所降低。从流体动力学原理分析,当潜艇以较大的负攻角上浮时,远前方来流分解为纵向来流和向下的垂向来流,其合成斜流绕过艇首上方流向艇首下方,在潜艇首部下方产生强的绕流,使得在声纳平台区的流速增大,压力系数减小。过大的局部流速,将产生强的边界层自噪声,从而使声纳装置的作用范围大为减小。更甚者,可能会引起艇首下方的流动分离,产生较大的流体噪声,影响声纳装置的工作。

对以上现象的分析研究需结合前体表面速度分布、压力分布、首部边界层、边界层转捩点位置、艇体逆压点位置确定、最低压力系数、声纳平台区流动状态、边界层自噪声级等的计算分析进行。

8.2 计算理论及方法

根据流体流动的主要特点,绕过潜艇艇体的流动主要可划分为两个区域:一个是理想流体流动区域;另一个是黏性流体流动区域。在离艇体表面和尾流区较远处的流场,可忽略黏性作用的影响,视为理想流动区,由此可用势流理论进行描述,用有限元基本解方法求解;在艇体表面附近和艇后尾流区为黏性流动区,主要关注首部层流边界层的计算和转捩点的确定,黏性流动区可采用动量积分方法求解。从艇首往后,依次为层流边界层、过渡区、湍流边界层、厚边界层和艇后尾流区,如图 8.1 所示。

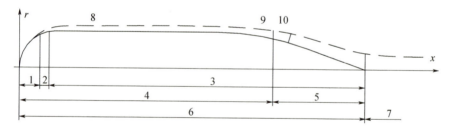

图 8.1 艇体流动区域划分

1—层流边界层部分;2—过渡段;3—紊流边界层部分;4—薄边界层;5—厚边界层;6—边界层部分;
7—尾流部分;8—非黏性区;9—黏性剪切流动区;10—边界层厚度

8.2.1 理想流动的基本方程

绕任意三维物体的不可压理想势流问题可表示如下
在流场内
$$\nabla^2 \phi = 0 \tag{8.1}$$
在物面上
$$\frac{\partial \phi}{\partial n} = \boldsymbol{n} \cdot \mathrm{grad}\phi = 0$$

在无穷远处
$$\phi \to U_0 x + V_0 y + W_0 z, \quad r \to \infty$$
式中：$\boldsymbol{n}$ 为物面 S 的单位外法线矢量；$r = (x^2 + y^2 + z^2)^{1/2}$。

将总速度势 ϕ 分解成均匀来流速度势 φ_0 和挠动速度势 φ 之和，即
$$\phi = \varphi_0 + \varphi$$
式中：均匀流速度势 $\varphi_0 = U_0 x + V_0 y + W_0 z$。

由此，挠动速度势 φ 应满足：

在流场内
$$\nabla^2 \varphi = 0 \tag{8.2}$$

在物面上
$$\frac{\partial \varphi}{\partial n} = - \frac{\partial \varphi_0}{\partial n} = - \boldsymbol{n} \cdot \boldsymbol{V}_0$$

在无穷远处
$$\varphi \to 0, \quad r \to \infty$$
式中：均匀来流速度矢 $\boldsymbol{V}_0 = U_0 \boldsymbol{i} + V_0 \boldsymbol{j} + W_0 \boldsymbol{k}$。

设在艇体表面 S 上分布强度为 σ 的面源（或汇），则扰动速度势 φ 可表示为
$$\varphi(p) = -\frac{1}{4\pi}\iint_S \frac{\sigma(q)}{r(p,q)} \mathrm{d}s$$

扰动速度为
$$\boldsymbol{v} = \nabla \varphi(p) = \frac{1}{4\pi}\iint_S \sigma(q) \frac{\boldsymbol{r}(p,q)}{r^3(p,q)} \mathrm{d}s$$

在艇体表面 S 上的 q_0 点满足物面边界条件，则得到关于面源强密度 $\sigma(q)$ 的第二类 Fredholm 积分方程，它是 Hess – Smith 方法的基本方程：
$$2\pi\sigma(q_0) + \boldsymbol{n}_0 \cdot \iint_S \sigma(q) \frac{\boldsymbol{r}(q_0,q)}{r^3(q_0,q)} \mathrm{d}s = 4\pi b(q_0) \tag{8.3}$$

解此积分方程，求出源分布 $\sigma(q)$，则扰动势 φ 和扰动速度 $\boldsymbol{v}$ 可分别用相应的公式计算。总速度的矢量 $\boldsymbol{V}$ 和压力系数 C_p 可由下式计算：
$$\begin{cases} \boldsymbol{V}(p) = \boldsymbol{V}_0 + \boldsymbol{v} \\ C_p(p) = 1 - (V(p)/V_0)^2 \end{cases} \tag{8.4}$$

8.2.2 黏性流动的基本方程

下面分两个问题阐述黏性流动的基本方程。

1. 坐标和边界层积分参数与定义

如图 8.1 所示，采用两个坐标系，一个是沿艇体轴向和径向的直角坐标系

(x,r),另一个是沿物体表面的曲线坐标系(s,y),s为由坐标原点计沿物面的弧长,y为垂直于物面法向坐标。由几何关系给出：

$$r = r_0 + y\cos\alpha$$

式中:r_0为艇体半径;α为艇体子午线切线与轴线的夹角。

边界层内相当排开的流量厚度：

$$\int_0^{\delta_1^*} 2\pi r\rho u_\delta \mathrm{d}y \equiv \int_0^\delta 2\pi r\rho(u_\delta - u)\mathrm{d}y \tag{8.5}$$

即

$$\int_0^{\delta_1^*}(r_0 + y\cos\alpha)\mathrm{d}y \equiv \int_0^\delta \left(1 - \frac{u}{u_\delta}\right)r\mathrm{d}y$$

$$r_0\delta_1^* + \frac{1}{2}\delta_1^{*2}\cos\alpha \equiv \int_0^\delta \left(1 - \frac{u}{u_\delta}\right)r\mathrm{d}y \tag{8.6}$$

以上方程右边项定义为

$$\Lambda^* \equiv \int_0^\delta \left(1 - \frac{u}{u_\delta}\right)r\mathrm{d}y$$

或

$$\delta_1 \equiv \int_0^\delta \left(1 - \frac{u}{u_\delta}\right)\frac{r}{r_0}\mathrm{d}y$$

显然

$$\delta_1 \equiv \delta_1^*\left(1 + \frac{\delta_1^*}{2r_0}\cos\alpha\right) \tag{8.7}$$

式中:δ_1^*为实际边界层排挤厚度;δ_1为通用边界层排挤厚度或边界层排挤厚度;Λ^*为边界层排挤面积;u_δ为边界层外缘速度;u为边界层内速度分布。

边界层内相当动量损失厚度为

$$\int_0^{\delta_2^*} 2\pi r\rho u_\delta^2 \mathrm{d}y \equiv \int_0^\delta 2\pi r\rho u(u_\delta - u)\mathrm{d}y \tag{8.8}$$

即

$$\int_0^{\delta_2^*}(r_0 + y\cos\alpha)\mathrm{d}y \equiv \int_0^\delta \frac{u}{u_\delta}\left(1 - \frac{u}{u_\delta}\right)r\mathrm{d}y$$

$$r_0\delta_2^* + \frac{1}{2}\delta_2^{*2}\cos\alpha \equiv \int_0^\delta \frac{u}{u_\delta}\left(1 - \frac{u}{u_\delta}\right)r\mathrm{d}y \tag{8.9}$$

方程右边项定义为

$$\Omega \equiv \int_0^\delta \frac{u}{u_\delta}\left(1 - \frac{u}{u_\delta}\right)r\mathrm{d}y$$

或

$$\delta_2 \equiv \int_0^\delta \frac{u}{u_\delta}\left(1 - \frac{u}{u_\delta}\right)\frac{r}{r_0}\mathrm{d}y$$

显然

$$\delta_2 \equiv \delta_2^*\left(1 + \frac{\delta_2^*}{2r_0}\cos\alpha\right) \tag{8.10}$$

式中:δ_2^* 为实际边界层动量损失厚度;δ_2 为通用边界层动量损失厚度或称边界层动量损失厚度;Ω 为边界层动量损失面积。

相应的边界层形状参数如下:

$$H^* \equiv \delta_1^*/\delta_2^*$$
$$H \equiv \delta_1/\delta_2$$

式中:H^* 为实际边界层形状参数;H 为通用边界层形状参数(又称边界层形状参数)。

二因次边界层积分参数如下:

$$\overline{\delta}_1 \equiv \int_0^\delta \left(1 - \frac{u}{u_\delta}\right)\mathrm{d}y$$

$$\overline{\delta}_2 \equiv \int_0^\delta \frac{u}{u_\delta}\left(1 - \frac{u}{u_\delta}\right)\mathrm{d}y$$

$$\overline{H} \equiv \overline{\delta}_1/\overline{\delta}_2$$

式中:$\overline{\delta}_1$ 为二因次边界层排挤厚度;$\overline{\delta}_2$ 为二因次边界层动量损失厚度;$\overline{H}$ 为二因次边界层形状参数。

2. 层流边界层计算

轴对称层流边界层的动量积分方程:

$$\frac{\mathrm{d}\delta_2}{\mathrm{d}x} + (H + 2)\frac{\theta}{u_e}\cdot\frac{\mathrm{d}u_e}{\mathrm{d}x} + \frac{\theta}{r_0}\cdot\frac{\mathrm{d}r_0}{\mathrm{d}x} = \frac{\tau_w}{\rho u_e^2} \tag{8.11}$$

式中

$$\tau_w = \mu \left.\frac{\partial u}{\partial y}\right|_{w(y=0)}$$

利用 Mangter 变换将 Thwaites 公式推广到轴对称流,可得到动量损失厚度的 δ_2 的计算公式:

$$\delta_2^2 = 0.45\nu r_0^{-2} u_\delta^{-6} \int_0^s u_\delta^5 r_0^2 \mathrm{d}s + 0.056\nu/\left(\frac{\mathrm{d}u_\delta}{\mathrm{d}s}\right)_0 \tag{8.12}$$

式中:ν 为运动黏度;$\left(\dfrac{\mathrm{d}u_\delta}{\mathrm{d}s}\right)_0$ 为艇艏处速度梯度。

式(8.12)第二项表示了驻点处的附面层动量损失厚度。

令

$$p_1 = \frac{\delta_1^2}{r} \cdot \frac{\mathrm{d}u_\delta}{\mathrm{d}s}; \qquad p_2 = \frac{\delta_2^2}{r} \cdot \frac{\mathrm{d}u_\delta}{\mathrm{d}s}$$

对于 $0 \leqslant p_2 \leqslant 0.1$：

$$l_\tau = 0.22 + 1.57 p_2 - 1.8 p_2^2$$
$$H = 2.61 - 3.75 p_2 + 5.24 p_2^2$$

对于 $-0.1 \leqslant p_2 \leqslant 0$：

$$l_\tau = 0.22 + 1.40 p_2 + \frac{0.018 p_2}{0.107 + p_2}$$

$$H = \frac{0.073}{0.14 + p_2} + 2.088$$

式中：l_τ 为壁面剪切应力函数。

层流边界层内速度分布：

$$\frac{u}{u_\delta} = (2\eta - 2\eta^3 + \eta^4) + \frac{1}{6} p_1 \eta (1-\eta)^2 \tag{8.13}$$

式中：$\eta = y/\delta$。

8.2.3 层流边界层转捩点计算

与平板流场类似，流体流经艇体时，在艇体表面形成边界层，其可分为3种流态，即层流、湍流、由层流向湍流过渡的转捩区，在层流稳定极限雷诺数之前为稳定的层流，超过失稳点(转捩点的起点)位置为过渡区，超过转捩雷诺数则发展为湍流。

平板的边界层转捩过程可概括如下，参见图8.2。

(1) 不稳定的二维 T-S 波发展为三维扰动波。

(2) 扰动波形成 U 形涡系，在自感效应下导致湍流猝发，U 形涡破碎成随机性的小旋涡，形成三维脉动。

(3) 局部高强度脉动发展成湍斑。

(4) 湍斑充分发展成湍流。

转捩过程十分复杂，压力梯度、来流湍流度、表面粗糙度对转捩都有很大影响，即便只考虑其中一个因素，目前也无法作出理论的分析。所以，从实用观点出发，可根据有关试验数据，用经验或半经验的方法预测转捩点的位置，此时通常先不考虑湍流度和粗糙度，这两项将作为修正项进行处理。

经典的估算方法：

(1) Michel 1952 年提出一种简单的估计方法。他指出，转捩点位置 x_{tr} 和动量损失厚度 θ_{tr} 之间存在一定关系，并用二维机翼的试验数据进行了验证，从中

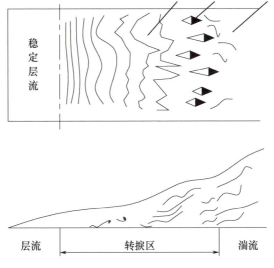

图 8.2 | 平板边界层转捩过程示意

可以得到如下关系式：

$$(Re_\theta)_{tr} \approx 2.9 (Re_x)_{tr}^{0.4} \tag{8.14}$$

适用范围：$0.4 \times 10^6 \leqslant Re_x \leqslant 7 \times 10^6$。

式(8.14)的优点是无需计算稳定极限，并可直接用于轴对称情况。

（2）Cebeci 和 Smith 1970 年提出的经验公式：

$$(Re_\theta)_{tr} \approx 1.174[1 + 22400/(Re_x)_{tr}](Re_x)_{tr}^{0.46} \tag{8.15}$$

适用范围：$0.1 \times 10^6 \leqslant Re_x \leqslant 4 \times 10^7$。

8.2.4 声纳平台区噪声级估算

声纳系统的搜索性能主要受到外界干扰噪声的影响与制约，外界环境噪声与自身产生流噪声是最重要的干扰源。

流体流动时，流体动力本身产生的噪声称为流噪声，主要由边界层流动和流体分离的扰动激发而产生。其噪声级主要取决于局部速度。

湍流边界层噪声级由速度和频率决定，其声压的大小可以表示为

$$p^2 = U^\beta f^\gamma \tag{8.16}$$

式中：U 为局部水速；f 为频率；指数的取值范围为 $6 < \beta < 9$，$-3 < \gamma < -6$。

对于湍流边界层的流噪声，不同速度和频率的声压水平所引起的噪声级增量可以由以下公式估算（dB）：

$$\Delta L_p = 10 \lg\left(\frac{p_2^2}{p_1^2}\right) = 10 \lg\left(\frac{U_2^\beta f_2^\gamma}{U_1^\beta f_1^\gamma}\right)$$

当频率相同时,有

$$\Delta L_U = 10\beta \lg\left(\frac{U_2}{U_1}\right), \quad 6 < \beta < 9$$

当速度相同时,有

$$\Delta L_f = 10\gamma \lg\left(\frac{f_2}{f_1}\right), \quad -3 < \gamma < -6$$

由此,在确定环境噪声及流噪声干扰基础上,潜艇前体声纳平台区噪声级的增加或减少量可用以下公式估算:

$$\Delta L_u = K_u \lg\left(\frac{u_2}{u_1}\right), \quad 60 < K_u < 90 \qquad (8.17)$$

或

$$\Delta L_{cp} = K_p \lg\left(\frac{1 - C_{p2}}{1 - C_{p1}}\right), \quad 30 < K_p < 45 \qquad (8.18)$$

式中:u_i 为声纳平台区的平均速度;C_{pi} 为该处的平均压力系数。

由以上公式可知:

(1) 局部水流速度是确定流体流噪声级的控制参数,故可利用势流理论计算得到边界层外边界速度,确定该处湍流边界层的自噪声级。

(2) 边界层过渡区的噪声级比湍流区要高。层流区的噪声级最低。当边界层分离后,分离区的噪声级也将升高至较高水平。因此,艇前体线型设计的重要原则是使声纳平台区以及附近区域产生均匀分布的并尽可能小的局部速度,并且局部速度沿艇首指向艇尾方向上应该是严格递增的单调函数。换言之,声纳平台区应尽可能位于顺压区及速度递增区,即在逆压点之前,艇首压力系数最低点应位于声纳平台区之后。

(3) 按照以上公式计算,可大致得到声纳平台区边界层噪声级对声纳作用范围的影响,如表8.1所列。对于工作环境不受限制的球形扩张情况,当流噪声级增加6dB时,声纳的工作范围降至50%。而对于工作环境受限制的圆柱形扩张情况,当流噪声增加3dB时,声纳的工作范围降至50%。可见声纳平台区边界层流噪声级对声纳性能具有不可忽视的影响。

表8.1 边界层噪声级对声纳作用范围影响

边界层流噪声增量/dB	球形扩张情况	圆柱形扩张情况
0	r_0	r_0
3	$0.71r_0$	$0.50r_0$
6	$0.50r_0$	$0.25r_0$

(续)

边界层流噪声增量/dB	球形扩张情况	圆柱形扩张情况
12	$0.25r_0$	$0.06r_0$
20	$0.10r_0$	$0.01r_0$

8.2.5 数值计算方法

（1）采用任意三维物体无升力势流理论计算的 Hess–Smith 方法，将物面 S 剖分成 M 个四边单元 $S_j, j=1,2,\cdots,M$。

设每个单元 S_j 上源密度 σ_j 为常数，则将积分方程离散为以下代数方程：

$$2\pi\sigma_i + \boldsymbol{n}_i \cdot \sum_{j=1}^{M} \sigma_j \boldsymbol{C}_{ij} = 4\pi b_i$$

$$\boldsymbol{C}_{ij} = \iint_{s_j} \frac{\boldsymbol{r}(q_i, q)}{r^3(q_i, q)} \mathrm{d}s$$

式中：$\boldsymbol{C}_{ij}$ 为第 j 个单位强度面源在 i 点引起的诱导速度矢。

$$\boldsymbol{C}_{ij} = C_{j1}\boldsymbol{i} + C_{j2}\boldsymbol{j} + C_{j3}\boldsymbol{k}$$

诱导速度矢的 3 个分量在单元局部坐标系中可表示为

$$C_{j1} = \iint_{s_j} \frac{\xi_0 - \xi}{[(\xi_0 - \xi)^2 + (\eta_0 - \eta)^2 + \zeta_0^2]^{3/2}} \mathrm{d}\xi\mathrm{d}\eta$$

$$C_{j2} = \iint_{s_j} \frac{\eta_0 - \eta}{[(\xi_0 - \xi)^2 + (\eta_0 - \eta)^2 + \zeta_0^2]^{3/2}} \mathrm{d}\xi\mathrm{d}\eta$$

$$C_{j3} = \iint_{s_j} \frac{\zeta_0}{[(\xi_0 - \xi)^2 + (\eta_0 - \eta)^2 + \zeta_0^2]^{3/2}} \mathrm{d}\xi\mathrm{d}\eta$$

以上积分可利用数值积分公式进行计算，如在 Hess–Smith 方法中，分为近场、中场和远场 3 种情况，分别推导了近似计算的代数公式。

可采用高斯列主元消去法求解代数方程，得到单元的源强密度 $\sigma_j, j=1, 2,\cdots,M$，进而求解计算扰动速度、总速度矢、压力系数等。

（2）采用积分方程计算轴对称艇前体层流边界层，具体计算步骤如下：

① 数值积分计算弧长 $S(x)$。x 坐标取在对称轴上，指向艇艉为正，母线（轴对称艇首即为流线）的半径 $r(x)$ 已知，数值微分计算 $\dfrac{\mathrm{d}r(x)}{\mathrm{d}x}$，数值积分计算弧长。

② 利用势流理论计算结果，得到沿流线边界层外缘速度 $u_e(s)$，并计算 $\dfrac{\mathrm{d}u_e(s)}{\mathrm{d}s}$。

③ 利用数值积分计算边界层动量损失厚度 $\delta_2(s)$、边界层形状参数 $H(s)$、边界层排挤厚度 $\delta_1(s)$。

(3) 转捩点位置计算。采用 Michel 经验公式计算转捩点的位置 X_{tr}。

首先,定义函数:

$$f_n(s) = (Re_{\delta_2}) - 2.9(Re_s)^{0.4} = \frac{u_e(s)\delta_2(s)}{\nu} - 2.9\left(\frac{u_e(s)s}{\nu}\right)^{0.4}$$

式中:$u_e(s)$ 为沿流线边界层外缘速度;$\delta_2(s)$ 为动量损失厚度;s 为由驻点计算的流线弧长;ν 为运动学黏性系数。

求解 $f_n(s)$ 函数的零点,即可得到转捩点的弧长 S_{tr} 进而插值求得 X_{tr},方程为 $f_n(s) = 0$。

(4) 逆压点位置计算。顺压区(速度增加)和逆压区的转变点称为逆压点。首先可由势流理论计算得到沿流线的压力系数分布曲线 $C_p(x)$ 或 $C_p(s)$,然后数值微分求解计算 $\dfrac{\mathrm{d}C_p(x)}{\mathrm{d}x}$。

在逆压点 $X_{cp}(S_{cp})$,其压力系数的导数为零,求解以下方程的零点(如牛顿迭代法或二分法):

$$\frac{\mathrm{d}C_p(x)}{\mathrm{d}x} = 0$$

即可得到 X_{cp}。

(5) 声纳平台区噪声级估算。由势流理论计算得到声纳平台区的局部速度,或压力系数。

在声纳平台区采用平均速度作为标称值,按前述噪声级公式计算。

8.3 > 前体水动力示例计算

建立前体水动力示例计算模型,基于以上理论方法完成对前体流动速度矢量、压力、边界层厚度、转捩点位置、逆压点位置、最低压力系数、流噪声等的计算。

以中纵剖面和中横截面为对称面,将 1/4 艇前体划分为 $MD = 6$ 个分区,共 $MS = 968$ 个单元(长度单位为 mm,速度单位为 mm/s,计算速度为 6kn,即 3088.7mm/s)。前体流动速度矢量结果如图 8.3 所示,前体压力系数等值线如图 8.4 所示。沿艇艏流线方向计算层流边界层动量损失厚度 θ 和排挤厚度 $\delta*$,边界层厚度情况如图 8.5 及图 8.6 所示,压力系数曲线如图 8.7 及图 8.8 所示。按照前述噪声级估算公式,流噪声示例计算结果如表 8.2 所列。

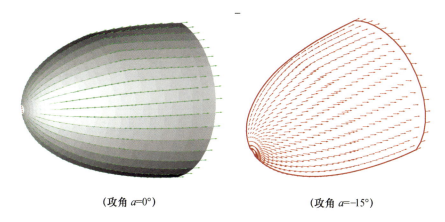

(攻角 $a=0°$)   (攻角 $a=-15°$)

图 8.3 ┃ 前体流动速度矢量

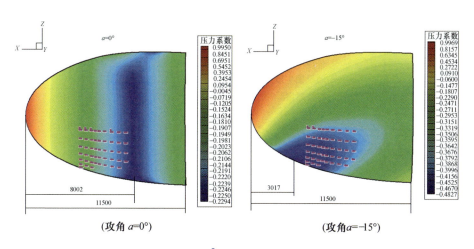

(攻角 $a=0°$)   (攻角 $a=-15°$)

图 8.4 ┃ 压力系数等值线

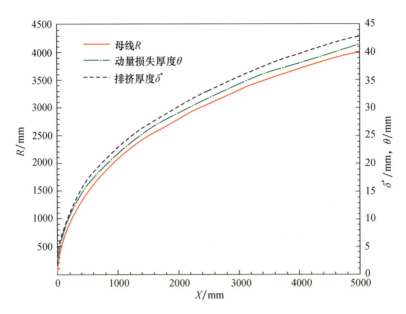

图 8.5 攻角 $a=0°$ 边界层厚度结果

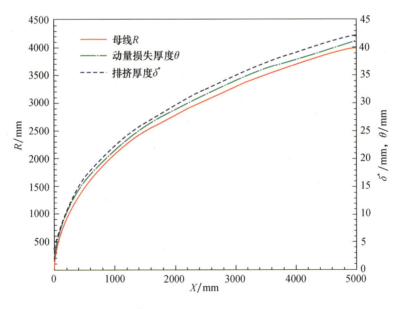

图 8.6 攻角 $a=-15°$ 边界层厚度结果

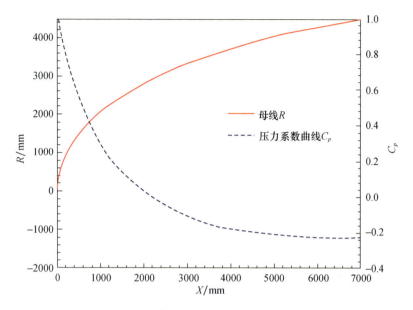

图 8.7 ｜ 攻角 $a = 0°$ 压力系数曲线

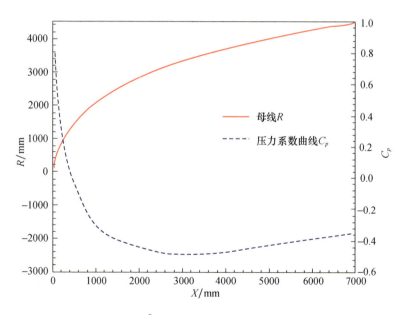

图 8.8 ｜ 攻角 $a = -15°$ 压力系数曲线

第 8 章　潜艇前体的水动力特性

表8.2　流噪声级计算结果

攻角	$a=0°$	$a=-15°$	上浮运动噪声增值/dB
计算模型1	6.20	11.04	4.84
计算模型2	4.99	8.18	3.19
计算模型3	3.68	6.92	3.24

所构建的示例模型3前体为近似轴对称体,其下半体由五次多项式曲线旋转生成,上半体在横截面上是垂直半轴比水平半轴稍短的椭圆,横截面稍显扁平,前体比较瘦长,其横剖面积曲线斜率较平缓。

由流动矢量图8.3及压力等值线图8.4可见,在0°攻角时流动具有明显的轴对称特征,压力等值线基本为轴对称分布;在-15°攻角时流动矢量图和压力图均明显表现出斜流特征,前体下方产生一个高流速低压区,压力等值线倾斜,流动矢量向艉部下方倾斜。

由图8.4可知,最低压力系数在艇下体部位负值绝对值较大,向艇的上甲板方向负峰依次减低。负峰值小、压力梯度小、流动平顺等可利于逆压点后移。压力曲线变化平缓,各条母线上的压力峰值比较均匀,有利于降低压力梯度的绝对值,从而使逆压点位置后移。如若声纳装置位于逆压点之前,即声纳平台区完全位于顺压区,在声纳平台区的流动则是单调加速的,且速度较小、压力负峰较低,因而可降低其所在位置处的流噪声级。

从表8.2可以看出,在潜艇做上浮运动时,艇首下方将处于绕流的高速低压区域,其声纳平台区的噪声级将有所增加,在示例计算模型3中噪声级增加了3.24dB。

8.4 潜艇前体线型设计

为了降低潜艇前体流噪声和压力场的不利影响,提高潜艇的隐蔽性、生存能力和声纳的探测范围,需追求优化的前体线型,同时需考虑武备布置、使用、维修等因素,以进行综合权衡、决策。

从水动力学性能特性的要求,总结以下前体设计概念:

(1) 前体线型对其声学特性和压力场特性的影响是一致的。压力场特性优秀的前体线型,其声学特性也必然优秀,反之亦然。这两个重要特性对线型改变的敏感性只有数量上的差异,但本质趋势是一致的。这使我们在设计中应着重考虑达到好的压力场分布特性,因为压力分布是相对容易可通过相关计算和实测获得的判据。

（2）压力特性的优劣有 3 个主要指标：

① 从顺压区转变为逆压区的逆压点位置靠后为优。一般潜艇统计，逆压点离艇首的相对距离范围 $\overline{X} = x/L$ 为 0.04～0.12。

② 压力负峰值越低越好，即低峰值的绝对值以小为优，从优到差一般潜艇的压力负峰值 C_{pmin} 为 -0.2～-0.8。

③ 压力梯度的绝对值以小为优。在艇体的顺压区，$\dfrac{\mathrm{d}c_p}{\mathrm{d}x} < 0$；逆压区 $\dfrac{\mathrm{d}c_p}{\mathrm{d}x} > 0$；在逆压点上 $\dfrac{\mathrm{d}c_p}{\mathrm{d}x} = 0$。无论在顺压区或者逆压区，其梯度的模以小为好。逆压区中过大的逆压梯度会造成边界层分离，使流动特性变差。

以上第三项标准实际上与前两项指标相关，而非独立的要求。

（3）前体线型设计应满足：适当减小前体棱形系数，横剖面面积曲线沿轴线增长更为平缓，最大横剖面后移。由此可使逆压点后移，得到更长的顺流区，从而压力曲线的斜率减小，压力负峰值的绝对值减小，同时减弱了压力场的干扰，改善了压力场的品质，降低了压力场触发水雷等的可能性，提高了潜艇生存力。更长的顺流区，可使声纳平台完全布置在顺流区内，避免压力负峰值的影响，减小其边界层内自噪声级，提高声纳的作用范围。

第 9 章 潜射导弹的水下弹道计算

近半个世纪,潜射导弹及水下发射技术得到了飞速发展,已可从水下数十米乃至上百米的深度成功发射。目前,潜射导弹已成为战术潜艇及战略核潜艇的重要武备,其种类包括潜地弹道导弹、潜载巡航导弹、潜载反舰导弹、潜载对空导弹、潜载反潜导弹等。

通过相应理论分析和数学建模工作,获得水下发射导弹的空间运动方程,完成水中运动黏性类力和惯性类力计算、耦合火箭矢量推力器在水中点火时的推力计算,从而建立水下弹道计算的数值方法。

9.1 > 导弹水下发射的空间运动方程

导弹作为刚体处理,将流体动力和其他作用力视为外力。运动学关系式可由坐标系及转换矩阵推导,动力学方程由动量定理和动量矩定理推导,根据流体力学理论将作用于导弹的流体动力分解为黏性类流体动力和惯性类流体动力,由此可给出导弹空间运动方程的一般表达式[28-31]。

9.1.1 坐标系与转换矩阵

为获得导弹水下发射的运动规律,确定导弹运动的位置和姿态,首先选取适当的坐标系以表述导弹所受的流体动力。

与地面固连在一起的地面坐标系记为 $EX_eY_eZ_e$,又称静坐标系。地面坐标系的原点 E 可选在发射点,EX_e 轴在水平面内,指向发射方向为正;EY_e 轴在垂直面内,垂直向上为正;EZ_e 轴垂直 EX_eY_e 平面,其正方向使 $EX_eY_eZ_e$ 构成右手直角坐标系,如图 9.1 所示。

与导弹固连在一起的弹体系记为 $Bxyz$,又称动坐标系。弹体系的原点选在

导弹的浮心 B 处。Bx 轴沿导弹纵轴,指向前为正;By 轴垂直于 Bx 轴,当导弹在地面上水平放置时,指向上为正;Bz 轴垂直于 Bxy 平面,其正向使 $Bxyz$ 构成右手直角坐标系,如图 9.1 所示。

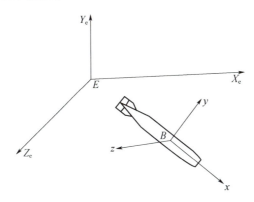

图 9.1 | 地面坐标系与弹体坐标系

导弹相对地面系的位置,可用弹体系原点在地面系的坐标分量 X_e, Y_e, Z_e 来确定。导弹相对地面系的姿态可用弹体系与地面系之间的 3 个欧拉角 φ, ψ, θ 来确定,其定义如下:

偏航角 ψ:弹体系 Bx 轴在地面系 EX_eZ_e 平面内的投影与地面系 EX_e 轴(发射方向)之间的夹角,从导弹尾部向发射方向观察,以左偏为正;

俯仰角 θ:弹体系 Bx 轴与地面系 EX_eZ_e 平面之间的夹角,以导弹抬首为正;

横滚角 φ:弹体系 Bxz 平面与地面系 EX_eZ_e 平面之间的夹角,从导弹尾部沿 Bx 轴观察,以导弹向右滚动为正。

弹体系与地面系之间的转换矩阵如下:

设某矢量在弹体系中的坐标为 (x,y,z),在地面系中的坐标为 (X_e, Y_e, Z_e),弹体系与地面系的坐标原点重合,则

$$\begin{cases} X_e = x\cos(X_e,x) + y\cos(X_e,y) + z\cos(X_e,z) \\ Y_e = x\cos(Y_e,x) + y\cos(Y_e,y) + z\cos(Y_e,z) \\ Z_e = x\cos(Z_e,x) + y\cos(Z_e,y) + z\cos(Z_e,z) \end{cases}$$

写成矩阵形式,有

$$\begin{bmatrix} X_e \\ Y_e \\ Z_e \end{bmatrix} = \begin{bmatrix} \cos(X_e,x) & \cos(X_e,y) & \cos(X_e,z) \\ \cos(Y_e,x) & \cos(Y_e,y) & \cos(Y_e,z) \\ \cos(Z_e,x) & \cos(Z_e,y) & \cos(Z_e,z) \end{bmatrix} \begin{bmatrix} x \\ y \\ z \end{bmatrix} = \boldsymbol{C}_E^B \begin{bmatrix} x \\ y \\ z \end{bmatrix} \quad (9.1)$$

式中:$\boldsymbol{C}_E^B$ 为由弹体系到地面系的转换矩阵。

$$\begin{bmatrix} x \\ y \\ z \end{bmatrix} = \begin{bmatrix} \cos(x,X_e) & \cos(x,Y_e) & \cos(x,Z_e) \\ \cos(y,X_e) & \cos(y,Y_e) & \cos(y,Z_e) \\ \cos(z,X_e) & \cos(z,Y_e) & \cos(z,Z_e) \end{bmatrix} \begin{bmatrix} X_e \\ Y_e \\ Z_e \end{bmatrix} = \boldsymbol{C}_B^E \begin{bmatrix} X_e \\ Y_e \\ Z_e \end{bmatrix} \quad (9.2)$$

式中：$\boldsymbol{C}_B^E$ 为由地面系到弹体系的转换矩阵。

比较式(9.1)和式(9.2)可看出,矩阵 $\boldsymbol{C}_E^B$ 是矩阵 $\boldsymbol{C}_B^E$ 的转置矩阵,即

$$\boldsymbol{C}_E^B = (\boldsymbol{C}_B^E)^{\mathrm{T}} \quad (9.3)$$

由欧拉角的定义可知,地面坐标系可通过 3 次旋转与弹体坐标系重合,如图 9.2 所示。

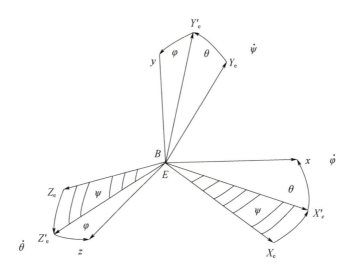

图 9.2 ｜ 弹体坐标系与地面坐标系的相对姿态

第一次旋转,绕 EY_e 轴旋转 ψ,ψ 方向为 EY_e 轴正向,$EX_e \rightarrow EX_e'$,$EZ_e \rightarrow EZ_e'$。转换矩阵为

$$\begin{bmatrix} X_e' \\ Y_e \\ Z_e' \end{bmatrix} = \begin{bmatrix} \cos\psi & 0 & -\sin\psi \\ 0 & 1 & 0 \\ \sin\psi & 0 & \cos\psi \end{bmatrix} \begin{bmatrix} X_e \\ Y_e \\ Z_e \end{bmatrix} = \boldsymbol{C}_2(\psi) \begin{bmatrix} X_e \\ Y_e \\ Z_e \end{bmatrix} \quad (9.4)$$

第二次旋转,绕 EZ_e' 轴旋转 θ,θ 方向为 EZ_e' 轴的方向,$EX_e' \rightarrow Bx$,$EY_e \rightarrow EY_e'$,转换矩阵为

$$\begin{bmatrix} x \\ Y_e' \\ Z_e' \end{bmatrix} = \begin{bmatrix} \cos\theta & \sin\theta & 0 \\ -\sin\theta & \cos\theta & 0 \\ 0 & 0 & 1 \end{bmatrix} \begin{bmatrix} X_e' \\ Y_e \\ Z_e' \end{bmatrix} = \boldsymbol{C}_3(\theta) \begin{bmatrix} X_e' \\ Y_e \\ Z_e' \end{bmatrix} \quad (9.5)$$

第三次旋转,绕 Bx 轴旋转 φ,φ 方向为 Bx 轴的正向,$EY_e' \to By$,$EZ_e' \to Bz$,转换矩阵为

$$\begin{bmatrix} x \\ y \\ z \end{bmatrix} = \begin{bmatrix} 1 & 0 & 0 \\ 0 & \cos\varphi & \sin\varphi \\ 0 & -\sin\varphi & \cos\varphi \end{bmatrix} \begin{bmatrix} x \\ Y_e' \\ Z_e' \end{bmatrix} = \boldsymbol{C}_1(\varphi) \begin{bmatrix} x \\ Y_e' \\ Z_e' \end{bmatrix} \tag{9.6}$$

整理式(9.4)~式(9.6),得

$$\begin{bmatrix} x \\ y \\ z \end{bmatrix} = \boldsymbol{C}_1(\varphi)\boldsymbol{C}_3(\theta)\boldsymbol{C}_2(\psi) \begin{bmatrix} X_e \\ Y_e \\ Z_e \end{bmatrix} = \boldsymbol{C}_B^E \begin{bmatrix} X_e \\ Y_e \\ Z_e \end{bmatrix}$$

于是,有

$$\boldsymbol{C}_B^E = \boldsymbol{C}_1(\varphi)\boldsymbol{C}_3(\theta)\boldsymbol{C}_2(\psi)$$

$$= \begin{bmatrix} \cos\theta\cos\psi & \sin\theta & -\cos\theta\sin\psi \\ -\sin\theta\cos\psi\cos\varphi + \sin\psi\sin\varphi & \cos\theta\cos\varphi & \sin\theta\sin\psi\cos\varphi + \cos\psi\sin\varphi \\ \sin\theta\cos\psi\sin\varphi + \sin\psi\cos\varphi & -\cos\theta\sin\varphi & -\sin\theta\sin\psi\sin\varphi + \cos\psi\cos\varphi \end{bmatrix}$$

$$\tag{9.7}$$

式(9.7)即为地面系到弹体系转换矩阵 $\boldsymbol{C}_B^E$ 的表达式。

由于弹体系到地面系的转换矩阵 $\boldsymbol{C}_E^B$ 是上述矩阵的转置矩阵,于是有

$$\boldsymbol{C}_E^B = \begin{bmatrix} \cos\theta\cos\psi & \sin\psi\sin\varphi - \sin\theta\cos\psi\cos\varphi & \sin\psi\cos\varphi + \sin\theta\cos\psi\sin\varphi \\ \sin\theta & \cos\theta\cos\varphi & -\cos\theta\sin\varphi \\ -\cos\theta\sin\psi & \cos\psi\sin\varphi + \sin\theta\sin\psi\cos\varphi & \cos\psi\cos\varphi - \sin\theta\sin\psi\sin\varphi \end{bmatrix}$$

$$\tag{9.8}$$

9.1.2 运动学方程

设轨迹以导弹的浮心运动位置计,其相对地面系的位置为 (X_e, Y_e, Z_e),速度为 $(\dot{X}_e, \dot{Y}_e, \dot{Z}_e)$。导弹速度在弹体系中的分量为 (u, v, w),根据弹体系到地面系的转换矩阵,有

$$\begin{bmatrix} \dot{X}_e \\ \dot{Y}_e \\ \dot{Z}_e \end{bmatrix} = \boldsymbol{C}_E^B \begin{bmatrix} u \\ v \\ w \end{bmatrix}$$

将式(9.8)代入上式,有

$$\begin{cases} \dot{X}_e = u\cos\theta\cos\psi + v(\sin\psi\sin\varphi - \sin\theta\cos\psi\cos\varphi) + w(\sin\psi\cos\varphi + \sin\theta\cos\psi\sin\varphi) \\ \dot{Y}_e = u\sin\theta + v\cos\theta\cos\varphi - w\cos\theta\sin\varphi \\ \dot{Z}_e = -u\cos\theta\sin\psi + v(\cos\psi\sin\varphi + \sin\theta\sin\psi\cos\varphi) + w(\cos\psi\cos\varphi - \sin\theta\sin\psi\sin\varphi) \end{cases}$$
(9.9)

用3个欧拉角 φ,ψ,θ 来表示导弹相对地面系的姿态角,旋转角速度在地面系可表示为

$$\Omega = \dot{\psi} + \dot{\theta} + \dot{\varphi} \tag{9.10}$$

由图9.2可知,$\dot{\psi}$ 的方向为 EY_e 轴的正向,$\dot{\theta}$ 的方向为 EZ'_e 轴的正向,$\dot{\varphi}$ 的方向为 Bx 轴的正向,于是有

$$\Omega = \dot{\varphi}x + \dot{\psi}Y_e + \dot{\theta}Z'_e \tag{9.11}$$

由式(9.4)可知,$\dot{\theta}Z'_e$ 可分解为

$$\dot{\theta}Z'_e = \dot{\theta}\sin\psi X_e + \dot{\theta}\cos\psi Z_e \tag{9.12}$$

在式(9.11)和式(9.12)中,x、Y_e、Z'_e、X_e、Z_e 均为单位矢量。

由此,Ω 在弹体系坐标中的分量 p,q,r 与地面坐标系分量的转换关系为

$$\begin{bmatrix} p \\ q \\ r \end{bmatrix} = C_B^E \begin{bmatrix} \dot{\theta}\sin\psi \\ \dot{\psi} \\ \dot{\theta}\cos\psi \end{bmatrix} + \begin{bmatrix} \dot{\varphi} \\ 0 \\ 0 \end{bmatrix} \tag{9.13}$$

将转换矩阵 C_B^E 的表达式(9.7)代入式(9.13)并展开,得

$$\begin{cases} p = \dot{\varphi} + \dot{\psi}\sin\theta \\ q = \dot{\psi}\cos\theta\cos\varphi + \dot{\theta}\sin\varphi \\ r = -\dot{\psi}\cos\theta\sin\varphi + \dot{\theta}\cos\varphi \end{cases} \tag{9.14}$$

求解联立方程式(9.14),得

$$\begin{cases} \dot{\varphi} = p - (q\cos\varphi - r\sin\varphi)\tan\theta \\ \dot{\psi} = (q\cos\varphi - r\sin\varphi)/\cos\theta \\ \dot{\theta} = q\sin\varphi + r\cos\varphi \end{cases} \tag{9.15}$$

浮心处的速度矢量与导弹 Bxy 纵平面之间的夹角称为侧滑角,记为 β。规定速度矢量按右手绕 By 轴正向旋转至 Bx 轴时,侧滑角 β 为正。

浮心处的速度矢量在导弹 Bxy 纵平面上的投影与导弹纵轴 Bx 之间的夹角称为冲角,记为 α。规定速度矢量按右手绕 Bz 轴正向旋转至 Bx 轴时,冲角 α

为正。

导弹速度 V_T 在弹体系中的投影 (u,v,w) 与 α,β 的关系式如下：

$$\begin{cases} u = V_T\cos\beta\cos\alpha \\ v = -V_T\cos\beta\sin\alpha \\ w = V_T\sin\beta \end{cases} \quad (9.16)$$

反之，有

$$\begin{cases} V_T = \sqrt{u^2 + v^2 + w^2} \\ \alpha = \arctan\left(-\dfrac{v}{u}\right) \\ \beta = \arcsin\left(\dfrac{w}{V_T}\right) \end{cases} \quad (9.17)$$

9.1.3 动力学方程

物体相对于惯性系的速度称为绝对速度。试验证明，地面系虽然不是精确的惯性系，但在研究一段较短时间内进行的动力学问题时，通常可把地面系当成惯性系。物体相对于运动系的速度为相对速度，因此弹体系就是运动系。

导弹的质心 G 不在弹体系原点上，它的绝对速度可表示为

$$\boldsymbol{V}_G = \boldsymbol{V}_T + \boldsymbol{V}_R$$

式中：$\boldsymbol{V}_G$ 为质心的绝对速度；$\boldsymbol{V}_R$ 为质心的相对速度；$\boldsymbol{V}_T$ 为弹体系相对地面系的速度（又称牵连速度）。

质心相对弹体系原点的速度由弹体的旋转引起：

$$\boldsymbol{V}_R = \boldsymbol{\Omega} \times \boldsymbol{R}_G$$

因此，有

$$\boldsymbol{V}_G = \boldsymbol{V}_T + \boldsymbol{\Omega} \times \boldsymbol{R}_G \quad (9.18)$$

导弹的动量 H_G 可用质量与质心速度的乘积表示，即

$$H_G = mV_G$$

根据刚体运动的动量定理，在地面系，有

$$m\frac{dV_G}{dt} = F \quad (9.19)$$

式中：F 为作用于导弹上的外力之和。

将式(9.18)代入式(9.19)，可得导弹质心的绝对加速度为

$$\frac{d\boldsymbol{V}_G}{dt} = \frac{\partial \boldsymbol{V}_T}{\partial t} + \boldsymbol{\Omega} \times \boldsymbol{V}_T + \frac{\partial \boldsymbol{\Omega}}{\partial t} \times \boldsymbol{R}_G + \boldsymbol{\Omega} \times (\boldsymbol{\Omega} \times \boldsymbol{R}_G) \quad (9.20)$$

式中

$$V_T = ui + vj + wk$$
$$\Omega = pi + qj + rk$$
$$R_G = x_G i + y_G j + z_G k$$
$$\frac{\partial V_T}{\partial t} = \dot{u}i + \dot{v}j + \dot{w}k$$
$$\frac{\partial \Omega}{\partial t} = \dot{p}i + \dot{q}j + \dot{r}k$$

其中:i,j,k 分别为弹体系 3 个坐标轴方向的单位矢量。

将式(9.20)逐项展开,则有

$$\Omega \times V_T = (wq - vr)i + (ur - wp)j + (vp - uq)k \quad (9.21)$$

$$\frac{\partial \Omega}{\partial t} \times R_G = (\dot{q}z_G - \dot{r}y_G)i + (\dot{r}x_G - \dot{p}z_G)j + (\dot{p}y_G - \dot{q}x_G)k \quad (9.22)$$

$$\Omega \times (\Omega \times R_G) = [q(py_G - qx_G) - r(rx_G - pz_G)]i + $$
$$[r(qz_G - ry_G) - p(py_G - qx_G)]j + \quad (9.23)$$
$$[p(rx_G - pz_G) - q(qz_G - ry_G)]k$$

将式(9.21)~式(9.23)代入式(9.20),进而之后代入式(9.19),即得到动量方程在弹体系中的表达式:

$$\begin{cases} m[\dot{u} - vr + wq - x_G(q^2 + r^2) + y_G(pq - \dot{r}) + z_G(pr + \dot{q})] = F_x \\ m[\dot{v} - wp + ur - y_G(r^2 + p^2) + z_G(qr - \dot{p}) + x_G(qp + \dot{r})] = F_y \\ m[\dot{w} - uq + vp - z_G(p^2 + q^2) + x_G(rp - \dot{q}) + y_G(rq + \dot{p})] = F_z \end{cases}$$
$$(9.24)$$

式中:F_x, F_y, F_z 分别为外力 F 在弹体系中的坐标分量。

根据刚体的动量矩定理,在地面系中导弹对质心的动量矩 L_G 随时间的变化率等于外力对质心力矩之和,即

$$\frac{dL_G}{dt} = M_G \quad (9.25)$$

式中

$$M_G = M - R_G \times F = M - R_G \times m\frac{dV_G}{dt}$$

其中:M 为外力对导弹浮心的力矩。

由刚体的转动定律知,导弹对质心 G 的动量矩可表示为

$$L_G = J_{xG}pi + J_{yG}qj + J_{zG}rk$$

$$\frac{dL_G}{dt} = J_{xG}\dot{p}i + J_{yG}\dot{q}j + J_{zG}\dot{r}k + \Omega \times L_G \quad (9.26)$$

式中:J_{xG}, J_{yG}, J_{zG} 为导弹对 Gx, Gy, Gz 轴的转动惯量。

$Gxyz$ 坐标系为 $Bxyz$ 坐标系的平移坐标系,通过转动惯量的移轴定理,有

$$\begin{cases} J_x = J_{xG} + m(y_G^2 + z_G^2) \\ J_y = J_{yG} + m(z_G^2 + x_G^2) \\ J_z = J_{zG} + m(x_G^2 + y_G^2) \end{cases} \quad (9.27)$$

式中:J_x, J_y, J_z 分别为导弹对弹体系 3 个坐标轴的转动惯量,即

$$J_x = \iiint_V \rho(y^2 + z^2)\,\mathrm{d}x\mathrm{d}y\mathrm{d}z$$

$$J_y = \iiint_V \rho(z^2 + x^2)\,\mathrm{d}x\mathrm{d}y\mathrm{d}z$$

$$J_z = \iiint_V \rho(x^2 + y^2)\,\mathrm{d}x\mathrm{d}y\mathrm{d}z$$

将式(9.20)、式(9.26)和式(9.27)代入式(9.25),并逐项展开,忽略 x_G^2、y_G^2、z_G^2 等小量,得到动量矩方程在弹体系中的分量:

$$\begin{cases} J_x \dot{p} + (J_z - J_y)qr + m[y_G(\dot{w} + vp - uq) - z_G(\dot{v} + ur - wp)] = M_x \\ J_y \dot{q} + (J_x - J_z)rp + m[z_G(\dot{u} + wq - vr) - x_G(\dot{w} + vp - uq)] = M_y \\ J_z \dot{r} + (J_y - J_x)pq + m[x_G(\dot{v} + ur - wp) - y_G(\dot{u} + wq - vr)] = M_z \end{cases}$$
$$(9.28)$$

式中:M_x, M_y, M_z 分别为外力矩在弹体系中的坐标分量。

9.1.4 空间运动方程的简化式

在不同的设计研制阶段,尤其是初始设计阶段,在尚未进行大量模型试验以获得黏性力的非线性表达式之前,有必要对运动方程进行相应简化。

导弹空间运动方程的简化式是在导弹小冲角、小侧滑角、小机动运动条件下获得的。在此条件下,导弹的黏性力可用线性导数来表示,运动参数的二阶项(含$|\alpha|$等)可忽略,并视重心位置(x_G, y_G, z_G)为一阶小量,由此可得到简化的空间运动方程如下:

$$\begin{cases} (m + \lambda_{11})\dot{u} = T_x - \Delta G\sin\theta + \frac{1}{2}\rho V_T^2 S C_x(0) \\ (m + \lambda_{22})\dot{v} + (mx_G + \lambda_{26})\dot{r} + mur = \\ \quad T_y - \Delta G\cos\theta\cos\varphi + \frac{1}{2}\rho V_T^2 S(C_Y^\alpha a + C_Y^{r'} r' + C_Y^{\delta_e}\delta_e) \\ (m + \lambda_{33})\dot{w} - (mx_G - \lambda_{35})\dot{q} - muq = \end{cases}$$

$$\begin{cases} T_z + \Delta G\cos\theta\sin\varphi + \frac{1}{2}\rho V_T^2 S(C_Z^\beta \beta + C_Z^p p' + C_Z^q q' + C_Z^{\delta_r}\delta_r) \\ (J_x + \lambda_{44})\dot{p} - mu(y_G q + z_G r) = \\ \quad M_{TX} + G\cos\theta(y_G\sin\varphi + z_G\cos\varphi) + \frac{1}{2}\rho V_T^2 SL(C_R^\beta \beta + C_R^P p' + C_R^q q' + C_R^{\delta_r}\delta_r + C_R^{\delta_d}\delta_d) \\ (J_y + \lambda_{55})\dot{q} - (mx_G - \lambda_{35})\dot{w} - mx_G uq = \\ \quad M_{TY} - G(z_G\sin\theta + x_G\cos\theta\sin\varphi) + \frac{1}{2}\rho V_T^2 SL(C_M^\beta \beta + C_M^P p' + C_M^q q' + C_M^{\delta_r}\delta_r) \\ (J_z + \lambda_{66})\dot{r} + (mx_G + \lambda_{26})\dot{v} + mx_G ur = \\ \quad M_{TZ} + G(-x_G\cos\theta\cos\varphi + y_G\sin\theta) + \frac{1}{2}\rho V_T^2 SL(C_N^\alpha \alpha + C_N^r r' + C_N^{\delta_e}\delta_e) \end{cases}$$

(9.29)

$$\begin{cases} \dot{\varphi} = p - (q\cos\varphi - r\sin\varphi)\tan\theta \\ \dot{\psi} = (q\cos\varphi - r\sin\varphi)/\cos\theta \\ \dot{\theta} = q\sin\varphi + r\cos\varphi \\ \dot{X}_e = u\cos\theta\cos\psi + v(\sin\psi\sin\varphi - \sin\theta\cos\psi\cos\varphi) + w(\sin\psi\cos\varphi + \sin\theta\cos\psi\sin\varphi) \\ \dot{Y}_e = u\sin\theta + v\cos\theta\cos\varphi - w\cos\theta\sin\varphi \\ \dot{Z}_e = -u\cos\theta\sin\psi + v(\cos\psi\sin\varphi + \sin\theta\sin\psi\cos\varphi) + w(\cos\psi\cos\varphi - \sin\theta\sin\psi\sin\varphi) \end{cases}$$

(9.30)

式中

$$V_T = \sqrt{u^2 + v^2 + w^2}$$

$$\alpha = \arctan\left(-\frac{v}{u}\right)$$

$$\beta = \arcsin\left(\frac{w}{V_T}\right)$$

动力学方程式(9.29)和运动学方程式(9.30)组成了导弹空间运动方程的简化式。

在分析导弹运动的稳定性与机动性时,还常把简化式再分解成纵向运动方程的简化式和横向-横滚运动方程的简化式。

导弹浮心在垂直平面内的平移运动和绕 Bz 轴转动的合成运动称为导弹的纵向运动。在纵向运动时,运动参数 $\beta,w,p,q,\varphi,\psi,Z_e$ 均为零,代入空间简化方程式(9.29)和式(9.30)得到纵向运动的简化式:

$$\begin{cases} (m + \lambda_{11})\dot{u} = T_x - \Delta G\sin\theta + \frac{1}{2}\rho V_T^2 SC_x(0) \\ (m + \lambda_{22})\dot{v} + (mx_G + \lambda_{26})\dot{r} + mur = T_y - \Delta G\cos\theta + \frac{1}{2}\rho V_T^2 S(C_Y^\alpha \alpha + C_Y^r r' + C_Y^{\delta_e}\delta_e) \\ (J_Z + \lambda_{66})\dot{r} + (mx_G + \lambda_{26})\dot{v} + mx_G ur = \\ \qquad M_{TZ} + G(-x_G\cos\theta + y_G\sin\theta) + \frac{1}{2}\rho V_T^2 SL(C_N^\alpha \alpha + C_N^r r' + C_N^{\delta_e}\delta_e) \end{cases}$$

$$\begin{cases} \dot{\theta} = r \\ \dot{X}_e = u\cos\theta - v\sin\theta \\ \dot{Y}_e = u\sin\theta + v\cos\theta \end{cases} \tag{9.31}$$

式中

$$V_T = \sqrt{u^2 + v^2}$$

$$\alpha = \arctan\left(-\frac{v}{u}\right)$$

$$r' = \frac{rL}{V_T}$$

导弹浮心在水平面内的横向平移运动和绕 Bx、By 轴转动的合成运动称为导弹横向 - 横滚运动。在导弹横向 - 横滚运动中,v,r,Y_e 等于零,θ 是小量,可近似认为 $\sin\theta = 0,\cos\theta = 1$,代入空间运动简化方程式(9.29)及式(9.30)可得导弹横向 - 横滚运动方程的简化式,即

$$\begin{cases} (m + \lambda_{33})\dot{w} - (mx_G - \lambda_{35})\dot{q} - muq = \\ \qquad T_z + \Delta G\sin\varphi + \frac{1}{2}\rho V_T^2 S(C_Z^\beta \beta + C_Z^p p' + C_Z^q q' + C_Z^{\delta_r}\delta_r) \\ (J_y + \lambda_{55})\dot{q} - (mx_G - \lambda_{35})\dot{w} - mx_G uq = \\ \qquad M_{TY} - Gx_G\sin\varphi + \frac{1}{2}\rho V_T^2 SL(C_M^\beta \beta + C_M^p p' + C_M^q q' + C_M^{\delta_r}\delta_r) \\ (J_x + \lambda_{44})\dot{p} - muy_G q = \\ \qquad M_{TX} + G(y_G\sin\varphi + z_G\cos\varphi) + \frac{1}{2}\rho V_T^2 SL(C_R^\beta \beta + C_R^p p' + C_R^q q' + C_R^{\delta_r}\delta_r + C_R^{\delta_d}\delta_d) \end{cases}$$

$$\begin{cases} \dot{\varphi} = p \\ \dot{\psi} = q\cos\varphi \\ \dot{X}_e = u\cos\psi + w\sin\psi\cos\varphi \\ \dot{Z}_e = -u\sin\psi + w\cos\psi\cos\varphi \end{cases} \tag{9.32}$$

式中

$$V_T = \sqrt{u^2 + w^2}$$

$$\beta = \arcsin\left(\frac{w}{V_T}\right)$$

$$u = V_T\cos\beta$$

$$p' = \frac{pL}{V_T}, \qquad q' = \frac{qL}{V_T}$$

其中: T_x, T_y, T_z 分别为火箭推力 T 在弹体坐标系中的 3 个分量; M_{TX}, M_{TY}, M_{TZ} 为推力力矩 M_T 在弹体坐标系中的 3 个分量。

9.2 > 黏性力估算

弹体水中运动的流体动力估算可供分析判别导弹水下发射的总体性能, 本节介绍黏性力的估算方法, 惯性力的估算于 9.3 节介绍。

9.2.1 鳍舵流体动力估算

1. 位置导数估算

考虑鳍板的展弦比 λ_F 一般小于 1, 故孤立鳍的流体动力可采用琼斯的极小展弦比机翼理论公式 $C_L^\alpha = \pi\lambda/2$。主弹体的干扰用无量纲展长 $\bar{a} = a/D$、无量纲弦长 $\bar{c} = c/L_a$ 表示。无量纲参数 $(\bar{a}, \bar{c})$ 不仅反映了弹体的特征量, 而且反映了鳍板在弹体上的位置, 以及鳍板本身的几何特征量, 如图 9.3 所示。

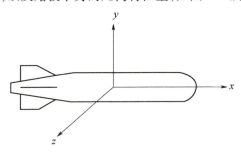

图 9.3 弹体坐标

对两板对称鳍板垂向力的位置导数, 有

$$C_{YF}^\alpha = \frac{\pi}{2}\lambda_F K_1(\bar{a}, \bar{c})\frac{2A_F}{S} \tag{9.33}$$

式中: $\bar{c} = c/L_a$, L_a 为鳍板后缘至导弹浮心的距离。

$K_1(\bar{a}, \bar{c})$ 表示弹体对鳍舵的干扰修正系数, 根据位置导数相关试验结果, 有

$$K_1(\bar{a},\bar{c}) = -9.5 + 81.76\bar{a} - 186.8\bar{a}^2 + 138\bar{a}^3 + 6.3\bar{c} - 11.4\bar{a} \cdot \bar{c} \quad (9.34)$$

将 $K_1(\bar{a},\bar{c})$ 代入式(9.33),有

$$C_{YF}^\alpha = \frac{\pi}{2}\lambda_F(-9.5 + 81.76\bar{a} - 186.8\bar{a}^2 + 138\bar{a}^3 + 6.3\bar{c} - 11.4\bar{a} \cdot \bar{c})\frac{2A_F}{S} \quad (9.35)$$

鳍板的俯仰力矩系数,可视为其垂向力系数乘以鳍板流体动力中心到弹体浮心的距离 L_{CF}。由于鳍板流体动力中心是未知的,通常用鳍板的形心来代替,实际上这样处理与试验结果间往往存在误差,为此引入修正系数 $K_2(\bar{a},\bar{c})$:

$$C_{NF}^\alpha = C_{YF}^\alpha \frac{L_{CF}}{L} K_2(\bar{a},\bar{c}) \quad (9.36)$$

根据相关试验结果:

$$K_2(\bar{a},\bar{c}) = -5.88 + 35.58\bar{a} - 82.13\bar{a}^2 + 60.8\bar{a}^3 \quad (9.37)$$

将 $K_2(\bar{a},\bar{c})$ 代入式(9.36),有

$$C_{NF}^\alpha = C_{YF}^\alpha \frac{L_{CF}}{L}(-5.88 + 35.58\bar{a} - 82.13\bar{a}^2 + 60.8\bar{a}^3) \quad (9.38)$$

2. 舵导数估算

此处舵是指鳍后舵,其为鳍板的一部分。由于孤立舵板的展弦比 λ_R 变化范围较大,可采用普朗特的升力线理论公式 $C_L^\alpha = 2\pi\lambda/(\lambda+2)$ 来近似计算孤立舵板的垂直力导数,考虑到弹体和鳍板(指稳定翼)对舵力的干扰,其中需计及与弹体、鳍板和舵板几何特征量均相关的干扰修正系数。弹体的干扰,取特征量 $\bar{a}$ 来描述;鳍板的干扰,考虑鳍、舵实际为一个组合体,改变舵角相当于改变组合体的弯度,参考空气动力学中采用鳍舵面积之比的平方根 $\sqrt{A_R/A_F}$ 来表示,于是对于左右两块对称舵板,有

$$C_{YR}^{\delta_e} = 2\pi\frac{\lambda_R}{\lambda_R+2}K_3(\bar{a},\sqrt{A_R/A_F})\frac{2A_R}{S} \quad (9.39)$$

式中:A_R 为舵面积;$\lambda_R = a^2/A_R$ 为舵的展弦比。

利用风洞系列试验的结果可回归给出:

$$K_3\left(\bar{a},\sqrt{\frac{A_R}{A_F}}\right) = 0.5 + 0.734\bar{a} + 0.6\sqrt{\frac{A_R}{A_F}} \quad (9.40)$$

将 $K_3(\bar{a},\sqrt{A_R/A_F})$ 代入式(9.39),得

$$C_{YR}^{\delta_e} = 2\pi\frac{\lambda_R}{\lambda_R+2}\left(0.5 + 0.734\bar{a} + 0.6\sqrt{\frac{A_R}{A_F}}\right)\frac{2A_R}{S} \quad (9.41)$$

设舵板流体中心到弹体浮心的距离为 L_{CR},对于舵的俯仰力矩系数,类似于

鳍板的处理方法,有

$$C_{NR}^{\delta_e} = -0.95 C_{YR}^{\delta_e} \frac{L_{CR}}{L} \tag{9.42}$$

3. 旋转导数估算

如图 9.4 所示,导弹在无限流体介质中做回转运动时,由于旋转而引起作用于鳍板上的垂向力,一般认为由鳍板形心处来流冲角的增加引起,并假设等于鳍板以局部冲角增量 $\Delta\alpha$ 做匀速直线运动时在该处所产生的负载。

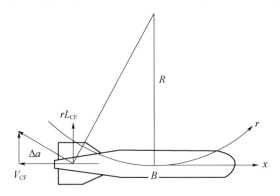

图 9.4 ▎回转运动鳍板的附加冲角

鳍板形心处的局部冲角增量为

$$\Delta\alpha = \arctan\frac{rL_{CF}}{V_{CF}} \approx \frac{rL_{CF}}{V_{CF}} \tag{9.43}$$

式中:V_{CF} 为鳍板形心处的流体速度,有

$$V_{CF} = V(1-\omega)$$

故

$$\Delta\alpha = r'\frac{L_{CF}}{L}\frac{1}{1-\omega} \tag{9.44}$$

式中:ω 为导弹的伴流系数,伴流系数也是弹体对尾流的一种干扰修正。

因此,可将 $\dfrac{1}{1-\omega}$ 与弹体对鳍板的干扰修正系数一起考虑。由于伴流系数与弹体的长细比有关,故鳍板的垂向力的旋转导数可描述为

$$C_{YF}^r = \frac{\pi}{2}\lambda_F \frac{L_{CF}}{L} K_4\left(\frac{L}{D}, \bar{a}, \bar{c}\right) \frac{2A_F}{S} \tag{9.45}$$

利用旋臂水池的鳍舵相关试验结果,可回归得到:

$$K_4\left(\frac{L}{D}, \bar{a}, \bar{c}\right) = \left(\frac{L}{D}\right)^{0.5}[-4.12 + 33.46\bar{a} - 75.62\bar{a}^2 + 54.3\bar{a}^3 + 1.97\bar{c}]$$

(9.46)

将 $K_4\left(\dfrac{L}{D}, \bar{a}, \bar{c}\right)$ 代入式(9.45),有

$$C_{YF}^r = \frac{\pi}{2} \lambda_F \frac{L_{CF}}{L} \left(\frac{L}{D}\right)^{0.5} [-4.12 + 33.46\bar{a} - 75.62\bar{a}^2 + 54.3\bar{a}^3 + 1.97\bar{c}] \frac{2A_F}{S} \tag{9.47}$$

由回转运动产生的鳍板俯仰力矩系数的增加,同样可认为是其垂向力系数、无因次流体动力中心以及弹体的干扰修正系数三者的乘积,基于旋臂水池鳍舵试验结果分析,有

$$C_{NF}^r = -C_{YF}^r \frac{L_{CF}}{L} \left(\frac{L}{D}\right)^{-0.5} [22.944 - 135.5\bar{a} + 306.3\bar{a}^2 - 221\bar{a}^3] \tag{9.48}$$

最后应指出,上述公式对横向力同样适用,如果导弹的垂直鳍舵与水平鳍舵相同,则有

$$C_{ZF}^\beta = -C_{YF}^\alpha, \quad C_{ZF}^q = -C_{YF}^r, \quad C_{ZF}^{\delta_r} = -C_{YF}^{\delta_e}$$
$$C_{MF}^\beta = C_{NF}^\alpha, \quad C_{MF}^q = C_{NF}^r, \quad C_{MF}^{\delta_r} = C_{NF}^{\delta_e}$$

9.2.2 弹体流体动力估算

在 $\alpha = \beta = 0$ 时,弹体的纵向力系数 $C_{XB}(0)$ 即为零阻力系数值,然而其符号相反,因为纵向力与速度方向一致,阻力与速度方向相反。

弹体的阻力主要由摩擦阻力和压差阻力两部分组成。其摩擦阻力与等长度、等沾湿表面的平板十分接近,可采用如下平板相关公式来计算弹体的摩擦阻力系数:

$$C_f = \frac{0.075}{(\lg Re - 2)^2} \frac{\Omega_B}{S} \tag{9.49}$$

式中: Ω_B 为弹体的沾湿表面积,如果取 Ω_B 为全弹体的沾湿表面积 Ω_t,则式(9.49)即全弹体的摩擦阻力系数,下标 B 表示弹体。

弹体的压差阻力可用形状因子 $1+K$ 方法修正,弹体的形状因子:

$$1 + K_B = 1 + 1.5(D/L)^{1.5} + 7.0(D/L)^3 \tag{9.50}$$

故弹体的纵向力系数 $C_{XB}(0)$ 应为

$$C_{XB}(0) = -C_f(1+K_B) = \frac{0.075}{(\lg Re - 2)^2} \frac{\Omega_B}{S}(1 + 1.5(D/L)^{1.5} + 7.0(D/L)^3) \tag{9.51}$$

式中: $Re = VL/\nu$,为用导弹弹长计算的雷诺数。

由模型试验预报船舶黏性阻力的经典做法,取等价平板的面积为弹体的最大纵剖面面积 A_w,展弦比为弹体的细长比($\lambda_B = D/L$)。根据小展弦比机翼理论,当特征面积取物体的最大截面面积 S 时,弹体的垂向力导数可表示为

$$C_{YB}^{\alpha} = \frac{\pi}{2}\lambda_B \frac{A_w}{S} h_1 \tag{9.52}$$

式中:h_1 为经验形状因子,其随弹体长细比 L/D 变化,相应关系可近似为

$$h_1 = 0.25 + 0.013 \frac{L}{D} \tag{9.53}$$

于是,有

$$C_{YB}^{\alpha} = \frac{\pi}{2} \frac{D}{L} \frac{A_w}{S} \left(0.25 + 0.013 \frac{L}{D}\right) \tag{9.54}$$

弹体的俯仰力矩一般包括两项,即孟克(Munk)力矩和升力力矩。由于升力力矩难以计算而又相比孟克力矩小得多,所以可用孟克力矩乘以修正系数 h_2 来计算得到总的弹体力矩。

孟克力矩可表示为

$$N_k = \frac{1}{2}(\lambda_{22} - \lambda_{11})V^2 \sin 2\alpha \tag{9.55}$$

式中,纵向附加质量 $\lambda_{11} \approx 0$,横向附加质量 $\lambda_{22} \approx \rho \nabla$,于是,有

$$C_{NB}^{\alpha} = 2\psi_{\nabla} h_2 \tag{9.56}$$

式中,弹体棱形系数 $\psi_{\nabla} = \nabla/(SL)$;$\nabla$ 排水体积;S 最大横截面积;L 弹体长度。

根据试验结果,h_2 可近似表示为

$$h_2 = 0.62 + 0.013 \frac{L}{D} \tag{9.57}$$

于是,有

$$C_{NB}^{\alpha} = 2\psi_{\nabla}\left(0.62 + 0.013 \frac{L}{D}\right) \tag{9.58}$$

对于旋转导数,根据相关旋臂水池试验结果及有关资料,可记为

$$\begin{cases} C_{YB}^{r} = 0.4 C_{YB}^{\alpha} \\ C_{NB}^{r} = -0.2 C_{YB}^{\alpha} \end{cases} \tag{9.59}$$

最后指出,由于弹体是旋转体,因此横向力系数对侧滑角的导数 C_{ZB}^{β},其值应与 C_{YB}^{α} 相等,但符号相反,即

$$C_{ZB}^{\beta} = -C_{YB}^{\alpha} \tag{9.60}$$

同理,有

$$\begin{cases} C_{MB}^{\beta} = C_{NB}^{\alpha} \\ C_{ZB}^{q} = -C_{YB}^{r} \\ C_{MB}^{q} = C_{NB}^{r} \end{cases} \tag{9.61}$$

9.2.3 导弹流体动力估算

常规潜射导弹一般可采用十形鳍舵加火箭矢量推力器的形式。在估算其流体动力时,通常把弹体、鳍舵、火箭推力器的流体动力分别估算,然后采用部件叠加法进行计算。部件叠加法是水中航行体估算流体动力的惯用方法,其建立在以下基本假设基础之上:

(1) 在估算弹体的流体动力时,不考虑鳍、舵、推力存在。

(2) 在估算鳍舵的流体动力时,仅考虑弹体的影响,不考虑垂直鳍舵与水平鳍舵之间的相互影响,同时也不考虑推力的影响。

对于垂向力位置导数的估算,按部件叠加法,导弹的位置导数为

$$\begin{cases} C_Y^\alpha = C_{YB}^\alpha + C_{YF}^\alpha + C_{YP}^\alpha \\ C_N^\alpha = C_{NB}^\alpha + C_{NF}^\alpha + C_{NP}^\alpha \end{cases} \tag{9.62}$$

式中:下标 B、F、P 分别代表弹体、鳍(含舵)、火箭推力器。

C_{YB}^α,C_{NB}^α 分别采用式(9.54)及式(9.58)计算;C_{YF}^α,C_{NF}^α 分别采用式(9.35)及式(9.38)计算。

关于舵导数,有

$$\begin{cases} C_Y^{\delta_e} = C_{YR}^{\delta_e} \\ C_N^{\delta_e} = C_{NR}^{\delta_e} \end{cases} \tag{9.63}$$

式中:$C_{YR}^{\delta_e}$,$C_{NR}^{\delta_e}$ 分别采用式(9.41)及式(9.42)计算。

对于垂向力旋转导数的估算,同位置导数一样,根据部件叠加法,导弹的旋转导数为

$$\begin{cases} C_Y^r = C_{YB}^r + C_{YF}^r + C_{YP}^r \\ C_N^r = C_{NB}^r + C_{NF}^r + C_{NP}^r \end{cases} \tag{9.64}$$

式中:C_{YB}^r,C_{NB}^r 采用式(9.59)计算;C_{YF}^r,C_{NF}^r 采用式(9.47)及式(9.48)计算。

上述估算垂向流体动力导数的方法,对横向力同样适用。如果导弹垂直鳍舵与水平鳍舵相同,则

$$\begin{cases} C_Z^\beta = -C_Y^\alpha \\ C_M^\beta = C_N^\alpha \\ C_Z^{\delta_r} = -C_Y^{\delta_e} \\ C_M^{\delta_r} = C_N^{\delta_e} \\ C_Z^q = -C_Y^r \\ C_M^q = C_N^r \end{cases} \tag{9.65}$$

9.3 > 导弹附加质量估算

工程上估算导弹等细长回转体的附加质量,常采用二元切片理论,即将弹体的附加质量看作各横剖面附加质量叠加的和,并用修正系数考虑三元影响。

9.3.1 弹体附加质量估算

根据切片理论,每个横剖面的附加质量按无限长圆柱单位长度的横向附加质量公式计算,在求和后乘以三元修正系数:

$$\begin{cases} \lambda_{11B} = \mu_x \rho \dfrac{\pi}{4} \int_L D^2(x) \mathrm{d}x \\ \lambda_{22B} = \lambda_{33B} = \mu_y \rho \dfrac{\pi}{4} \int_L D^2(x) \mathrm{d}x \\ \lambda_{26B} = -\lambda_{35B} = \mu_y \rho \dfrac{\pi}{4} \int_L x D^2(x) \mathrm{d}x \\ \lambda_{55B} = \lambda_{66B} = \mu_{yy} \rho \dfrac{\pi}{4} \int_L x^2 D^2(x) \mathrm{d}x \end{cases} \quad (9.66)$$

式中:$D(x)$ 为纵坐标 x 处的弹体直径。

$$\mu_{x,y,yy} = \frac{\text{相应椭球体估算值}}{\text{相应椭球体二元切片法值}}$$

其中,典型范围:$\mu_x = 0.02 \sim 0.04$,$\mu_y = 0.95 \sim 0.98$,$\mu_{yy} = 0.95 \sim 0.98$。
以上椭球体估算值由椭球体公式求得。

由于弹体近似椭球旋成体,按照等长度、等体积的椭球旋成体的附加质量计算公式,有

$$\begin{cases} \lambda_{11B} = \mu_x \rho \nabla_B \\ \lambda_{22B} = \lambda_{33B} = \mu_y \rho \nabla_B \\ \lambda_{26B} = -\lambda_{35B} = \mu_y \rho \nabla_B x_B = 0 \\ \lambda_{55B} = \lambda_{66B} = \mu_{yy} \rho \nabla_B \dfrac{L^2 + D^2}{20} \end{cases} \quad (9.67)$$

以上椭球体相关关系如图 9.5 所示。

在式(9.67)和图 9.5 中:$\nabla_B = \dfrac{4}{3}\pi a b^2$ 表示椭球旋成体的体积,对于目标研究导弹,可认为是弹体的排水体积;a 表示椭球旋成体的长半轴,对于导弹,可认

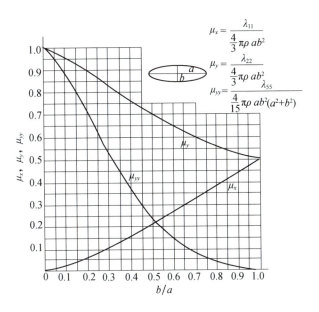

图 9.5 椭球旋成体的 μ_x,μ_y,μ_{yy} 与 $\dfrac{b}{a}$ 的函数关系曲线

为是弹长 L 的 $1/2$,即 $a=L/2$;b 表示椭球旋成体的短半轴,对于导弹,可认为是弹体直径 D 的 $1/2$,即 $b=D/2$;x_B 为浮心的纵坐标,显然当浮心为坐标原点时,$x_B=0$。

在理想流体中不考虑摩擦,因此 $\lambda_{44B}=0$。可直接采用式(9.67)估算弹体的 λ_{55B}。

9.3.2 鳍舵附加质量估算

在计算鳍舵附加质量时,令舵角恒为零,视舵为鳍的一部分,将其作为一块薄板。

在理想流体中,鳍板沿 x 轴运动时,不引起流体的扰动,故

$$\lambda_{11F}=0 \tag{9.68}$$

两块对称水平鳍板在做垂向加速运动时,其单位长度上的附加质量(含与弹体的相互干扰)为

$$\lambda_{22F}(x)=\pi\rho s^2\left(1-\frac{2r^2}{s^2}+\frac{r^4}{s^4}\right) \tag{9.69}$$

式中:s 为水平鳍板的几何尺寸;r 为对应的弹体半径,如图 9.6 所示。

于是,整个水平鳍板的附加质量为

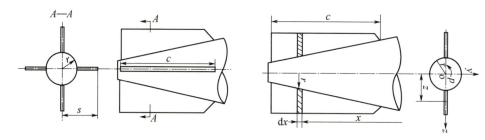

图 9.6　鳍舵几何参数

$$\begin{cases} \lambda_{22F} = \pi\rho\int_C s^2\left(1 - \dfrac{2r^2}{s^2} + \dfrac{r^4}{s^4}\right)\mathrm{d}x \\ \lambda_{26F} = \pi\rho\int_C xs^2\left(1 - \dfrac{2r^2}{s^2} + \dfrac{r^4}{s^4}\right)\mathrm{d}x \\ \lambda_{66F} = \pi\rho\int_C x^2 s^2\left(1 - \dfrac{2r^2}{s^2} + \dfrac{r^4}{s^4}\right)\mathrm{d}x \end{cases} \quad (9.70)$$

同理,可得到垂直鳍板的附加质量 λ_{33F},λ_{35F},λ_{55F}。

根据积分的定义,将鳍切成若干块,求出每一块的附加质量,然后再叠加求出整个鳍的附加质量。

根据中值定理,由式(9.70),得

$$\begin{cases} \lambda_{22F} = \pi\rho\bar{s}^2 c\left[1 - 2\left(\dfrac{\bar{r}}{s}\right)^2 + \left(\dfrac{\bar{r}}{s}\right)^4\right] \\ \lambda_{26F} = \lambda_{22F}\bar{x}_{CF} = -\lambda_{22F}L_{CF} \\ \lambda_{66F} = \lambda_{22F}(\bar{x}_{CF})^2 = \lambda_{22F}L_{CF}^2 \end{cases} \quad (9.71)$$

式中:$\bar{s}$ 为鳍几何参数 $s(x)$ 的平均值,可用鳍几何中心 CF 对应的 $s(x)$ 代替;$\left(\dfrac{\bar{r}}{s}\right)$ 为鳍几何参数 $\dfrac{r}{s}(x)$ 的平均值,可用 CF 对应 $\dfrac{r}{s}(x)$ 来代替;$\bar{x}_{CF}$ 为鳍纵坐标 x 的平均值,可用 CF 到弹体浮心的距离 L_{CF} 代替,且 $\bar{x}_{CF} = -L_{CF}$。

同理,对于垂直鳍板,可得到类似的计算公式:

$$\begin{cases} \lambda_{33F} = \pi\rho\bar{s}^2 c\left[1 - 2\left(\dfrac{\bar{r}}{s}\right)^2 + \left(\dfrac{\bar{r}}{s}\right)^4\right] \\ \lambda_{35F} = -\lambda_{33F}L_{CF} \\ \lambda_{55F} = \lambda_{33F}(L_{CF})^2 \end{cases} \quad (9.72)$$

式中:$\bar{s}$,$\left(\dfrac{\bar{r}}{s}\right)$,$c$,$L_{CF}$ 分别为对应垂直鳍板的几何参数。

关于鳍绕 x 轴旋转产生的附加转动惯量 λ_{44F},则由水平鳍和垂直鳍二者共

同产生,应分别计算,然后进行叠加。于是,有

$$\lambda_{44F} = \int_c \lambda_{22F}(x) z^2(x) dx + \int_c \lambda_{33F}(x) y^2(x) dx \qquad (9.73)$$

式中:$z(x)$为水平鳍中线上各点的z坐标;$y(x)$为垂直鳍中线上各点的y坐标。

同理,根据中值定理,有

$$\lambda_{44F} = \lambda_{22F} z_{CF}^2 + \lambda_{33F} y_{CF}^2 \qquad (9.74)$$

式中:z_{CF}为水平鳍几何中心到x轴的距离;y_{CF}为垂直鳍几何中心到x轴的距离。

9.4 固体火箭矢量推力器

固体火箭发动机是典型的水下发射助推发动机,其具有结构简单、使用方便、可靠性高等优点[32-33]。对于固体火箭推力器,可通过加装扰流片或采用摆喷管等,实现推力矢量控制[34]。水下发射弹道研究涉及固体火箭矢量推力器的水下工作原理和性能。

9.4.1 固体火箭发动机推力公式

固体火箭发动机由燃烧室、主装药、点火器、拉瓦尔喷管和喷管喉衬等部件组成[35]。当拉瓦尔喷管中形成了超声速流动后,喷管中的流动是一维定常流动。根据动量定理推导出发动机内表面所受内力,由发动机外表面的环境压力推导发动机外表面受到的外力,由此两者相加得到发动机的推力:

$$T = T_{in} + T_{out} \quad (推力) \qquad (9.75)$$

$$T = \dot{m} u_e + p_e A_e - p_a A_e \quad (推力) \qquad (9.76)$$

$$T_v = T_{in} = \dot{m} u_e + p_e A_e \quad (内力,真空推力) \qquad (9.77)$$

$$T_{out} = - p_a A_e \quad (外力) \qquad (9.78)$$

$$T_d = T_{ch} = \dot{m} u_e \quad (动推力,特征推力) \qquad (9.79)$$

$$T_s = p_e A_e - p_a A_e \quad (静推力) \qquad (9.80)$$

式中:T为推力(N);$\dot{m}$为质量流率(kg/s);u_e为喷管出口喷气速度(m/s);p_e为喷口压强(Pa,N/m^2);p_a为环境压强(Pa,N/m^2);A_e为喷口面积(m^2)。

当喷管中的燃气完全膨胀时,$p_e = p_a$,此时推力为动推力,也称为特征推力。

当发动机在真空中工作时,$p_a = 0$,此时推力称为真空推力T_v,其等于发动机的内力T_{in}。发动机的外力T_{out}只与环境压力p_a和喷口面积A_e有关,与喷管其他特性参数无关。

9.4.2 推力系数

火箭发动机原理简图如图 9.7 所示。

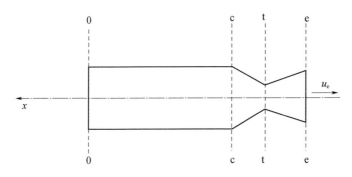

图 9.7 ┃ 火箭发动机原理简图

假设喷管中的流动是一维定常流,忽略燃气对喷管壁的传热和摩擦,认为其为理想等熵流,并假设燃气的定压比热容为常量。经推导可求出喷气速度 u_e,质量流率 $\dot{m}$ 和膨胀压强比 p_e/p_c,代入推力公式(9.76),可得推力公式为

$$T = C_F p_c A_t \tag{9.81}$$

式中:p_c 为喷管入口截面压强;A_t 为喷管喉部面积。

推力系数 C_F 可表示为

$$C_F = \Gamma \left\{ \frac{2k}{k-1} \left[1 - \left(\frac{p_e}{p_c} \right)^{\frac{k-1}{k}} \right] \right\}^{\frac{1}{2}} + \frac{A_e}{A_t} \left(\frac{p_e}{p_c} - \frac{p_a}{p_c} \right) \tag{9.82}$$

其是一个无量纲系数,表征喷管性能。

$$\Gamma(k) = \sqrt{k} \left(\frac{2}{k+1} \right)^{\frac{k+1}{2(k-1)}} \tag{9.83}$$

超声速喷管中,只要喷管内不产生激波和气流分离,在一定的比热容比 k 值下,对应于面积比 A_e/A_t,可得到一个确定的压力比 p_e/p_c,可由以下公式确定:

$$\frac{A_e}{A_t} = \Gamma \Big/ \left\{ (p_e/p_c)^{1/k} \left[\frac{2k}{k-1} \left(1 - \left(\frac{p_e}{p_c} \right)^{\frac{k-1}{k}} \right) \right]^{\frac{1}{2}} \right\} \tag{9.84}$$

给定喷管喉部面积 A_t,出口面积 A_e,比热容比 k,燃烧室出口处的燃气强压 p_c 和环境强压 p_a,进而可由式(9.83)计算 Γ,由式(9.84)计算压力比 p_e/p_c,由式(9.82)计算推力系数 C_F,进而用式(9.81)计算发动机的推力。火箭发动机中的燃后气体,比热容比 k 取值为 $1.25 \sim 1.28$。

当喷管在完全膨胀状态下工作时,$p_e = p_a$,这时的推力系数称为特征推力系数 C_F^0。

$$C_F^0 = \Gamma \left\{ \frac{2k}{k-1} \left[1 - \left(\frac{p_e}{p_c} \right)^{\frac{k-1}{k}} \right] \right\}^{\frac{1}{2}} \tag{9.85}$$

当发动机在真空中工作时，$p_a = 0$，这时的推力系数称为真空推力系数 C_F^V。

$$C_F^V = \Gamma \left\{ \frac{2k}{k-1} \left[1 - \left(\frac{p_e}{p_c} \right)^{\frac{k-1}{k}} \right] \right\}^{\frac{1}{2}} + \frac{A_e}{A_t} \cdot \frac{p_e}{p_c} = C_F^0 + \frac{A_e}{A_t} \frac{p_e}{p_c} \tag{9.86}$$

推力系数 C_F 与特征推力系数 C_F^0 和真空推力系数 C_F^V 的关系为

$$C_F = C_F^0 + \frac{A_e}{A_t} \left(\frac{p_e}{p_c} - \frac{p_a}{p_c} \right) = C_F^V - \frac{A_e}{A_t} \frac{p_a}{p_c}$$

从而可用真空推力系数计算一般情况下的推力：

$$T = C_F p_c A_t = \left(C_F^V - \frac{A_e}{A_t} \frac{p_a}{p_c} \right) p_c A_t = C_F^V p_c A_t - A_e p_a = T_{in} + T_{out}$$

9.4.3 推力系数修正与喷管质量系数

通过以上给出的公式计算得到的喷管推力称为理论推力，其是引进了近似假设，忽略了次要因素的理论值。通过试验得到的实际值往往小于以上理论值。发动机实际推力与理论推力的比称为喷管质量系数 ξ_N。

由于喷管的几何、物理特性参数并不影响发动机的外力 T_{out}，只影响发动机的内力 T_{in}，即真空推力 T_V，因此可定义喷管质量系数 ξ_N 为

$$\xi_N = \frac{T_{V实际}}{T_{V理想}} = \frac{C_{F实际}^V}{C_{F理想}^V} = \frac{(T_{实际} + A_e p_a)/(p_c A_t)}{C_{F理想}^V} \tag{9.87}$$

式中：$T_{实际}$ 为在环境压力 p_a 中试验测得的推力。

由此，发动机的实际推力 T_R 可表示为

$$T_R = \xi_N C_F^V p_c A_t - A_e p_a \tag{9.88}$$

以上用实际与理论真空推力系数的比定义喷管质量系数，理论上更合理，当环境压力 p_a 较大时，可避免发动机外力计算误差，ξ_N 的典型范围为 $0.85 \sim 0.97$。

9.4.4 水下工作的固体火箭推力

导弹水下发射时，采用固体火箭矢量助推器推动，完成由离开发射器到离开水面的水下弹道航行。

设固体火箭喷嘴出口面在水下 H_e 潜深处，则火箭工作环境压力 p_a 为

$$p_a = p_0 + \rho_w g H_e \tag{9.89}$$

将式(9.89)代入式(9.88)，于是水下火箭实际推力为

$$T_R = \xi_N C_F^V p_c A_t - A_e p_0 - A_e \rho_w g H_e \tag{9.90}$$

式中：p_0 为海平面大气压强；ρ_w 为海水密度；g 为重力加速度；H_e 为火箭喷管出

口处的潜深。

9.4.5 火箭发动机燃烧室总压的非定常修正

在实际工作中,火箭发动机燃烧室总压曲线往往随工作时间 t 线性下降。设给定的燃烧室总压 p_{C0} 为平均值,且在 t_{C0} 时刻的总压 $p_C(t_{C0}) = p_{C0}$,总压曲线的斜率为 $\dfrac{\mathrm{d}p_C(t)}{\mathrm{d}t}$,则任意时刻 t 的燃烧室总压 $p_C(t)$ 为

$$p_C(t) = p_{C0} + \frac{\mathrm{d}p_C(t)}{\mathrm{d}t} \cdot (t - t_{C0}) = p_{C0}\left[1 + \frac{1}{p_{C0}}\frac{\mathrm{d}p_C(t)}{\mathrm{d}t}(t - t_{C0})\right]$$
$$= p_{C0}[1 + C_{pt}(t - t_{C0})]$$
(9.91)

式中:$C_{pt} = \dfrac{1}{p_{C0}} \cdot \dfrac{\mathrm{d}p_C(t)}{\mathrm{d}t} < 0$,为燃烧室总压相对衰减系数。

当 $t > t_{C0}$ 时,总压 $p_C < p_{C0}$,小于平均值;当 $t < t_{C0}$ 时,总压 $p_C > p_{C0}$,大于平均值。相对衰减系数可由试验曲线求取,在无试验曲线时可初步取 $C_{pt} = 0$,即认为总压无衰减。

将式(9.91)代入式(9.90),即可求得实际推力随时间的变化曲线。图 9.8 显示了总压随时间的变化。

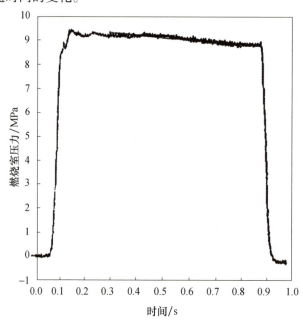

图 9.8 燃烧室压力随时间变化曲线

9.4.6 扰流片矢量推力器

扰流片推力矢量控制的原理是在发动机喷管出口处对称地安装扰流片,用于控制航行体的偏航和俯仰。当扰流片插入燃气流中,在喷管扩张段产生斜激波,因而改变了喷口附近的压力分布及动量流分布,产生了侧向力和力矩,同时使轴向推力减小。扰流片矢量推力器原理如图9.9所示。

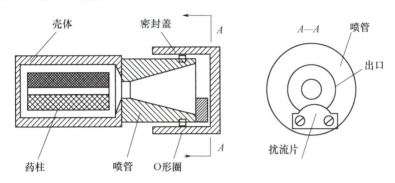

图 9.9 扰流片矢量推力器原理

扰流片的工作面为圆弧面,圆弦半径与喷管出口半径相同。发动机喷口堵塞面积 A_b 为扰流片伸入喷口中的面积,堵塞面积 A_b 与喷管出口面积 A_e 之比称为发动机喷口堵塞面积比,$\xi_A = A_b/A_e$。ξ_A 是影响轴向推力减小和产生侧向推力的主要因素。由文献[34]的试验曲线可以得到以下结论:

(1) 火箭发动机的推力损失随堵塞面积比 ξ_A 的增加而增大。

(2) 侧向力随堵塞面积比 ξ_A 的增加而增大,且近似为线性变化。

(3) 推力矢量角 θ 随堵塞面积比 ξ_A 线性增大。

通过试验曲线拟合,可得到推力、侧向力和推力矢量角随喷口堵塞面积比变化的经验公式:

$$推力: T_x = C_\xi T_R \tag{9.92}$$

$$侧力: T_y = T_x \tan\theta \tag{9.93}$$

$$推力矢量角: \theta = \xi_A \tag{9.94}$$

式中: C_ξ 为喷口堵塞引起的推力衰减系数,其为 ξ_A 的函数。

由文献[34],可知:

$$C_\xi = 1.0 - 0.5\xi_A - 0.25\xi_A^2 \tag{9.95}$$

对于结构形式相同的扰流片,式(9.95)描述的堵塞推力衰减系数适用。如果扰流片结构不一致,则需要根据试验曲线拟合得到新的相关公式。

9.4.7 摆喷管矢量推力器

摆喷管推力矢量控制的原理是喷管对称轴偏离发动机的轴线,产生垂直于发动机轴线的侧向力,其工作原理如图9.10所示。

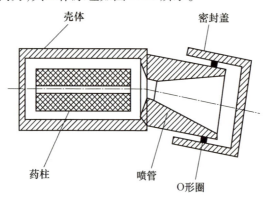

图9.10 | 摆喷管矢量推力器工作原理

喷管轴线与发动机轴线之间的夹角 δ 称为摆喷管偏角,δ 是影响轴向推力减小和产生侧向力的主要因素。摆喷管偏角 δ 对推力 T_x、侧向力 T_y 和推力矢量角 θ 的影响与喷口阻塞比 ξ_A 对扰流片矢量推力器的影响规律一致。若摆喷管的偏角 δ 用弧度计算,当 δ 等于 ξ_A 时,摆喷管获得的推力和侧向力比扰流片推力器的值大。根据试验曲线拟合,可得到以下公式:

$$\text{推力}:T_x = C_\delta T_R$$
$$\text{侧向力}:T_y = T_x \tan\theta \tag{9.96}$$
$$\text{推力矢量角}:\theta = \delta$$

式中:摆喷管推力衰减系数为 C_δ,其为 δ 的函数。

由文献[34]可得

$$C_\delta = 1.0 - 0.3\delta - 0.2\delta^2 \tag{9.97}$$

以上公式,可推广用于同类型的摆喷管矢量推力器。

9.4.8 水下火箭矢量推力器估算

基于以上推力器理论,计及水深对推力的影响,考虑在环境压力变化较大时的推力计算更准确,用真空推力系数的实际值与理论值之比定义喷管质量系数。具体估算步骤如下:

(1) 计算喷管喉部及出口截面的截面积及面积比。

$$A_t = \pi d_t^2/4$$

$$A_e = \pi d_e^2/4$$

$$R_{et} = A_e/A_t$$

（2）计算 Γ 函数和喷管的膨胀压强比 p_e/p_c。

$$\Gamma = \sqrt{k}\left(\frac{2}{k+1}\right)^{\frac{k+1}{2(k-1)}} \tag{9.98}$$

$$\frac{A_e}{A_t} = \Gamma \Big/ \left\{\left(\frac{p_e}{p_c}\right)^{\frac{1}{k}}\sqrt{\frac{2k}{k-1}\left[1-\left(\frac{p_e}{p_c}\right)^{\frac{k-1}{k}}\right]}\right\} \tag{9.99}$$

可采用数值方法求解以上压强比的无理代数方程。

（3）计算真空推力系数 C_F^V。

$$C_F^V = \Gamma\left\{\frac{2k}{k-1}\left[1-\left(\frac{p_e}{p_c}\right)^{\frac{k-1}{k}}\right]\right\}^{\frac{1}{2}} + \frac{A_e}{A_t}\frac{p_e}{p_c} \tag{9.100}$$

（4）计算实际推力 T_R。

将式（9.91）代入式（9.90），得到计及燃烧室总压衰减修正的实际推力公式，其考虑了非定常效应对推力的影响。

$$T_R = \xi_N C_F^V A_t p_{CO}(1+C_{pt}(t-t_{CO})) - A_e p_0 - A_e \rho_w g H_e, \quad t_s \leqslant t \leqslant t_e \tag{9.101}$$

式中：总压相对衰减系数 $C_{pt} = \dfrac{1}{p_{CO}} \cdot \dfrac{\mathrm{d}p_C(t)}{\mathrm{d}t}$；$p_0$ 为大气压；ρ_w 为水密度；g 为重力加速度。

（5）计算矢量推力器的轴向推力 T_x 和侧向力 T_y。

对于扰流片式和摆喷管式矢量推力器，可使用统一的计算公式：

轴向推力：

$$T_x = C_x T_R \tag{9.102}$$

侧向推力：

$$T_y = T_x \tan\theta \tag{9.103}$$

扰流片式矢量推力器推力矢量角：

$$\theta = \xi_A \tag{9.104a}$$

摆喷管式矢量推力器推力矢量角：

$$\theta = \delta \tag{9.104b}$$

堵塞推力衰减系数：

$$C_x = C_\xi \tag{9.105a}$$

偏角推力衰减系数：

$$C_x = C_\delta \tag{9.105b}$$

其中,可使用有关试验数据拟合曲线,如拟合得到:

$$C_\xi = 1.0 - 0.5\xi_A - 0.25\xi_A^2 \qquad (9.106)$$

$$C_\delta = 1.0 - 0.3\delta - 0.2\delta^2 \qquad (9.107)$$

上述推力衰减拟合公式,可应用于结构类型相同的扰流片式或摆喷管式矢量推力器。

应当指出,由式(9.101)可知,水深对推力 T_R 的影响可由理论公式计算得到,其本质是环境压力对发动机外力的影响。公式中用到的修正系数,如喷管质量系数 ξ_N,总压衰减系数 C_{pt} 等均可由地面试验取得。扰流片式或摆喷管式矢量推力器衰减系数,也可以由地面试验取得。

此外,在上述公式中定义了燃烧室总压相对衰减系数,由燃烧室总压试验曲线计算得到该衰减系数,由此建立了火箭发动机总压随时间变化的经验公式,推导了推力随时间变化的经验公式,以上总压衰减系数仅适用于特定的火箭发动机。同时,建立了扰流片式和摆喷管式两类矢量推力器的推力、侧向力、推力矢量角随喷口堵塞面积比或摆喷管偏角变化的统一经验公式,分别给出了堵塞推力衰减系数和偏角推力衰减系数的估算方法,最理想的情况是针对具体型号火箭发动机,通过地面试验求得其自身的衰减系数拟合公式。

9.5 > 水下弹道计算方程组

水下发射导弹在其弹体轴系的纵向平面内活动,需求解纵向运动微分方程。

纵向运动方程式(9.31)为一阶常微分方程组,有 $u, v, r, \theta, X_e, Y_e$ 等 6 个未知函数,其包含了未知函数的交乘项 ur,未知函数的一阶导数项是线性的,方程系数非固定(系数中含有项 $V_T^2 = u^2 + v^2$)。因此,该方程组为拟线性变系数一阶常微分方程组。

将式(9.31)中的 3 个力学方程写为如下形式:

$$(m + \lambda_{11})\dot{u} = f_1 \qquad (9.108)$$

$$(m + \lambda_{22})\dot{v} + (mx_G + \lambda_{26})\dot{r} = f_2 \qquad (9.109)$$

$$(mx_G + \lambda_{26})\dot{v} + (J_Z + \lambda_{66})\dot{r} = f_3 \qquad (9.110)$$

由式(9.109)和式(9.110),解出 $\dot{v}$ 和 $\dot{r}$:

$$\begin{bmatrix} \dot{v} \\ \dot{r} \end{bmatrix} = \begin{bmatrix} m + \lambda_{22} & mx_G + \lambda_{26} \\ mx_G + \lambda_{26} & J_Z + \lambda_{66} \end{bmatrix}^{-1} \begin{bmatrix} f_2 \\ f_3 \end{bmatrix}$$

$$= \frac{1}{(m + \lambda_{22})(J_Z + \lambda_{66}) - (mx_G + \lambda_{26})^2} \begin{bmatrix} J_Z + \lambda_{66} & -(mx_G + \lambda_{26}) \\ -(mx_G + \lambda_{26}) & m + \lambda_{22} \end{bmatrix} \begin{bmatrix} f_2 \\ f_3 \end{bmatrix}$$

$$= \frac{1}{(m+\lambda_{22})(J_Z+\lambda_{66}) - (mx_G+\lambda_{26})^2} \begin{bmatrix} (J_Z+\lambda_{66})f_2 - (mx_G+\lambda_{26})f_3 \\ -(mx_G+\lambda_{26})f_2 + (m+\lambda_{22})f_3 \end{bmatrix}$$
(9.111)

将动力学方程和运动学方程整理为

$$\dot{u} = f_1/(m+\lambda_{11}) \tag{9.112}$$

$$\dot{v} = [(J_Z+\lambda_{66})f_2 - (mx_G+\lambda_{26})f_3]/[(m+\lambda_{22})(J_Z+\lambda_{66}) - (mx_G+\lambda_{26})^2]$$
(9.113)

$$\dot{r} = [-(mx_G+\lambda_{26})f_2 + (m+\lambda_{22})f_3]/[(m+\lambda_{22})(J_Z+\lambda_{66}) - (mx_G+\lambda_{26})^2]$$
(9.114)

$$\dot{\theta} = r \tag{9.115}$$

$$\dot{X}_e = u\cos\theta - v\sin\theta \tag{9.116}$$

$$\dot{Y}_e = u\sin\theta + v\cos\theta \tag{9.117}$$

辅助方程有

$$V_T = (u^2 + v^2)^{\frac{1}{2}} \tag{9.118}$$

$$\alpha = \arctan\left(-\frac{v}{u}\right) \tag{9.119}$$

$$r' = rL/V_T \tag{9.120}$$

$$\Delta G = G - B \tag{9.121}$$

式中:ΔG 为弹体负浮力;G 弹体重力;B 弹体浮力。

$$f_1 = T_x - \Delta G\sin\theta + \frac{1}{2}\rho V_T^2 S C_x(0) \tag{9.122}$$

$$f_2 = T_y - \Delta G\cos\theta + \frac{1}{2}\rho V_T^2 S(C_y^\alpha \alpha + C_y^r r' + C_y^{\delta_e}\delta_e) - mur \tag{9.123}$$

$$f_3 = M_{Tz} + G(-x_G\cos\theta + y_G\sin\theta) + \frac{1}{2}\rho V_T^2 SL(C_N^\alpha \alpha + C_N^r r' + C_N^{\delta_e}\delta_e) - mx_G ur$$
(9.124)

式(9.112)~式(9.117)组成可求解的常微分方程组,联合以上辅助公式及相应初始条件,即可采用龙格-库塔法等数值方法进行求解。

9.6 水下弹道示例计算

设潜射导弹水下发射的水深为 H,选取 3 种典型的水下发射角度分别进行计算,即水下水平潜射、水下 45°角潜射、水下垂直潜射,基于以上理论进行潜射导弹水下弹道计算。

1. 水下水平潜射

水下弹道计算导弹姿态的部分结果如图 9.11 及图 9.12 所示,导弹受力的部分结果如图 9.13 所示。

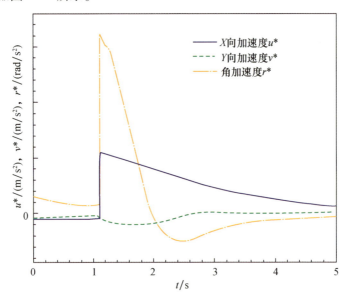

图 9.11 ▎导弹加速度示例计算结果

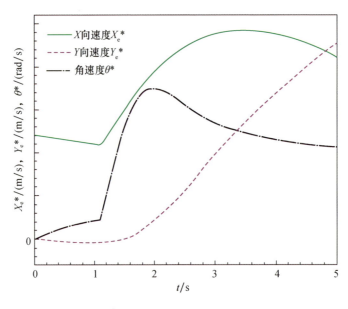

图 9.12 ▎导弹速度及角速度示例计算结果

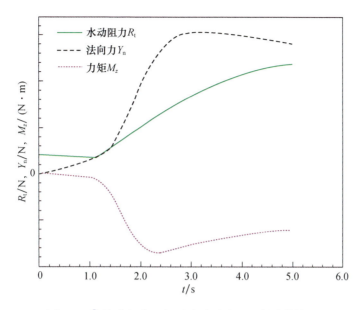

图 9.13 导弹水动阻力、法向力及力矩示例计算结果

2. 水下 45°角潜射

水下弹道计算导弹姿态的部分结果如图 9.14 及图 9.15 所示,导弹受力的部分结果如图 9.16 所示。

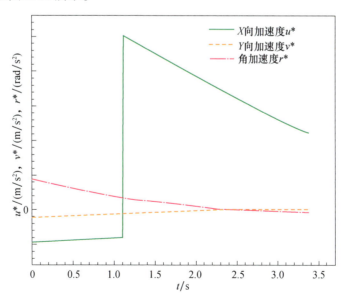

图 9.14 导弹加速度示例计算结果

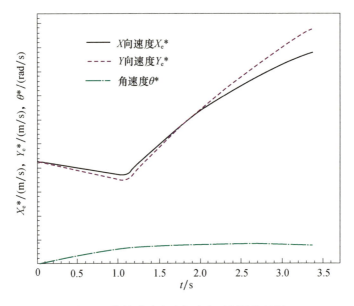

图 9.15 导弹速度及角速度示例计算结果

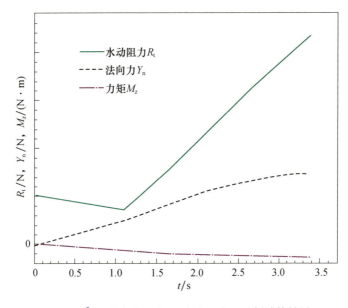

图 9.16 导弹水动阻力、法向力及力矩示例计算结果

3. 水下垂直潜射

水下弹道计算导弹姿态的部分结果如图 9.17 及图 9.18 所示,导弹受力的部分结果如图 9.19 所示。

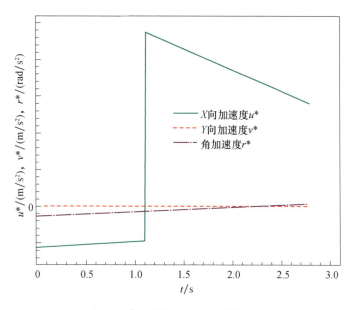

图 9.17 ┃ 导弹加速度示例计算结果

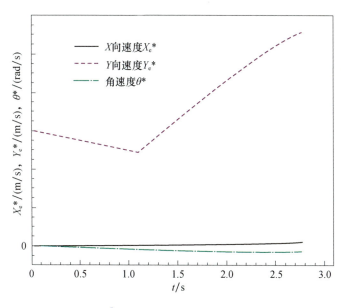

图 9.18 ┃ 导弹速度及角速度示例计算结果

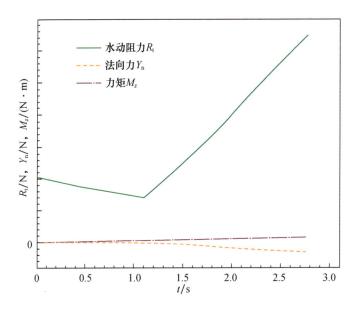

图 9.19 导弹水动阻力、法向力及力矩示例计算结果

第10章 小水线面双体船兴波阻力理论及阻力计算

小水线面双体船(Small water – plane area twin hull ship,SWATH)包含两个相同的潜于水线以下的片体,仅支柱处于水线面处,因此该船型的水线面面积很小,其水动力学性能也有异于一般排水型船舶和普通双体船。

对小水线面双体船兴波阻力的计算可采用线性兴波理论方法[36-41]。将其主体视为细长体,在其轴线上分布线性兴波源,其强度为主体横截面面积曲线的斜率;将支柱视为薄翼型体,在其中纵剖面上分布兴波面源,其强度为支柱半厚度曲线的斜率。由此,可分别推导单支柱、双支柱两类小水线面双体船船型的兴波阻力计算公式。

10.1 单支柱小水线面双体船兴波阻力理论

根据线性兴波理论,做匀速直线运动的单支柱小水线面双体船兴波阻力为

$$R_W = 2(R_{WB} + R_{WS} + R_{WBS})$$

$$R_{WB} = \int_0^{\pi/2} (P_B^2 + Q_B^2) F(\theta) d\theta$$

$$R_{WS} = \int_0^{\pi/2} (P_S^2 + Q_S^2) F(\theta) d\theta$$

$$R_{WBS} = 2\int_0^{\pi/2} (P_B P_S + Q_B Q_S) F(\theta) d\theta$$

$$F(\theta) = 16\pi\rho k_0^2 [1 + \cos(2bk_0 \sec^2\theta \sin\theta)] \sec^3\theta \quad (10.1)$$

式中:R_W 为小水线面双体船的兴波阻力;R_{WB} 为单个主体兴波阻力;R_{WS} 为单个支柱兴波阻力;R_{WBS} 为主体与支柱的干扰阻力。

考虑主体轴线沉深 $z = -h_B$,轴线和支柱中纵剖面 $y = 0$,则主体和支柱的谱函数为

$$P_B + iQ_B = \int_{-L_B/2}^{L_B/2} \sigma_B \exp(ik_0 x \sec\theta) dx \cdot \exp(-k_0 h_B \sec^2\theta) \quad (10.2)$$

$$P_S + iQ_S = \int_{-L_S/2+X_{OS}}^{L_S/2+X_{OS}} dx \int_{-hs}^{0} \sigma_s \exp[k_0 z \sec^2\theta + ik_0 x \sec\theta] dz \quad (10.3)$$

式中：L_B 为主体长度；h_B 为主体轴线沉深；L_S 为支柱长度；h_S 为支柱水下高度；$2b$ 为两片体中心距；X_{OS} 为支柱中心与主体中心间的距离；ρ 为水密度，$k_0 = g/V^2$ 为波数；g 为重力加速度。

从上式中可以看出，主体和支柱的谱函数是 θ 的偶函数。按照细长体理论在主体轴线上分布线源，按照薄船理论在支柱纵中剖面上分布面源，其强度分别如下：

$$\sigma_B = -V/4\pi \frac{dA(x)}{dx} \quad (10.4)$$

$$\sigma_S = -V/2\pi \frac{dt(x)}{dx} \quad (10.5)$$

式中：$A(x)$ 为主体横剖面面积分布；$t(x)$ 为支柱水线方程；V 为航速。

设 x 坐标原点位于主体中横剖面的轴线上，取无量纲坐标：

$$\bar{x} = x/(L_B/2), \quad -1 \leq \bar{x} \leq 1$$

则主体横剖面面积 $A(x)$ 的切比雪夫拟合为

$$A(\bar{x}) = A_0 \sum_{m=0}^{N} C_{Bm} T_m(\bar{x}), \quad |\bar{x}| \leq 1; m = 0, 1, \cdots, N \quad (10.6)$$

式中：$T_m(\bar{x}) = \cos(m\arccos\bar{x})$；$A_0$ 为主体最大横剖面积，和式首项系数乘以因子 $1/2$。

多项式的系数由下式计算，和式首末两项乘以因子 $1/2$。

$$C_{Bm} = (2/N) \sum_{k=0}^{N} A(\cos(k\pi/N)) \cos(mk\pi/N)$$

对于支柱厚度分布曲线，如设 x 坐标原点位于支柱水线中横剖面的轴线上，取无量纲坐标：

$$\bar{x} = x/(L_s/2), \quad -1 \leq \bar{x} \leq 1$$

同主体一样，支柱的切比雪夫拟合和系数公式如下：

$$t(\bar{x}) = (t_0/2) \sum_{m=0}^{N} C_{Sm} T_m(\bar{x}), \quad |\bar{x}| \leq 1 \quad (10.7)$$

$$C_{Sm} = (2/N) \sum_{k=0}^{N} t(\cos(k\pi/N)) \cos(mk\pi/N)$$

式中：t_0 为支柱最大厚度，同样第一式的和式首项乘以因子 $1/2$，第二式的和式首末两项乘以因子 $1/2$。

（1）主体兴波阻力公式。将式(10.6)代入式(10.4)，可推导得到主体源强分布为

$$\sigma_B = \frac{VA_0}{2\pi L_B} \sum_{m=0}^{N} C_{Bm} m \sin(m \arccos \bar{x}) / \sqrt{1 - \bar{x}^2} \tag{10.8}$$

将式(10.8)代入主体谱函数公式(10.2)，推导得到谱函数：

$$P_B + iQ_B = \frac{VA_0}{4\pi} E_B(\lambda) \sum_{m=1}^{N} C_{Bm} m K_m(\lambda) \tag{10.9}$$

$$F(\lambda) = 64\pi\rho\lambda^3 / (r_{OB} L_B^2) D_B(\lambda) \tag{10.10}$$

将以上3式代入主体兴波阻力公式，推导，得

$$R_{WB} = 2\rho g A_0^2 / (\pi L_B r_{OB}) \sum_{m=1}^{N} \sum_{n=1}^{N} C_{Bm} C_{Bn} W_{mn}^B \tag{10.11}$$

$$W_{mn}^B = mn \int_{r_{OB}}^{\infty} D_B(\lambda) E_B^2(\lambda) K_m(\lambda) \overline{K_n(\lambda)} \lambda^2 / \sqrt{\lambda^2 - r_{OB}^2} d\lambda$$

$$E_B(\lambda) = \exp(-2h_B \lambda^2 / (L_B r_{OB}))$$

$$D_B(\lambda) = 1 + \cos[4b\lambda \sqrt{\lambda^2 - r_{OB}^2} / (L_B r_{OB})]$$

$$K_m(\lambda) = \int_0^{\pi} \sin(m\alpha) e^{i\lambda \cos\alpha} d\alpha$$

式中：$r_{OB} = k_0 L_B / 2 = g L_B / (2V^2) = 1/(2F_{nB}^2)$，$F_{nB} = V/\sqrt{gL_B}$ 为主体长傅氏数；$\lambda = r_{OB} \sec\theta$；$\alpha = \arccos\bar{x}$。

（2）支柱兴波阻力公式。设支柱中横剖面与主体中横部面的距离为 x_{OS}，则支柱无量纲坐标与主体坐标的变换关系为

$$\bar{x}_S = (x - x_{OS})/(L_S/2), \quad |\bar{x}_S| \leq 1$$

将式(10.7)采用 $\bar{x}_S$ 坐标系代入式(10.5)，得到支柱源强分布：

$$\sigma_S = \frac{Vt_0}{2\pi L_S} \sum_{m=0}^{N} C_{Sm} m \sin(m \arccos \bar{x}_S) / \sqrt{1 - \bar{x}_S^2} \tag{10.12}$$

将式(10.12)代入支柱谱函数公式(10.3)，得

$$P_S + iQ_S = \frac{Vt_0 L_S r_{OS}}{8\pi\beta^2} E_S(\beta) e^{i\beta x_{OS}} \sum_{m=1}^{N} C_{Sm} m K_m(\beta) \tag{10.13}$$

$$F(\beta) = 64\pi\rho\beta^3 D_S(\beta) / (r_{OS} L_S^2)$$

将上式代入支柱阻力公式，可推导得到：

$$R_{WS} = \frac{\rho g t_0^2 L_S r_{OS}}{2\pi} \sum_{m=1}^{N} \sum_{n=1}^{N} C_{Sm} C_{Sn} W_{mn}^S \tag{10.14}$$

$$W_{mn}^S = mn \int_{r_{OS}}^{\infty} D_S(\beta) E_S^2(\beta) K_m(\beta) \overline{K_n(\beta)} / (\beta^2 \sqrt{\beta^2 - r_{OS}^2}) d\beta$$

$$E_S(\beta) = 1 - \exp(-2h_S\beta^2/(L_S r_{OS}))$$

$$D_S(\beta) = 1 + \cos[4b\beta\sqrt{\beta^2 - r_{OS}^2}/(L_S r_{OS})]$$

$$K_m(\beta) = \int_0^\pi \sin(m\alpha)e^{i\beta\cos\alpha}d\alpha$$

式中：$r_{OS} = k_0 L_S/2 = gL_S/(2V^2) = 1/(2F_{nS}^2)$，$F_{nS} = V/\sqrt{gL_S}$ 为支柱傅氏数，$\beta = r_{OS}\sec\theta$，$\alpha = \arccos\bar{x}_S$。

（3）主体支柱干扰兴波阻力。将主体的谱函数和支柱的谱函数式(10.9)和式(10.13)代入干扰阻力公式，经推导，得

$$R_{WBS} = \frac{2\rho g A_0 t_0}{\pi}\sum_{m=1}^{N}\sum_{n=1}^{N}C_{Bm}C_{Sn}W_{mn}^{BS} \qquad (10.15)$$

$$W_{mn}^{BS} = mn\int_{r_{OB}}^{\infty}D_B(\lambda)E_B(\lambda)E_S(\beta)[(K_m^R(\lambda)K_n^R(\beta) + K_m^I(\lambda)K_n^I(\beta))\cos(\beta\bar{x}_{OS}) +$$

$$(K_m^I(\lambda)K_n^R(\beta) - K_m^R(\lambda)K_n^I(\beta))\sin(\beta\bar{x}_{OS})]/\sqrt{\lambda^2 - r_{OB}^2} \cdot d\lambda$$

式中各符号意义同前，$\bar{x}_{OS} = x_{OS}/[L_S/2]$。

10.2 双支柱小水线面双体船兴波阻力理论

根据线性兴波理论，做匀速直线运动的双支柱小水线面双体船兴波阻力为

$$R_W = 2(R_{WB} + R_{WS1} + R_{WBS1} + R_{WS2} + R_{WBS2} + R_{WS12})$$

$$R_{WB} = \int_0^{\pi/2}(P_B^2 + Q_B^2)F(\theta)d\theta$$

$$R_{WS1} = \int_0^{\pi/2}(P_{S1}^2 + Q_{S1}^2)F(\theta)d\theta$$

$$R_{WBS1} = 2\int_0^{\pi/2}(P_B P_{S1} + Q_B Q_{S1})F(\theta)d\theta$$

$$R_{WS2} = \int_0^{\pi/2}(P_{S2}^2 + Q_{S2}^2)F(\theta)d\theta$$

$$R_{WBS2} = 2\int_0^{\pi/2}(P_B P_{S2} + Q_B Q_{S2})F(\theta)d\theta$$

$$R_{WS12} = 2\int_0^{\pi/2}(P_{S1}P_{S2} + Q_{S1}Q_{S2})F(\theta)d\theta$$

$$F(\theta) = 16\pi\rho k_0^2[1 + \cos(2bk_0\sec^2\theta\sin\theta)]\sec^3\theta \qquad (10.16)$$

式中：R_W 为双支柱小水线面双体船的兴波阻力；R_{WB} 为单个主体兴波阻力；R_{WS1}，R_{WS2} 分别为前后两个支柱的兴波阻力；R_{WBS1}，R_{WBS2} 分别为主体与前后两个支柱的干扰阻力；R_{WS12} 为前后两个支柱的相互干扰兴波阻力。

考虑主体轴线沉深 $z = -h_B$,轴线和支柱中纵剖面 $y = 0$,则主体和支柱的谱函数为

$$P_B + iQ_B = \int_{-L_B/2}^{L_B/2} \sigma_B \exp(ik_0 x \sec\theta) dx \cdot \exp(-k_0 h_B \sec^2\theta) \quad (10.17)$$

$$P_{S1} + iQ_{S1} = \int_{-L_{S1}/2+X_{O1}}^{L_{S1}/2+X_{O1}} dx \int_{-h_{S1}}^{0} \sigma_{S1} \exp[k_0 z \sec^2\theta + ik_0 x \sec\theta] dz \quad (10.18)$$

$$P_{S2} + iQ_{S2} = \int_{-L_{S2}/2+X_{O2}}^{L_{S2}/2+X_{O2}} dx \int_{-h_{S2}}^{0} \sigma_{S2} \exp[k_0 z \sec^2\theta + ik_0 x \sec\theta] dz \quad (10.19)$$

式中:L_B 为主体长度;h_B 为主体轴线沉深;L_{S1},L_{S2} 分别为前后两个支柱的长度;h_{S1},h_{S2} 分别为前后两个支柱的水下高度;$2b$ 为两片体中心距,X_{O1},X_{O2} 分别为前后两个支柱中心与主体中心间的距离;ρ 为水密度;$k_0 = g/V^2$ 为波数;g 为重力加速度。

从上式中可以看出,主体和支柱的谱函数是 θ 的偶函数。按照细长体理论在主体轴线上分布线源,按照薄船理论在支柱纵中剖面上分布面源,其强度分别如下:

$$\sigma_B = -V/4\pi \frac{dA(x)}{dx} \quad (10.20)$$

$$\sigma_{S1} = -V/2\pi \frac{dt_1(x)}{dx} \quad (10.21)$$

$$\sigma_{S2} = -V/2\pi \frac{dt_2(x)}{dx} \quad (10.22)$$

式中:$A(x)$ 为主体横剖面面积分布;$t_1(x)$,$t_2(x)$ 分别为前后两个支柱的水线方程;V 为航速。

双支柱小水线面双体船主体兴波阻力公式与单支柱的主体兴波阻力公式相同,为统一起见,列出如下:

$$R_{WB} = 2\rho g A_0^2/(\pi L_B r_{OB}) \sum_{m=1}^{N} \sum_{n=1}^{N} C_{Bm} C_{Bn} W_{mn}^B$$

$$W_{mn}^B = mn \int_{r_{OB}}^{\infty} D_B(\lambda) E_B^2(\lambda) K_m(\lambda) \overline{K_n(\lambda)} \lambda^2/\sqrt{\lambda^2 - r_{OB}^2} d\lambda$$

$$E_B(\lambda) = \exp(-2h_B \lambda^2/(L_B r_{OB}))$$

$$D_B(\lambda) = 1 + \cos[4b\lambda \sqrt{\lambda^2 - r_{OB}^2}/(L_B r_{OB})]$$

$$K_m(\lambda) = \int_0^{\pi} \sin(m\alpha) e^{i\lambda\cos\alpha} d\alpha \quad (10.23)$$

式中:$r_{OB} = k_0 L_B/2 = gL_B/(2V^2) = 1/(2F_{nB}^2)$,$F_{nB} = V/\sqrt{gL_B}$ 为主体长傅汝德数;$\lambda = r_{OB}\sec\theta$;$\alpha = \arccos\bar{x}$。

(1) 前支柱兴波阻力公式。双支柱小水线面双体船前支柱兴波阻力公式与单支柱小水线面双体船的支柱兴波阻力公式形式上一致。

$$R_{WS1} = \frac{\rho g t_{01}^2 L_{S1} r_{OS1}}{2\pi} \sum_{m=1}^{N} \sum_{n=1}^{N} C_{S1m} C_{S1n} W_{mn}^{S1}$$

$$W_{mn}^{S1} = mn \int_{r_{OS1}}^{\infty} D_{S1}(\beta_1) E_{S1}^2(\beta_1) K_m(\beta_1) \overline{K_n(\beta_1)} / (\beta_1^2 \sqrt{\beta_1^2 - r_{OS1}^2}) d\beta_1$$

$$E_{S1}(\beta_1) = 1 - \exp(-2h_{S1}\beta_1^2/(L_{S1}r_{OS1}))$$

$$D_{S1}(\beta_1) = 1 + \cos[4b\beta_1\sqrt{\beta_1^2 - r_{OS1}^2}/(L_{S1}r_{OS1})]$$

$$K_m(\beta_1) = \int_0^\pi \sin(m\alpha) e^{i\beta_1 \cos\alpha} d\alpha \qquad (10.24)$$

式中:$r_{OS1} = k_0 L_{S1}/2 = gL_{S1}/(2V^2) = 1/(2F_{nS1}^2)$,$F_{nS1} = V/\sqrt{gL_{S1}}$ 为支柱傅氏数,$\beta_1 = r_{OS1}\sec\theta, \alpha = \arccos \bar{x}_{S1}$。

(2) 后支柱兴波阻力公式。双支柱小水线面双体船后支柱兴波阻力公式与单支柱小水线面双体船的支柱兴波阻力公式在形式上一致。

$$R_{WS2} = \frac{\rho g t_{02}^2 L_{S2} r_{OS2}}{2\pi} \sum_{m=1}^{N} \sum_{n=1}^{N} C_{S2m} C_{S2n} W_{mn}^{S2}$$

$$W_{mn}^{S2} = mn \int_{r_{OS2}}^{\infty} D_{S2}(\beta_2) E_{S2}^2(\beta_2) K_m(\beta_2) \overline{K_n(\beta_2)} / (\beta_2^2 \sqrt{\beta_2^2 - r_{OS2}^2}) d\beta_2$$

$$E_{S2}(\beta_2) = 1 - \exp(-2h_{S2}\beta_2^2/(L_{S2}r_{OS2}))$$

$$D_{S2}(\beta_2) = 1 + \cos[4b\beta_2\sqrt{\beta_2^2 - r_{OS2}^2}/(L_{S2}r_{OS2})]$$

$$K_m(\beta_2) = \int_0^\pi \sin(m\alpha) e^{i\beta_2 \cos\alpha} d\alpha \qquad (10.25)$$

式中:$r_{OS2} = k_0 L_{S2}/2 = gL_{S2}/(2V^2) = 1/(2F_{nS2}^2)$,$F_{nS2} = V/\sqrt{gL_{S2}}$ 为支柱傅氏数,$\beta_2 = r_{OS2}\sec\theta; \alpha = \arccos \bar{x}_{S2}$。

(3) 主体与前支柱干扰兴波阻力。双支柱小水线面双体船主体与前支柱干扰兴波阻力公式和单支柱小水线面双体船的公式形式上一致。

$$R_{WBS1} = \frac{2\rho g A_0 t_{01}}{\pi} \sum_{m=1}^{N} \sum_{n=1}^{N} C_{Bm} C_{S1n} W_{mn}^{BS1} \qquad (10.26)$$

$$W_{mn}^{BS1} = mn \int_{r_{OB}}^{\infty} D_B(\lambda) E_B(\lambda) E_{S1}(\beta_1) [(K_m^R(\lambda) K_n^R(\beta_1) + K_m^I(\lambda) K_n^I(\beta_1))$$

$$\cos(\beta_1 \bar{x}_{01}) + (K_m^I(\lambda) K_n^R(\beta_1) - K_m^R(\lambda) K_n^I(\beta_1)) \sin(\beta_1 \bar{x}_{01})] /$$

$$\sqrt{\lambda^2 - r_{OB}^2} \cdot d\lambda$$

式中:各符号意义同前,$\bar{x}_{01} = x_{01}/[L_{S1}/2]$。

(4) 主体与后支柱干扰兴波阻力。双支柱小水线面双体船主体与后支柱干扰兴波阻力公式和单支柱小水线面双体船的公式形式上一致。

$$R_{\text{WBS2}} = \frac{2\rho g A_0 t_{02}}{\pi} \sum_{m=1}^{N} \sum_{n=1}^{N} C_{\text{B}m} C_{\text{S2}n} W_{mn}^{\text{BS2}} \quad (10.27)$$

$$W_{mn}^{\text{BS2}} = mn \int_{r_{\text{OB}}}^{\infty} D_{\text{B}}(\lambda) E_{\text{B}}(\lambda) E_{\text{S2}}(\beta_2) [(K_m^{\text{R}}(\lambda) K_n^{\text{R}}(\beta_2) + K_m^{\text{I}}(\lambda) K_n^{\text{I}}(\beta_2))$$

$$\cos(\beta_2 \bar{x}_{02}) + (K_m^{\text{I}}(\lambda) K_n^{\text{R}}(\beta_2) - K_m^{\text{R}}(\lambda) K_n^{\text{I}}(\beta_2)) \sin(\beta_2 \bar{x}_{02})] /$$

$$\sqrt{\lambda^2 - r_{\text{OB}}^2} \cdot d\lambda$$

式中:各符号意义同前,$\bar{x}_{02} = x_{02}/[L_{\text{S2}}/2]$。

(5) 前支柱与后支柱干扰兴波阻力。双支柱小水线面双体船前支柱与后支柱干扰兴波阻力公式:

$$R_{\text{WS12}} = \frac{\rho g t_{01} t_{02} r_{\text{OS1}} L_{\text{S1}}}{\pi} \sum_{m=1}^{N} \sum_{n=1}^{N} C_{\text{S1}m} C_{\text{S2}n} W_{mn}^{\text{S12}} \quad (10.28)$$

$$W_{mn}^{\text{S12}} = mn \int_{r_{\text{OB1}}}^{\infty} D_{\text{S1}}(\beta_1) E_{\text{S1}}(\beta_1) E_{\text{S2}}(\beta_2) \{[K_m^{\text{R}}(\beta_1) K_n^{\text{R}}(\beta_2) + K_m^{\text{I}}(\beta_1) K_n^{\text{I}}(\beta_2)]$$

$$\cos(\beta_1 \bar{x}_{01} - \beta_2 \bar{x}_{02}) + [K_m^{\text{R}}(\beta_1) K_n^{\text{I}}(\beta_2) - K_m^{\text{I}}(\beta_1) K_n^{\text{R}}(\beta_2)]$$

$$\sin(\beta_1 \bar{x}_{01} - \beta_2 \bar{x}_{02})\} / (\beta_1^2 \sqrt{\beta_1^2 - r_{\text{OS1}}^2}) \cdot d\beta_1$$

式中:各符号意义同前。

10.3 > 黏性阻力

黏性阻力 R_{V} 可分为以下四部分:

$$R_{\text{V}} = 2(R_{\text{VB}} + R_{\text{VS}}) + R_{\text{AP}} + R_{\text{AR}} \quad (10.29)$$

1. 主体黏性阻力

$$R_{\text{VB}} = \frac{1}{2}\rho V^2 S_{\text{B}} C_{\text{FB}}(1 + k_{\text{B}}) \quad (10.30)$$

式中:$C_{\text{FB}} = 0.075/(\lg R_{n\text{B}} - 2)^2$,$R_{n\text{B}} = V L_{\text{B}}/v$。

主体形状因子:$1 + k_{\text{B}} = 1 + 1.5 (D/L_{\text{B}})^{1.5} + 7 (D/L_{\text{B}})^3$

其中:D 为主体最大直径或相当直径;L_{B} 为主体长度;S_{B} 为主体湿面积;V 为速度;v 为水的运动黏度;ρ 为水密度。

2. 支柱黏性阻力

$$R_{\text{VS}} = \frac{1}{2}\rho V^2 S_{\text{S}} C_{\text{FS}}(1 + k_{\text{S}}) \quad (10.31)$$

式中:$C_{\text{FS}} = 0.075/(\lg R_{n\text{S}} - 2)^2$,$R_{n\text{S}} = V L_{\text{S}}/v$。

支柱形状因子：$1 + k_S = 1 + t/L_S + 30(t/L_S)^4$

其中：t 为支柱最大厚度；L_S 为支柱长度；S_S 为支柱湿面积。

3. 附体阻力

小水线面双体船附体阻力包括舵、前后水平安定鳍等阻力的总和。单个附体的阻力又可分为黏性阻力、干扰阻力、梢端阻力、诱导阻力等。

$$R_{AP} = \sum_{i=1}^{M} R_{AP}^i \tag{10.32}$$

式中：M 为附体的组数；$R_{AP}^i = R_{AV}^i + R_{HA}^i + R_{TI}^i + R_I^i$。

1）黏性阻力

$$R_{AV}^i = C_F(1 + 2(t/c) + 100(t/c)^4)\rho V^2 A \tag{10.33}$$

式中：A 为舵或鳍的面积；c 为平均弦长；t 为平均翼厚；C_F 为以 c 计算的摩阻系数。

2）干扰阻力

考虑附体与艇体相互干扰引起的阻力，有

$$R_{HA}^i = \frac{1}{2}\rho V^2 c^2 (0.7(t/c)^3 - 0.0003) \tag{10.34}$$

3）梢端阻力

$$R_{TI} = 0.075 t^2 (0.5\rho V^2) \tag{10.35}$$

4）诱导阻力

当鳍或舵有攻角产生升力时，由于下洗流产生的阻力，有

$$R_I^i = \frac{1}{2}\rho V^2 A C_L^2 (1/2\pi + 1/\lambda) \tag{10.36}$$

式中：A 为翼面积；λ 为展弦比；C_L 为翼的升力系数。

4. 附加阻力

附加阻力 R_{AR} 表示船体表面粗糙度等各因素引起的附加阻力总和，也称相关阻力，它包括由艇体表面粗糙度引起的摩擦阻力增加，也包括实船－船模之间阻力换算所要求的阻力补贴。

$$R_{AR} = \frac{1}{2}\rho V^2 S C_{AR} \tag{10.37}$$

式中：S 为艇的湿面积；附加阻力系数 $C_{AR} = (0.5 \sim 0.6) \times 10^{-3}$。

10.4 函数性质

以上兴波阻力理论中涉及 $K_m(x)$ 函数，具体讨论如下：

$$K_m(x) = \int_0^\pi \sin(m\theta) e^{ix\cos\theta} d\theta \qquad (10.38)$$

$$K_m(x) = K_m^R(x) + iK_m^I(x) = \int_0^\pi \sin(m\theta)\cos(x\cos\theta)d\theta +$$
$$i\int_0^\pi \sin(m\theta)\sin(x\cos\theta)d\theta \qquad (10.39)$$

式中：$K_m^R(x)$，$K_m^I(x)$ 分别为该函数的实部和虚部。

函数的特殊值：

（a）$m=0$：
$$K_0(x) = K_0^R(x) = K_0^I(x) = 0$$

（b）$m=1$：
$$K_1(x) = K_1^R(x) = 2\sin x/x, \quad K_1^I(x) = 0 \qquad (10.40)$$

（c）$x=0$（$m\geq 1$）：
$$K_m(0) = K_m^R(0) = (1-(-1)^m)/m, \quad K_m^I(0) = 0$$

函数及其实部和虚部的递推公式：
$$K_{m+1}(x) = K_{m-1}(x) + 2i[mK_m(x) + (-1)^m e^{-ix} - e^{ix}]/x$$
$$K_{m+1}^R(x) = K_{m-1}^R(x) - 2mK_m^I(x)/x + 2\sin x[(-1)^m + 1]/x$$
$$K_{m+1}^I(x) = K_{m-1}^I(x) + 2mK_m^R(x)/x + 2\cos x[(-1)^m - 1]/x \qquad (10.41)$$

注意该递推公式适用于 $m\geq 1$ 并且 x 较大时的情况。利用此递推公式可简化程序，提高计算效率和精度。

10.5 > 阻力示例计算

10.5.1 计算状态

基于以上理论，分别对船模及实船的兴波阻力与总阻力进行了计算，包括单支柱、双支柱的小水线面双体船，具体计算状态如表 10.1 所列。

表 10.1 小水线面双体船船模及实船的计算状态　　　　（单位:m）

参数\状态	M8501 状态1	M8501 状态2	M8501 状态3	M8501 状态4	单支柱实船	双支柱实船
主体长	1.8	1.8	1.8	1.8	55.8	55.8
主体宽	0.15	0.15	0.15	0.15	4.2	4.2
主体高	0.15	0.15	0.15	0.15	2.6	2.6

(续)

参数\状态	M8501 状态1	M8501 状态2	M8501 状态3	M8501 状态4	单支柱实船	双支柱实船
主轴潜深	0.15	0.15	0.15	0.125	2.2	2.2
片体中心距	0.6	0.9	0.45	0.6	15.6	15.6
支柱长	1.4	1.4	1.4	1.4	53.4	20.4×2
支柱厚	0.075	0.075	0.075	0.075	1.6	1.6×2
支柱高	0.075	0.075	0.075	0.05	0.9	0.9×2
支柱与主体中心距	0.0	0.0	0.0	0.0	0.0	+16.5 −16.5
湿表面积	1.9770	1.9770	1.9770	1.8322	1460.455	1365.668
排水体积	0.0683	0.0683	0.0683	0.0640	1027.412	977.551
有无附体	无	无	无	无	无	无
备注	M1	M2	M3	M4	SWATH1	SWATH2

计算了无附体船模 M8501 在 4 种不同潜体中心距及不同潜深状态时的阻力。计算了潜体长度为 55.8m（单支柱实船）的单支柱小水线面双体船实船。同时，计算了长度为 55.8m 的双支柱小水线面双体船（双支柱实船）的实船阻力。

10.5.2 计算结果

为便于分析，表 10.2 所列为 M8501 船模 4 种状态的兴波阻力系数计算结果，表中文献结果取自文献[40]。

表 10.2 M8501 船模 4 种状态兴波阻力系数计算结果

F_n	M8501.1 文献	M8501.1 本书	M8501.2 文献	M8501.2 本书	M8501.3 文献	M8501.3 本书	M8501.4 文献	M8501.4 本书
0.24	0.0166	0.01645	0.0165	0.01555	0.0195	0.01950	0.0224	0.02272
0.26	0.0132	0.01295	0.0145	0.01371	0.0130	0.01218	0.0124	0.01107
0.30	0.0548	0.05204	0.0468	0.04392	0.0639	0.06076	0.0626	0.06035
0.37	0.0172	0.01605	0.0228	0.02044	0.0144	0.01296	0.0180	0.01682
0.40	0.0307	0.02959	0.0305	0.02848	0.0296	0.02742	0.0311	0.02801
0.44	0.0532	0.05316	0.0460	0.04504	0.0585	0.05600	0.0522	0.05099
0.48	0.0653	0.06522	0.0543	0.05445	0.0725	0.07186	0.0632	0.06285
0.50	0.0664	0.06658	0.0550	0.05581	0.0736	0.07421	0.0642	0.06413

（续）

F_n	M8501.1		M8501.2		M8501.3		M8501.4	
	文献	本书	文献	本书	文献	本书	文献	本书
0.60	0.0526	0.05303	0.0460	0.04662	0.0585	0.05981	0.0504	0.05071
0.70	0.0357	0.03574	0.0330	0.03396	0.0393	0.03966	0.0344	0.03422
0.76	0.0284	0.02854	0.0270	0.02694	0.0307	0.03124	0.0272	0.02747

表 10.3 所列为单支柱实船、双支柱实船的兴波阻力计算结果，同时表中给出了单支柱实船的试验结果，相应曲线如图 10.1 所示。

表 10.3 实船兴波阻力计算结果 （单位：1000kgf①）

F_n	试验结果	单支柱实船	双支柱实船	V/kn
0.20	9.04590	10.3323	9.93209	9.08817
0.23	11.8593	15.4329	14.5044	10.4514
0.25	13.5112	14.0554	13.0408	11.3602
0.28	16.8253	20.3514	23.7827	12.7234
0.30	32.0395	31.8636	38.1644	13.6323
0.33	30.8770	29.6756	37.0820	14.9955
0.35	23.6982	24.2179	30.7852	15.9043
0.38	23.0660	24.2217	28.9567	17.2675
0.40	29.5310	29.4277	33.3696	18.1763
0.43	39.0755	40.5655	43.3185	19.5396
0.45	48.4365	47.8698	50.1401	20.4484
0.48	56.1660	56.9805	59.0945	21.8116
0.50	62.0293	61.4041	63.7373	22.7204
0.53	66.3529	66.5365	68.9285	24.0837
0.55	69.6160	68.9790	71.7019	24.9925
0.58	72.2367	72.1145	75.1464	26.3557
0.60	74.5515	73.8869	77.2062	27.2645
0.63	76.7846	76.7208	80.2873	28.6277
0.65	79.0892	78.6661	82.1922	29.5366
0.68	81.5569	81.5683	84.9741	30.8998
0.70	84.2286	83.4624	86.3971	31.8086

① 1kgf = 9.8N。

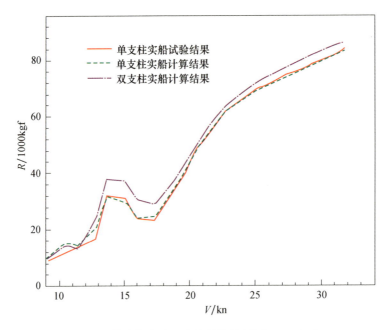

图 10.1 | 实船兴波阻力计算结果(单位:1000kgf)

基于本书理论,还可得到实船片体阻力、片体与支柱组合体的阻力、附加阻力等各分项的阻力结果,如图 10.2 所示。

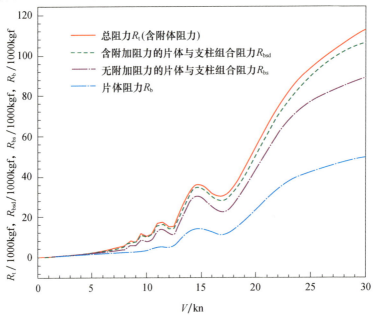

图 10.2 | 小水线面双体船实船阻力分量结果示例

第 11 章 小水线面双体船耐波性理论及预报

小水线面双体船的水线面面积比同排水量的单体船小得多,由此导致:①小水线面双体船船型与单体船相比,主要排水量分布在离水面较远的水下片体中,其所受到的波浪力和力矩要小得多;②纵向和横向稳心半径也较小,使得小水线面双体船的纵摇和横摇固有周期比单体船大得多;③小水线面双体船一般安装前、后稳定鳍,进一步减小了其在波浪中的运动响应。因此,相比同排水量的单体船,SWATH 船型具备优良的耐波性。

小水线面双体船的片体和支柱可分别视为细长体和薄片体。考虑片体远离水面,沉入水下,符合线性切片理论的细长体假定。因此,小水线面双体船的耐波性预报方法以切片理论为基础,计及 SWATH 船型不同于单体船的特点,进行相应预报:①必须考虑两个片体之间的流体动力干扰,应在计算截面的水动力系数时计入;②必须考虑黏性阻尼的影响,在单体船运动计算中,其黏性阻尼远小于兴波运动产生的阻尼,因而可忽略不计,而对小水线面双体船,二者属于同一量级,不能忽略黏性引起的水动阻尼;③必须考虑首尾鳍对水动力系数的影响。

考虑了这些特点,C. M. Lee 等[41]发展了适用于小水线面双体船耐波性预报的切片理论。本章将简要阐述以上切片理论,并列出主要公式。本章理论可用于完成不同航速,在各种波向角时,小水线面双体船匀速航行时的运动响应预报,包括在规则波或不规则波中的纵向运动(垂荡、纵摇)和横向运动(横荡、横摇、首摇)幅值的预报,以及其他耐波性统计特性的预报。

11.1 运动预报理论基础

采用笛卡儿坐标系 $oxyz$。坐标原点 O 位于未受扰动的静水面上,xoy 平面与静水面重合,xoz 平面与船的纵中剖面重合。x 轴指向船首,z 轴穿过船重心 G 垂直向上,y 轴指向船左舷。坐标系随船运动。

假定激起船舶运动的入射波是微幅波,波倾角足够小,船舶的运动也是微幅的。因此,只考虑刚性船体的线性运动响应,运动微分方程组是线性的。由于小水线面双体船的单个片体可视为细长体,满足切片理论的要求,可用切片法计算水动力系数。假设船舶以稳定的平均速度和稳定的航向在无限深水域上做直线运动,不考虑风和流的影响。

由于小水线面双体船的两个片体形状相同,对于纵中剖面对称布置,所以船舶纵向运动和横向运动之间无耦合作用,于是可将纵向运动与横向运动解耦,分别得到两组运动方程。

1. 运动微分方程

根据 C. M. Lee 的切片理论,小水线面双体船的运动方程如下:

垂荡和纵摇运动方程组:

$$(M + A_{33})\ddot{\xi}_3 + B_{33}\dot{\xi}_3 + C_{33}\xi_3 + A_{35}\ddot{\xi}_5 + B_{35}\dot{\xi}_5 + C_{35}\xi_5 = F_3^e \mathrm{e}^{-\mathrm{j}\omega_e t}$$

$$(I_5 + A_{55})\ddot{\xi}_5 + B_{55}\dot{\xi}_5 + C_{55}\xi_5 + A_{53}\ddot{\xi}_3 + B_{53}\dot{\xi}_3 + C_{53}\xi_3 = F_5^e \mathrm{e}^{-\mathrm{j}\omega_e t} \quad (11.1)$$

横荡、横摇和首摇运动方程组:

$$(M + A_{22})\ddot{\xi}_2 + B_{22}\dot{\xi}_2 + (A_{24} - MZ_0)\ddot{\xi}_4 + B_{24}\dot{\xi}_4 + A_{26}\ddot{\xi}_6 + B_{26}\dot{\xi}_6 = F_2^e \mathrm{e}^{-\mathrm{j}\omega_e t}$$

$$(I_4 + A_{44})\ddot{\xi}_4 + B_{44}\dot{\xi}_4 + C_{44}\xi_4 + (A_{42} - MZ_0)\ddot{\xi}_2 + B_{42}\dot{\xi}_2 + A_{46}\ddot{\xi}_6 + B_{46}\dot{\xi}_6 = F_4^e \mathrm{e}^{-\mathrm{j}\omega_e t}$$

$$(I_6 + A_{66})\ddot{\xi}_6 + B_{66}\dot{\xi}_6 + A_{62}\ddot{\xi}_2 + B_{62}\dot{\xi}_2 + A_{64}\ddot{\xi}_4 + B_{64}\dot{\xi}_4 = F_6^e \mathrm{e}^{-\mathrm{j}\omega_e t} \quad (11.2)$$

式中:$\xi,\dot{\xi},\ddot{\xi}$ 分别表示运动的位移、速度、加速度,其下标从 1 至 6 分别表示纵荡、横荡、垂荡、横摇、纵摇、艏摇的 6 个自由度;M 为船的质量;I_4,I_5,I_6 分别为船对于 x 轴、y 轴和 z 轴的质量惯性矩;Z_0 为船重心的竖向坐标;F_j^e 为波浪扰动力(或力矩)的复振幅值;A_{ij} 为附加质量;B_{ij} 为阻尼系数;C_{ij} 为回复力系数。

2. 运动方程的解

设在波浪作用下,船舶强迫振荡运动的稳态解为

$$\xi_k(t) = \xi_{k0}\mathrm{e}^{-\mathrm{j}\omega_e t} = (\xi_{kc} + \mathrm{j}\xi_{ks})\mathrm{e}^{-\mathrm{j}\omega_e t}, \quad k = 2,\cdots,6 \quad (11.3)$$

式中:ω_e 为波浪遭遇频率;ξ_{k0} 为复运动幅值;ξ_{kc},ξ_{ks} 分别为解的实部和虚部。

式(11.3)为复数形式的解,其实部才具有工程实际意义,可记为

$$\xi_k(t) = \xi_{kc}\cos\omega_e t + \xi_{ks}\sin\omega_e t \quad (11.4)$$

船运动的振幅 $\bar{\xi}_k$ 和相位 α_k 可计算如下:

$$\bar{\xi}_k = |\xi_{k0}| = (\xi_{kc}^2 + \xi_{ks}^2)^{\frac{1}{2}} \quad (11.5)$$

$$\alpha_k = \arctan(-\xi_{ks}/\xi_{kc}) \quad (11.6)$$

船上任意一点(x,y,z)处的垂向绝对运动幅值为

$$\xi_v = \xi_{30} + y\xi_{40} - x\xi_{50} \tag{11.7}$$

该点相对于入射波浪表面的相对运动幅值为

$$\xi_v^R = \xi_v - \zeta_0 = \xi_v - Ae^{jk(x\cos\beta - y\sin\beta)} \tag{11.8}$$

式中：ζ_0 为复波幅；A 为波幅；$k = 2\pi/\lambda = \omega^2/g$ 为波数；λ 为波长；ω 为波浪频率；β 为波向角，即波浪传播方向与 x 轴的夹角，$\beta = 0°$ 为顺浪，$\beta = 180°$ 为迎浪。

运动幅值 $\bar{\xi}_k$ 与入射波幅 A 之比，$\bar{\xi}_k/A$ 称为频率响应函数。它反映了船舶在规则波中的运动响应。频率响应函数的平方 $(\bar{\xi}_k/A)^2$ 称为响应幅值算子，可用于不规则波中船运动统计特性的计算。

3. 鳍的水动力计算

小水线面双体船片体内侧靠近首尾处一般设稳定鳍，称为首尾鳍（共4个，左右片体内侧前后各一）。稳定鳍近水平布置，水流以某一攻角流向鳍，鳍上产生水动力升力、黏性阻尼力、流动惯性力等3种力，稳定鳍的作用主要有二：

第一，平衡船的水动力纵倾力矩。小水线面双体船的水动力纵倾力矩对于航速和纵倾角的变化敏感，水线面面积小导致船本身的纵向静稳性力矩过小而不足以平衡，由此需采取主片体外的其他措施来产生恢复力矩以平衡船的水动力纵倾力矩，即稳定鳍的作用。如控制鳍相对水流的攻角，在水流入射下产生的升力形成合适的水动力恢复力矩，即可使船以最小的纵倾姿态航行。

第二，提供水动力阻尼消减船在波浪中的运动。在船的摇荡运动中，鳍还将提供额外的水动力阻尼，以消减船在波浪中的运动峰值。鳍的水动力升力、黏性阻尼力、流动惯性力均与运动方向相反，从而阻尼船的运动。鳍升力和阻尼力的产生，使小水线面双体船运动方程阻尼系数增大，改变了波浪扰动力幅值，最终起到减小船运动幅值的作用。同样，如对鳍施加一定规律的控制，可达到消减船在波浪中的运动提高耐波性的目的。

1）鳍升力的计算

鳍的升力 L_i 可以按下式计算：

$$L_i(t) = \frac{1}{2}\rho U^2 A_i C_{L\alpha} \alpha(t) \tag{11.9}$$

式中：i 为鳍的前后位置标号，$i=1$ 代表前鳍，$i=2$ 则代表后鳍；A_i 为鳍面积；$C_{L\alpha}$ 为鳍的升力系数曲线（对攻角）的斜率；$\alpha(t)$ 为攻角，是关于时间的函数。

显然，如何求得 $C_{L\alpha}$ 和 α 是计算鳍升力的先决条件。其中，升力系数 $C_{L\alpha}$ 的值不但取决于鳍本身的流体动力性能，而且还受到其他因素影响，如鳍与主体之间的相互影响、由于另一个片体存在所引起的效应、非定常运动效应、边界层影响、前鳍对后鳍的影响等。工程实际中，往往仅考虑鳍与船体之间的相互作用而对鳍升力系数的修正计算。对于孤立鳍的升力系数曲线的斜率，可按文献[41]推荐的经验公式计算：

$$(C_{L\alpha})_W = \frac{1.8\pi A_e}{1.8 + \sqrt{A_e^2 + 4}} \tag{11.10}$$

式中：A_e 为有效展弦比，其定义为

$$A_e = (r_0 + \frac{r^2}{r_0})/C \tag{11.11}$$

其中：C 为鳍的平均弦长；r 为鳍安装处主体半径；r_0 为主体轴线至鳍梢端的距离。

考虑了鳍对主体和主体对鳍相互作用后，鳍的升力系数曲线斜率为

$$C_{L\alpha} = (K_{W(B)} + K_{B(W)})(C_{L\alpha})_W \tag{11.12}$$

其中

$$K_{W(B)} = \frac{(C_{L\alpha})_{W(B)}}{(C_{L\alpha})_W} \tag{11.13}$$

$$K_{B(W)} = \frac{(C_{L\alpha})_{B(W)}}{(C_{L\alpha})_W} \tag{11.14}$$

下标 W 表示孤立鳍；$B(W)$ 代表由鳍的影响作用于主体上的升力；$W(B)$ 代表由主体影响作用于鳍上的附加升力，它们是 r 和 r_0 的函数。如令 $\delta = r/r_0$，则有

$$K_{W(B)} = \frac{2}{\pi(1-\delta)^2} \left\{(1+\delta^4)\left[\frac{1}{2}\arctan\left(\frac{1}{2}\left(\frac{1}{\delta}-\delta\right)\right) + \frac{\pi}{4}\right] - \delta^2\left[\left(\frac{1}{\delta}-\delta\right) + 2\arctan\delta\right]\right\} \tag{11.15}$$

$$K_{B(W)} = \frac{1}{(1-\delta)^2}\left\{(1-\delta^2)^2 - \frac{2}{\pi}\left[(1+\delta^4)\left(\frac{1}{2}\arctan\left(\frac{1}{2}\left(\frac{1}{\delta}-\delta\right)\right) + \frac{\pi}{4}\right) - \delta^2\left[\left(\frac{1}{\delta}-\delta\right) + 2\arctan\delta\right]\right]\right\} \tag{11.16}$$

小水线面双体船稳定鳍的展弦比一般不超过 1.5，此时可不考虑非定常运动对升力系数的影响。

鳍的攻角指其压力中心处的攻角。根据小展弦比机翼研究成果，取鳍的压力中心位于距导边 1/4 弦长处，鳍轴线通过压力中心。以 l_i 表示鳍轴线至舯的距离，$d_1(l_i)$、$b_1(l_i)$ 为压力中心的竖向、横向坐标值，压力中心处攻角为

$$\alpha_i(t) = \xi_5 + \frac{(\dot{\xi}_3 - l_i\dot{\xi}_5 + b_1\dot{\xi}_4 - \dot{h}_v(l_i, b_1, -d_1))}{U} \quad (11.17)$$

式中:$\dot{h}_v$ 为入射波场中的垂向速度。

2)鳍流体惯性力和黏性横向阻力的计算

当鳍沿垂向做振荡运动时,引起周围水做非定常运动,鳍上存在流体惯性力的作用。同时,鳍也有一定的质量,振荡过程中也产生惯性力。鳍的惯性力即为这两部分力之和,如以 $I_i(t)$ 记之,则有

$$I_i(t) = (m_i + a_{33i})(\ddot{\xi}_3 - l_i\ddot{\xi}_5 + b_1\ddot{\xi}_4) \quad (11.18)$$

其中:m_i 为第 i 个鳍的质量;l_i 为鳍轴线至船舯的距离;b_1 为压力中心横向坐标值。如未给定鳍质量的情况下,可以按以下近似公式计算:

$$m_i = \frac{\pi}{4}\rho S_i C_i t_i \quad (11.19)$$

式中:S_i, C_i, t_i 分别为鳍的翼展、弦长和最大厚度;a_{33i} 为鳍的附加水质量,可用下式近似计算:

$$a_{33i} = \frac{\pi}{4}\rho S_i C_i^2 \quad (11.20)$$

如以 $D(t)$ 记鳍的横向黏性阻力,则根据与计算船体横剖面黏性阻力相同的原理,可将 $D(t)$ 表示为如下形式:

$$D_i(t) = \frac{1}{2}\rho A_i C_{Di}(\dot{\xi}_3 - l_i\dot{\xi}_5 + b_1\dot{\xi}_4 - \dot{h}_v(l_i, b_1, -d_1)) \\ |\dot{\xi}_3 - l_i\dot{\xi}_5 + b_1\dot{\xi}_4 - \dot{h}_v(l_i, b_1, -d_1)| \quad (11.21)$$

式中:C_{Di} 为鳍的横向黏性阻力系数,其值可在 0.6~1.1 之间选取;d_1 为压力中心的竖向坐标值。

3)鳍总水动力和力矩的计算

作用在鳍上总的垂向水动力以 F_Z 表示,它是升力、惯性力和横向黏性阻力的和。由式(11.9)、式(11.18)和式(11.21),有

$$F_Z = \sum_{i=1}^{N} F_{Zi}$$

$$= \sum_{i=1}^{N} \left\{ \frac{\rho}{2}U^2 A_i C_{L\alpha i}\left[2\xi_5 + 2\frac{\xi_3 - l_i\dot{\xi}_5}{U} - \frac{\dot{h}_v(b_{1i}) + \dot{h}_v(-b_{1i})}{U}\right] + \right.$$

$$2(m_i + a_{33i})(\ddot{\xi}_3 - l_i\ddot{\xi}_5)$$

$$\left. + \frac{\rho}{2}A_i C_{Di}\left[(\dot{\xi}_3 - l_i\dot{\xi}_5 - \dot{h}_v(b_{1i}))|\dot{\xi}_3 - l_i\dot{\xi}_5 - \dot{h}_v(b_{1i})| + \right.\right.$$

$$(\dot{\xi}_3 - l_i\dot{\xi}_5 - \dot{h}_v(-b_{1i}))|\dot{\xi}_3 - l_i\dot{\xi}_5 - \dot{h}_v(-b_{1i})|\Big]\Big\} \tag{11.22}$$

式中:$N=2$,$i=1$ 或 2 分别代表前鳍或后鳍。缩写符号 $\dot{h}_v(b_{1i}) = \dot{h}_v(l_i, b_{1i}, -d_{1i})$ 表示忽略鳍的绕射作用以后的由入射波在鳍的压力中心处诱导的垂向速度。

由式(11.22)还可以看出,对于由横摇运动引起的水流相对于鳍的垂向速度对垂向力的贡献已作了两点处理:首先认为由于横摇运动引起的作用于左右舷鳍上的垂向力大小相等,方向相反,故对垂向力没有贡献;其次,在式(11.21)中横向黏性阻力部分中略去了横摇运动引起的鳍相对于水的速度(垂向)分量,如此对于简化计算过程是有利的(包含了一定近似)。

由鳍的水动力引起的纵倾力矩为 M_y 为

$$M_y = \sum_{i=1}^{N} l_i F_i \tag{11.23}$$

式中:F_i 为式(11.22)中求和符号后整个括号中诸项组成的和,代表各鳍的垂向水动力。

由鳍的水动力引起的横摇力矩为 M_x:

$$M_x = \sum_{i=1}^{N} \left\{ 2b_{1i}^2(m_i + a_{33i})\ddot{\xi}_4 + \frac{\rho}{2}UA_i C_{L\alpha i}\left[b_{1i}(2b_{1i}\dot{\xi}_4 - \dot{h}_v(b_{1i}) + \dot{h}_v(-b_{1i}))\right]\right.$$
$$+ \frac{\rho}{2}A_i C_{Di}\left[b_{1i}(b_{1i}\dot{\xi}_4 - \dot{h}_v(b_{1i}))|b_{1i}\dot{\xi}_4 - \dot{h}_v(b_{1i})| + b_{1i}(b_{1i}\dot{\xi}_4 + \dot{h}_v(-b_{1i}))\right.$$
$$\left.\left.|b_{1i}\dot{\xi}_4 + \dot{h}_v(-b_{1i})|\right]\right\}$$

$$\tag{11.24}$$

11.2 > 不规则波中的运动统计值

1. 海洋波能谱

1) ITTC 单参数谱,适用于表达广阔海域中充分发展的波浪。

$$S(\omega) = A\exp[-B/\omega^4]/\omega^5 \quad (m^2 \cdot s) \tag{11.25}$$

式中:$A=0.78$;$B=3.11/H_{1/3}^2$;ω 为波频率;$H_{1/3}$ 为有义波高。

2) ITTC 双参数谱,适用于表达不同发展阶段的海浪,两个参数是有义波高 $H_{1/3}$ 和特征周期 T_1。

$$S(\omega) = 173H_{1/3}^2\exp[-691/(\omega T_1)^4]/(\omega^5 T_1^4) \tag{11.26}$$

3) JONSWAP 谱,第 17 届 ITTC 建议(ITTC,1984),适于风区有限的双参

数谱。

$$S(\omega) = 155H_{1/3}^2\exp[-944/(\omega T_1)^4]/(\omega^5 T_1^4) \cdot 3.3^{\exp\{-[(0.191\omega T_1-1)/(\sqrt{2}\sigma)]^2\}}$$

$$\sigma = \begin{cases} 0.07, & \omega \leqslant 5.24/T_1 \\ 0.09, & \omega > 5.24/T_1 \end{cases} \tag{11.27}$$

2. 运动响应统计值

船舶运动响应的方差：

$$E = \int_0^\infty (\xi_k/A)^2 S(\omega)\,\mathrm{d}\omega \tag{11.28}$$

运动速度和加速度的方差：

$$E_v = \int_0^\infty (\omega\xi_k/A)^2 S(\omega)\,\mathrm{d}\omega \tag{11.29}$$

$$E_a = \int_0^\infty (\omega^2\xi_k/A)^2 S(\omega)\,\mathrm{d}\omega \tag{11.30}$$

式中：$S(\omega)$ 为海浪的能量谱；ξ_k/A 为 k 模态运动的频率响应函数；$(\xi_k/A)^2$ 为响应幅值算子。

船在不规则海浪上运动响应的统计值为

$$\text{统计平均幅值} = c\sqrt{E} \tag{11.31}$$

式中：$c = 1.253$ 给出平均幅值；$c = 2.0$ 给出有义值，即 $1/3$ 最大平均幅值；$c = 2.546$ 给出 $1/10$ 最大平均幅值。

3. 砰击次数 N_S

小水线面双体船船身或连接桥底部，某指定位置处在时长 n 秒内发生砰击的次数，可按下式计算：

$$N_S = \frac{n}{2\pi}\sqrt{\frac{E_v^R}{E^R}}\exp\left(-\frac{c_0^2}{2E^R} - \frac{V_T^2}{2E_v^R}\right) \tag{11.32}$$

式中：E^R，E_v^R 分别为指定点的相对运动方差和相对速度方差；c_0 为该点到静水面的垂直距离；V_T 为砰击过阈速度值。当 $V_T = 0$，N_S 表示时长 n 秒内底部触水次数。

11.3 耐波性示例计算

基于以上理论，对小水线面双体船的耐波性进行示例计算，有义波高 4.0m，计算速度分别为 0kn、20kn、28kn。SWATH 几何模型及网格形式如图 11.1 所示，相关模型参数如表 11.1 所列，坐标原点位于中纵剖面船舯基线。

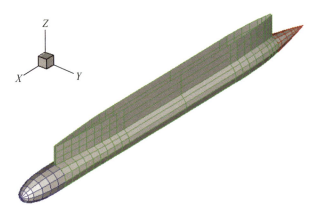

图 11.1 小水线面双体船几何形式及网格剖分

表 11.1 模型参数

参数名称	数值	参数名称	数值
排水量	2802t	片体轴线长	73.2m
片体最大宽	4.6m	吃水	8.1m
片体轴线潜深	5.8m	重心纵向坐标	1.1m(距船舯,艏向为正)
重心垂向坐标	10.4m	原点距艏垂线距离	36.0m
横摇惯性系数	0.445	纵摇惯性系数	0.231
横摇稳性高	2.9m	纵摇稳性高	6.8m
支柱长	52.5m	支柱最大厚度	2.2m
两片体中心距	22.9m	稳定鳍横剖面	NACA0015
稳定鳍翼型	对称翼型	稳定鳍展弦比	1.2
前稳定鳍轴线距片体艏部	0.7 倍片体轴线长	后稳定鳍轴线距片体艉部	0.25 倍片体轴线长
前稳定鳍面积	8.03m^2	后稳定鳍面积	24.01m^2
前稳定鳍展长	3.10m	后稳定鳍展长	5.36m
前稳定鳍平均厚度	0.3108m	后稳定鳍平均厚度	0.5376m
前稳定鳍距基线	2.3m	后稳定鳍距基线	2.3m
前稳定鳍安装处片体半宽	2.3m	后稳定鳍安装处片体半宽	2.0m

1. 不规则长峰波中的纵向运动有义值预报

采用 ITTC 2 参数谱,有义波高 4.0m,波周期为 2.0~22.0s,波周期间隔 2.0s,预报航速 0kn 时不规则长峰波中各运动的有义值。

为避免赘述,表 11.2 给出不同波周期各运动的最大预报值,未给出不规则短峰波中的相关各运动有义值,以下类似。

表11.2 不规则长峰波中纵向运动的有义值(1/3)结果

波向角 $a/(°)$	波周期 T_0	垂荡幅值 U_3	纵摇幅值 U_5	垂荡速度 U_3'	纵摇速度 U_5'	垂荡加速度 U_3''	纵摇加速度 U_5''
180	14.0	2.234	12.394	0.977	4.873	0.513	2.009
180	18.0	2.314	11.055	0.814	4.006	0.362	1.554
150	14.0	2.250	12.275	0.978	4.833	0.506	1.997
150	18.0	2.325	10.947	0.816	3.970	0.359	1.542
120	14.0	2.304	11.962	0.998	4.722	0.509	1.961
120	18.0	2.358	10.679	0.830	3.875	0.362	1.510
90	14.0	2.374	11.572	1.029	4.564	0.523	1.896
90	16.0	2.406	11.168	0.936	4.210	0.439	1.686
60	14.0	2.442	11.260	1.063	4.413	0.539	1.823
60	16.0	2.458	10.928	0.963	4.090	0.452	1.628
30	14.0	2.517	11.111	1.123	4.316	0.589	1.765
30	16.0	2.509	10.844	1.005	4.025	0.489	1.585
0	14.0	2.548	11.078	1.151	4.287	0.615	1.744
0	16.0	2.530	10.836	1.025	4.007	0.508	1.571

2. 不规则长峰波中的横向运动有义值预报

采用ITTC 2-参数谱,有义波高4.0m,波周期为2.0~22.0s,波周期间隔2.0s,预报航速28kn时不规则长峰波中各运动的有义值,结果如表11.3所列。

表11.3 不规则长峰波中横向运动的有义值(1/3)结果

波向角 $a/(°)$	波周期 T_0	横荡幅值 U_2	横摇幅值 U_4	首摇幅值 U_6	横荡速度 U_2'	横摇速度 U_4'	首摇速度 U_6'
150	8.0	0.402	0.774	0.680	0.472	0.936	0.953
150	12.0	0.586	0.910	0.545	0.457	0.796	0.619
150	22.0	0.752	0.651	0.337	0.306	0.370	0.230
120	8.0	0.834	1.593	0.919	0.912	1.892	1.234
120	10.0	1.007	1.643	0.789	0.882	1.642	0.958
120	20.0	1.321	1.001	0.303	0.561	0.652	0.293

(续)

波向角 $a/(°)$	波周期 T_0	横荡幅值 U_2	横摇幅值 U_4	首摇幅值 U_6	横荡速度 U_2'	横摇速度 U_4'	首摇速度 U_6'
90	8.0	1.192	2.449	0.125	0.966	2.329	0.119
90	10.0	1.442	2.316	0.125	0.959	1.904	0.100
90	20.0	1.836	1.117	0.061	0.651	0.672	0.036
60	6.0	1.535	10.398	0.733	0.884	6.256	0.449
60	16.0	2.343	3.114	0.240	0.763	1.584	0.105
30	6.0	2.641	3.273	2.630	0.503	0.675	0.424
30	8.0	4.641	3.108	2.767	1.010	0.626	0.490
30	10.0	4.757	2.723	2.286	1.069	0.575	0.433

3. 规则波中的纵向运动响应

图 11.2 ~ 图 11.4 所示为规则波中的船舶纵向运动响应函数曲线预报结果。其中图 11.2 为航速 0kn,迎浪(波向角 $a=180°$)时的垂荡和纵摇曲线;图 11.3 为航速 20kn,首斜浪(波向角 $a=150°$)时的垂荡和纵摇曲线;图 11.4 为航速 28kn,顺浪(波向角 $a=0°$)时的垂荡和纵摇曲线。纵轴 U_3/A 为垂荡运动频率响应函数,$LU_5/(2A)$ 为纵摇运动频率响应函数,横轴为波长与水线长之比。

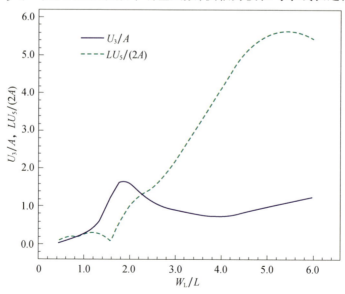

图 11.2 航速 0kn,迎浪(波向角 $a=180°$)时的垂荡及纵摇运动响应函数曲线

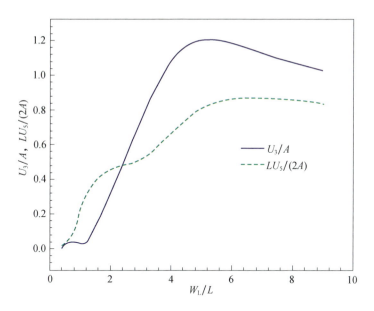

图 11.3 ┃ 航速 20kn,首斜浪(波向角 $a=150°$)时的垂荡及纵摇运动响应函数曲线

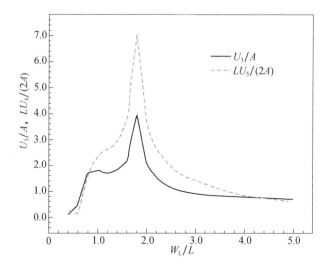

图 11.4 ┃ 航速 28kn,顺浪(波向角 $a=0°$)时的垂荡及纵摇运动响应函数曲线

4. 规则波中的横向运动响应

图 11.5 ~ 图 11.7 所示为规则波中的横向运动响应函数曲线预报结果。图 11.5 为航速 0kn,正横浪(波向角 $a=90°$)时的横荡、横摇和艏摇曲线;图 11.6 为航速 20kn,正横浪(波向角 $a=90°$)时的横荡、横摇和艏摇曲线;图 11.7 为航

速 28kn, 正横浪(波向角 $a=90°$)时的横荡、横摇和艏摇曲线。纵轴 U_2/A 为横荡运动频率响应函数, bU_4/A 为横摇运动频率响应函数, bU_6/A 为艏摇运动频率响应函数, 横轴为波长与水线长之比。

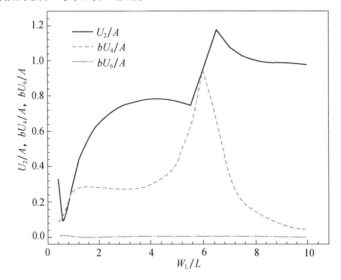

图 11.5　航速 0kn, 正横浪(波向角 $a=90°$)时的横荡、横摇及艏摇运动响应函数曲线

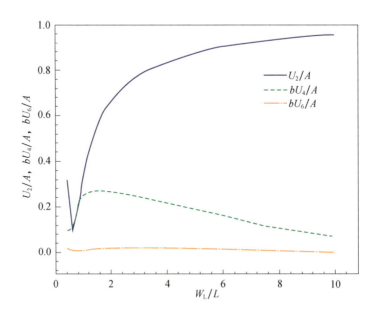

图 11.6　航速 20kn, 正横浪(波向角 $a=90°$)时的横荡、横摇及艏摇运动响应函数曲线

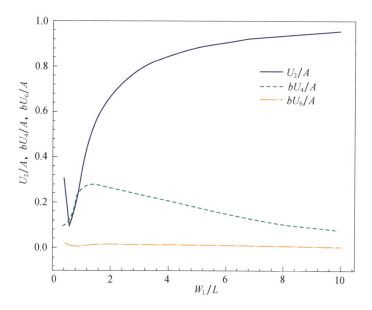

图 11.7 ｜ 航速 28kn，正横浪（波向角 $a=90°$）时的横荡、横摇及艏摇运动响应函数曲线

第12章 小水线面双体船稳定性理论及预报

小水线面双体船在静水面做匀速直线航行时,受到某外力干扰后船偏离初始平衡位置。当外力干扰消失后船能回复到初始平衡位置,则称为运动稳定,否则是不稳定的。

小水线面双体船与排水量相当的常规单体船或双体船相比,其特点是水线面面积很小,使得其具有较小的兴波阻力和较好的耐波性。然而,小水线面双体船的垂荡和纵摇恢复力也很小,所以它对于垂荡和纵倾的外力干扰抵抗能力也较弱。这使得小水线面双体船的稳定性较差,当航速傅汝德数 Fr 超过 0.38 ~ 0.44 后,小水线面双体船纵向运动一般是不稳定的。因此,必须加装合适尺度的前后稳定鳍,以改善其纵向运动稳定性,稳定鳍的合理设计需建立在对不同尺度前后鳍组合比较分析的基础之上。影响纵向运动稳定性的特征参数主要包括垂荡和纵摇的固有周期、半衰周期、阻尼比等。这些对于保证船的纵向运动稳定性和改善船在波浪中的运动特性都是十分重要的[38,41]。

本章简要论述小水线面双体船在静水面直线航行时纵向运动的稳定性理论;讨论纵向运动稳定性方程及其特征解的求解方法;给出纵向运动特征参数的计算公式,即垂荡和纵摇的固有周期、半衰周期、阻尼比;比较不同尺度的前后稳定鳍计算结果,提出小水线面双体船的稳定鳍设计要素。

12.1 纵向运动稳定性方程及其解

小水线面双体船在静水中做匀速直线航行时,其纵向运动方程为

$$\begin{cases} (M+A_{33})\ddot{\xi}_3 + B_{33}\dot{\xi}_3 + C_{33}\xi_3 + A_{35}\ddot{\xi}_5 + B_{35}\dot{\xi}_5 + C_{35}\xi_5 = 0 \\ A_{53}\ddot{\xi}_3 + B_{53}\dot{\xi}_3 + C_{53}\xi_3 + (I_5+A_{55})\ddot{\xi}_5 + B_{55}\dot{\xi}_5 + C_{55}\xi_5 = 0 \end{cases} \quad (12.1)$$

式中:M 为船的质量;I_5 为船对过重心横轴 y 的质量惯矩;A_{ik},B_{ik},C_{ik} 分别为纵向

运动的附加质量、阻力系数和恢复力系数。其中,$i,k=3$ 表示垂荡运动,$i,k=5$ 表示纵摇运动。

式(12.1)是常系数、线性齐次微分方程组。由于船航行于静水中,没有入射波的作用,因此方程右端的激振力或力矩为零,方程系数中可消去与入射波有关的项。船在静水中航行时,受扰动后船将以其自然频率做振荡运动,因此在计算截面水动力系数时,需按照船的自然振荡频率计算。

设微分方程的特征解为

$$\begin{cases} \xi_3(t) = a_n \mathrm{e}^{\lambda_n t} \\ \xi_5(t) = b_n \mathrm{e}^{\lambda_n t} \end{cases} \quad (12.2)$$

将式(12.2)代入式(12.1),整理,得

$$\begin{cases} [(M+A_{33})\lambda_n^2 + B_{33}\lambda_n + C_{33}]a_n + (A_{35}\lambda_n^2 + B_{35}\lambda_n + C_{35})b_n = 0 \\ (A_{53}\lambda_n^2 + B_{53}\lambda_n + C_{53})a_n + [(I_5+A_{55})\lambda_n^2 + B_{55}\lambda_n + C_{55}]b_n = 0 \end{cases}$$
(12.3)

式(12.3)为齐次线性代数方程组,具有非零解(a_n,b_n)的条件是其系数行列式为零,由此可得到如下特征方程:

$$a\lambda_n^4 + b\lambda_n^3 + c\lambda_n^2 + d\lambda_n + e = 0 \quad (12.4)$$

式中

$$a = (M+A_{33})(I_5+A_{55}) - A_{35}A_{53}$$
$$b = (M+A_{33})B_{55} + (I_5+A_{55})B_{33} - A_{35}B_{53} - A_{53}B_{35}$$
$$c = (M+A_{33})C_{55} + (I_5+A_{55})C_{33} + B_{33}B_{55} - A_{35}C_{53} - A_{53}C_{35} - B_{35}B_{53}$$
$$d = B_{33}C_{55} + B_{55}C_{33} - B_{35}C_{53} - B_{53}C_{35}$$
$$e = C_{33}C_{55} - C_{35}C_{53}$$

解特征方程式(12.4),可获得特征根λ_n,其可能是实根,也可能是共轭复根。当λ_n为正实数,或其实部为正时,船的纵向运动是不稳定的;当λ_n为负实数时,运动稳定且船将不做振荡运动而回复到初始平衡位置;当λ_n是复数且实部为负时,纵向运动稳定,船将以振荡运动的方式回复到平衡位置。

12.2 纵向运动的特征参数

设特征方程的4个特征根为

$$\lambda_n = \lambda_{nR} \pm \mathrm{j}\lambda_{nI}, \quad n=1,2,3,4 \quad (12.5)$$

式中:下标R和I分别表示实部和虚部。

如果复根的实部为负值,船的运动是衰减的自由振荡,纵向运动是稳定的,

这样可求出表征船纵向运动的 3 个特征参数。

(1) 固有周期,较大者为纵摇固有周期,较小者为垂荡固有周期:
$$T_1 = 2\pi/|\lambda_{1I}|; \quad T_2 = 2\pi/|\lambda_{3I}| \tag{12.6}$$

(2) 半衰周期,指从初始振幅衰减至一半所需的时间:
$$T_n = \ln2/|\lambda_{nR}| \tag{12.7}$$
较大者为垂荡半衰周期,较小者为纵摇半衰周期。

(3) 阻尼比,设 λ_1 与 λ_2 为对应于垂荡的一对共轭复数解,而 λ_3 和 λ_4 对应于纵摇运动,则垂荡阻尼比 ζ_3 和纵摇阻尼比 ζ_5 定义为
$$\zeta_3 = -(\lambda_1 + \lambda_2)/(2\sqrt{\lambda_1\lambda_2}) \tag{12.8}$$
$$\zeta_5 = -(\lambda_3 + \lambda_4)/(2\sqrt{\lambda_3\lambda_4}) \tag{12.9}$$

无附体小水线面双体船在较高傅汝德数时,其纵向运动一般是不稳定的。配置合适尺度的前、后稳定鳍,可改变船的水动力系数,从而获得合适的垂荡和纵摇固有周期、半衰周期和阻尼比,以改善小水线面双体船的纵向运动稳定性。通过对这 3 个特征参数的分析比较,可以权衡不同稳定鳍尺寸和位置方案的优劣,以利于设计出合理的稳定鳍。

12.3 > 稳定性示例计算

小水线面双体船的水线面面积比常规单体船和常规双体船小得多,其抵抗垂荡和纵摇扰动力的能力很小,因此 SWATH 在纵向垂直平面内的运动一般是不稳定的。通常的解决方案是安装合适的前、后稳定鳍以增强纵向运动的稳定性。对小水线面双体船在静水面匀速直航时的纵向运动稳定性示例计算,重点关注航速、稳定鳍尺度、垂荡和纵摇运动固有周期、半衰周期、阻尼比等。

稳定性示例计算 SWATH 主要几何参数如表 12.1 所列。

表 12.1 SWATH 主要几何参数

排水量/t	281.6	片体轴线长/m	28.8
片体最大宽/m	2.4	吃水/m	3.6
片体轴线潜深/m	2.4	重心纵向坐标/m（主体舯剖面后）	-0.773
重心垂向坐标/m（基线上）	4.5	横摇惯性系数	0.45
纵摇惯性系数	0.24	支柱长/m	23.04
支柱厚/m	1.2	两片体中心距/m	9.6

稳定性示例计算前、后稳定鳍的轴线分别位于离片体尾部 0.7 倍船长和 0.25 倍船长(主体轴线长)处,横剖面为 NACA0015,主要参数如表 12.2 所列。

表 12.2 稳定鳍主要参数

鳍编号	稳定鳍尺寸及面积					
	弦长/m		翼展/m		鳍面积/m²	
	前	后	前	后	前	后
1	0.00	0.00	0.00	0.00	0.00	0.00
2	0.56	0.84	0.68	1.02	0.38	0.86
3	0.70	0.84	0.85	1.02	0.60	0.86
4	0.98	0.84	1.19	1.02	1.77	0.86
5	0.84	0.70	1.02	0.85	0.86	0.60
6	0.84	0.84	1.02	1.02	0.86	0.86
7	0.84	1.12	1.02	1.36	0.86	1.52
8	0.84	1.26	1.02	1.53	0.86	1.93
9	0.84	1.68	1.02	2.04	0.86	3.43

纵向运动稳定性的计算结果如表 12.3、表 12.4 所列。

表 12.3 纵向稳定性计算结果(傅汝德数 $Fr = 0.70$)

鳍编号	计算结果			
	垂荡		纵摇	
	固有周期/s	半衰周期/s	固有周期/s	半衰周期/s
1	5.51	17.48	18.00	7.86
2	5.46	6.38	17.37	4.24
3	5.46	6.11	19.25	3.90
4	5.49	5.58	32.89	3.16
5	5.48	6.71	24.62	3.76
6	5.47	5.87	22.29	3.57
7	5.47	4.54	18.87	3.22
8	5.48	4.03	17.55	3.06
9	5.59	2.89	14.63	2.62

表 12.4　纵向稳定性计算结果（傅汝德数 $Fr=0.30$）

鳍编号	垂荡			纵摇		
	固有周期/s	半衰周期/s	阻尼比	固有周期/s	半衰周期/s	阻尼比
1	5.86	17.56	0.0368	12.72	10.92	0.1273
2	5.86	8.36	0.0770	12.66	7.44	0.1845
3	5.86	8.05	0.0799	12.86	6.70	0.1988
4	5.87	7.37	0.0876	13.51	6.01	0.2405
5	5.86	8.61	0.0748	13.22	6.81	0.2094
6	5.86	7.75	0.0831	13.09	6.56	0.2149
7	5.87	6.33	0.1018	12.82	6.09	0.2261
8	5.88	5.87	0.1119	12.69	5.76	0.2321
9	5.97	5.24	0.1474	12.26	4.42	0.2496

计算结果表明：没有安装前、后鳍的状态1，其垂荡和纵摇半衰周期最大，而阻尼比最小。状态9安装了面积最大的后鳍，其半衰周期最小，而阻尼比最大。以上结果符合实际。

第13章 小水线面双体船波浪载荷理论及预报

通常小水线面双体船的船长较小，船体结构具有足够的纵向刚度和强度。另一方面，其又有较大的侧面积和型深，在正横浪作用下，将受到较大的横向波浪载荷作用，包括横向弯矩、水平和垂直方向的拉力或剪力等。这些载荷可能引起船体局部结构的破坏或疲劳。中、小型SWATH为了减轻结构重量，常采用全铝结构或钢铝混合结构，其结构强度问题更应受到重视。总之，与一般常规单体排水型船舶不同，小水线面双体船的纵向波浪载荷相对不重要，而重要的是其在正横浪作用下的横向波浪载荷。

本章论述了小水线面双体船在正横浪作用下横向波浪载荷的计算方法。主要包括在横向连接桥中心剖面和支柱剖面上弯矩、剪力、拉力计算。在此基础上，讨论了不规则横浪中横向波浪载荷的预报方法。横向波浪载荷的计算，将首先确定在正横浪作用下的船舶运动响应，之后通过计算船体表面的水动压力分布，完成水动压力和船运动惯性力联合产生的合力和合力矩的预报。目前，采用这种理论方法预报横向波浪载荷，可获得满足工程设计需要的预报结果[41]。

13.1 横向波浪载荷

为减小等价双柱体假设带来的误差，可不采用等价柱体假设，而是在各横剖面上计算波浪载荷，然后沿船长方向积分，得到全船载荷。

所涉及的基本假设如下：

（1）线性化假设。假设入射波是微幅波，引起的船运动、水动压力分布和波浪载荷等符合线性叠加原理，可用线性分析方法处理横向波浪载荷问题。

（2）考虑正横浪规则波的作用，波向角为90°，波浪从船的右侧沿 y 轴正向传播。

（3）考虑零航速时的波浪载荷。零航速假设下计算的横向波浪载荷偏于安全。

作用在小水线面双体船上的波浪载荷,由入射波、绕射波、船舶运动引起辐射波而产生的水动压力,以及船舶运动的惯性力联合构成。

连接桥中央的水平剪切力 V_{20} 为

$$V_{20}(0,h_0) = -\rho g A \int_R n_2 e^{kz} \cos ky \, dl - j\omega \left(\int_R \phi_D^e n_2 \, dl + \xi_{30} \int_R \varphi_3 n_2 \, dl \right) \quad (13.1)$$

沿连接桥横向：

$$V_{20}(y,h_0) = V_{20}(0,h_0) + \omega^2 m_d y (\xi_{20} - h_0 \xi_{40}) \quad (13.2)$$

当 $y=b$ 时,式(13.2)即为支柱与连接桥连接处剖面上的水平剪切力。

连接桥中央的垂直剪切力 V_{30} 为

$$\begin{aligned}V_{30}(0,h_0) = &-\rho g A \int_R n_3 e^{kz} \sin ky \, dl + (\rho g b b_0 - 0.5\omega^2 m y_0)\xi_{40} - \\ & j\omega\rho\left(\int_R \phi_D^0 n_3 \, dl + \xi_{20}\int_R \varphi_2 n_3 \, dl + \xi_{40}\int_R \varphi_4 n_3 \, dl\right)\end{aligned} \quad (13.3)$$

沿连接桥横向：

$$V_{30}(y,h_0) = V_{30}(0,h_0) + \omega^2 m_d y(\xi_{30} + 0.5 y \xi_{40}) \quad (13.4)$$

当 $y=b$ 时,式(13.4)即为支柱与连接桥连接处剖面上的垂直剪切力。

令

$$n_4 = n_3 y + (h_0 - z) n_2 \quad (13.5)$$

则连接桥中心横向弯矩 M_{30} 为

$$\begin{aligned}M_{30}(0,h_0) = &-\rho g A \int_R n_4 e^{kz} \cos ky \, dl + (\rho g b b_0 - 0.5\omega^2 m y_0)\xi_{30} - \\ & j\omega\rho\left(\int_R \phi_D^e n_4 \, dl + \xi_{30}\int_R \varphi_3 n_4 \, dl\right)\end{aligned} \quad (13.6)$$

沿连接桥横向：

$$\begin{aligned}M_{30}(y,h_0) = & M_{30}(0,h_0) + j\rho g y A \int_R e^{kz} n_3 \sin ky \, dl + \\ & j\omega\rho y \left(\int_R \phi_D^0 n_3 \, dl + \xi_{20}\int_R \varphi_2 n_3 \, dl + \xi_{40}\int_R \varphi_4 n_3 \, dl\right) - \\ & 0.5\omega^2 m_d y^2 (\xi_{30} + y\xi_{40}/3) + (\rho g b b_0 - 0.5\omega^2 m y_0) y \xi_{40}\end{aligned} \quad (13.7)$$

当 $y=b$ 时,式(13.7)即为支柱与连接桥连接处剖面上的横向弯矩。

式中: h_0 为连接桥中和轴至平均水面的高度,下标"R"表示沿右侧片体水下部分积分; ρ 为水密度; g 为重力加速度; A 为波幅; k 为波数; ω 为波频率; (n_2, n_3) 为片体截面内法线单位矢量的方向余弦; m 为每单位长度的船质量; m_d 为单位船长沿甲板每单位跨度质量; b 为片体中心距半宽; b_0 为支柱宽, (y_0, z_0) 为右半体重心坐标; ϕ_D^e 为绕射势对称部分; ϕ_D^0 为绕射势不对称部分; $\varphi_2, \varphi_3, \varphi_4$ 分别为横荡、垂荡、横摇辐射势; $\xi_{20}, \xi_{30}, \xi_{40}$ 分别为横荡、垂荡、横摇的复数运动幅值。

包括了入射波势、绕射波势、船运动引起辐射兴波势的总速度势 ϕ_0 为

$$\phi_0 = \left(\phi_I + \phi_D + \sum_{k=2}^{4} \varphi_k \xi_k\right) e^{-j\omega t} \tag{13.8}$$

入射波势 ϕ_I 为

$$\phi_I = -jgA/\omega e^{kz+jky} \tag{13.9}$$

绕射波势 ϕ_D:

在船体表面上绕射波势满足相应边界条件,可采用求解二维势流边值问题的密切拟合法,或称格林函数积分方程方法求解。ϕ_D 可分解成对于船舶纵中剖面的奇、偶函数部分 ϕ_D^0 和 ϕ_D^e。

$$\frac{\partial \phi_D}{\partial n} = -\frac{\partial \phi_I}{\partial n} \tag{13.10}$$

辐射兴波势 φ_k: $k=2,3,4$ 分别对应于横荡、垂荡、横摇运动速度势。船舶运动位移的复数幅值 ξ_k: $k=2,3,4$ 分别对应于横荡、垂荡、横摇运动。φ_k 和 ξ_k 由耐波性理论求解。船体表面水动压力可用线性伯努利公式计算:

$$P(y,z,t) = -\rho \frac{\partial}{\partial t} \phi_0 - \rho g(\xi_3 + y\xi_4) \tag{13.11}$$

在不规则海浪作用下,横向波浪载荷的方差为

$$E = \int_0^\infty R^2(\omega) S(\omega) \mathrm{d}\omega \tag{13.12}$$

式中:$R(\omega)$ 为载荷幅值响应因子,如 $|V_{20}|/A$、$|V_{30}|/A$ 和 $|M_{30}|/A$ 等,$S(\omega)$ 为指定的海浪能量谱。

由波浪载荷的方差,可计算波浪载荷的统计平均值,如平均幅值、有义值、1/10最大平均值等。

13.2 波浪载荷示例计算

基于以上波浪载荷理论方法,计算单支柱小水线面双体船在零航速横浪时,连接桥中剖面的水平、垂向剪切力和横向弯矩系数及其有义值,连接桥和支柱连

接处的水平、垂向剪切力和横向弯矩系数及其有义值。

波浪载荷示例计算 SWATH 主要几何参数如表 13.1 所列。

表 13.1 波浪载荷示例计算 SWATH 主要几何参数

排水量/t	336.5	片体轴线长/m	33.6
片体最大宽/m	2.4	吃水/m	3.92
片体轴线潜深/m	2.72	重心纵向坐标/m	0
重心垂向坐标/m	4.90	横摇惯性系数	0.50
纵摇惯性系数	0.24	支柱长/m	26.88
支柱厚/m	1.2	两片体中心距/m	12.88
中和轴至水面高/m	2.88	单位船长船舶重量/(t/m)	12.66
单位船长单位甲板宽船舶重量/(t/m²)	0.478	右半体重心横坐标/m	5.64
		右半体重心高/m	4.80

设小水线面双体船总排水量为 D,主体轴线长为 L,船宽为 B_m,规则波波长为 W_L,波幅为 A,则波浪载荷系数定义如下：

桥中水平剪切力系数 $\overline{V}_{20} = V_{20}/(DA/L)$

桥中垂向剪切力系数 $\overline{V}_{30} = V_{30}/(DA/L)$

桥中横向弯矩系数 $\overline{M}_{30} = M_{30}/(DA)$

桥和支柱交点处水平剪切力系数 $\overline{V}_{21} = V_{21}/(DA/L)$

桥和支柱交点处垂向剪切力系数 $\overline{V}_{31} = V_{31}/(DA/L)$

桥和支柱交点处横向弯矩系数 $\overline{M}_{31} = M_{31}/(DA)$

横坐标无量纲波长 $\overline{W} = W_L/B_m$

两参数波能谱的波周期为 T_0。

计算给出海浪有义波高 3.0 m 时波浪载荷有义值：桥中水平、垂向剪切力和横向弯矩系数；桥和支柱交点处水平、垂向剪切力和横向弯矩系数；桥中水平、垂向剪切力和横向弯矩有义值；桥和支柱交点处水平、垂向剪切力和横向弯矩的有义值。图 13.1 所示为示例计算 SWATH 几何模型及网格划分。图 13.2 ~ 图 13.5 所示为相应波浪载荷计算结果。部分系数及有义值计算结果见表 13.2。

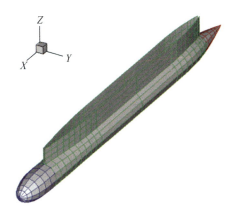

图 13.1　几何模型及网格划分

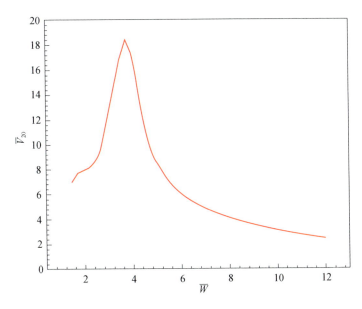

图 13.2　桥中水平剪切力系数($\bar{V}_{20}$)

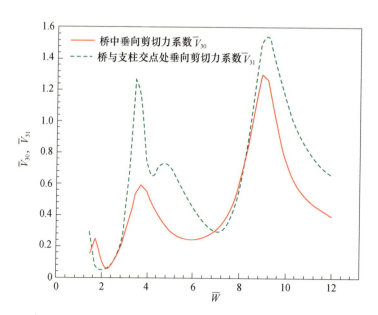

图 13.3 ┃ 桥中、桥与支柱交点处垂向剪切力系数($\overline{V}_{30}, \overline{V}_{31}$)

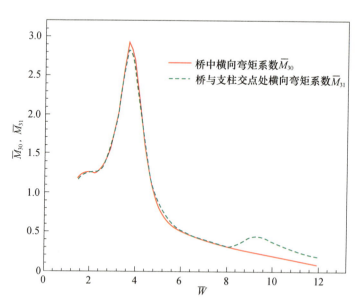

图 13.4 ┃ 桥中、桥与支柱交点处横向弯矩系数($\overline{M}_{30}, \overline{M}_{31}$)

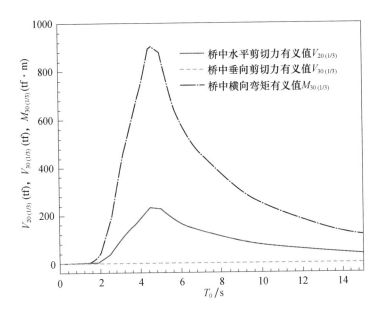

图 13.5 桥中水平剪切力、垂向剪切力、横向弯矩有义值
($V_{20(1/3)}$(tf),$V_{30(1/3)}$(tf),$M_{30(1/3)}$(tf·m))[①]

表 13.2 部分系数及有义值计算结果

参数	示例计算结果
桥中水平剪切力系数 $\bar{V}_{20}$	18.45
桥与支柱交点处水平剪切力系数 $\bar{V}_{21}$	18.42
桥中垂向剪切力系数 $\bar{V}_{30}$	1.30
桥与支柱交点处垂向剪切力系数 $\bar{V}_{31}$	1.55
桥中横向弯矩系数 $\bar{M}_{30}$	2.94
桥与支柱交点处横向弯矩系数 $\bar{M}_{31}$	2.84
桥中水平剪切力有义值 $V_{20(1/3)}$	231.10tf
桥中横向弯矩有义值 $M_{30(1/3)}$	904.11tf·m

① 1tf=9800N。

第 14 章
蜗尾船型的势流理论方法及应用

蜗尾船型是意大利学者 G. B. Tommasi 提出的一种伴流场均匀的优秀新船型。在近 20 年的研究工作中,Tommasi 对船体尾部伴流场进行了详细研究,蜗尾船型的提出和形成即源于其对尾流场的深刻认识。Tommasi 在受到涡轮机的启发后,将蜗槽形船尾比喻为涡轮机的定子,以使来流预旋,从而得到一个更贴近理想的轴向伴流和周向伴流都较大且均匀的伴流场,由此提出了蜗尾船型。蜗尾船型设计的根本目的是控制伴流,从而使螺旋桨能够获得最佳的流体动力工况。

Tommasi 在试验研究中发现,产生旋涡所需要的能量并不相应增加船舶运动时的阻力,蜗尾船型伴流分数较常规船型大 6% ~ 8%,同时吸收的功率比补偿螺旋桨诱导涡所需要的功率大得多,具有这项性能的新尾型并不仅仅适用于单桨船[42-43]。

一方面,通过利用单桨船伴流场评估方法对蜗尾船型流场进行的研究表明,蜗尾船型的伴流场均匀性不仅优于一般船型,也明显优于双尾船型[44-46],由此可说明蜗尾船型的伴流场均匀性是其突出的优点之一。

另一方面,蜗尾船型旨在使其后面的螺旋桨能够充分利用伴流以提高推进效率,同时也将特别关注因为伴流不均匀性而造成的尾部异常振动或者严重空泡和噪声等问题。随着船舶航速提高而导致减振降噪问题逐渐凸显,振动和噪声成为船型设计时需重点关注的方面。对于高航速舰船,剧烈振动和空泡噪声等不仅将严重降低军舰的隐蔽性和战斗性能,甚至将影响舰员的正常工作和生活。多年来,人们努力于寻求能适应不均匀伴流场的多叶大侧斜螺旋桨和结构措施等,前者通常不得不牺牲一些推进效率,而后者则是一种不得已的治标方法,有时甚至难以奏效。而引入如蜗尾船型等更适应艉部推进性能改善的船型,可以获得多物理场下的性能兼优。

我国自 1977 年起开始研究该船型,成功地将 Tommasi 对海船提出的蜗尾船型推广运用于大宽度吃水比的内河船型,并与我国独特的纵流消波船艉相结合,开发了平头蜗尾新船型,显示了良好的快速性、消浪、节能和减振降噪性能[47],并对该船型的原理和设计进行了系统总结[48]。通过长期研究,蜗尾船型的推进效率达到了较高的水平,设计优良的蜗尾船型较常规双桨船型可提高推进效率约20%以上。然而,至今蜗尾节能的机理尚未完全厘清,还需开展流场特性等的深入研究。国内学者对船型尾流场特性等的研究,为进一步厘清蜗尾船型的节能机理提供了支撑,推动了蜗尾船型作为可提升推进效率及改善振动噪声的有效措施在舰船领域的更多应用[49-51]。

14.1 蜗尾船型研究的势流理论方法

对蜗尾船型流场的数值计算,面临特殊的困难,即传统源分布的计算方法无法反映蜗尾船型的预旋流特征。可行的解决方案之一是蜗尾船型的复合奇点法。

参考空气动力学理论,在空气动力学薄翼假设中定义了一个位于机翼及机翼与机身交界面内的"内表面",而蜗尾片体不同于"薄翼",故偶极子不能分布于一个明确的翼面上,必须抛弃薄翼假设,可行方法是采用偶极子直接分布于船体表面的涡环栅格法。在传统势流理论方法的基础之上,研究开发了蜗尾船型势流场计算的源汇——偶极子复合奇点法。

14.1.1 常规势流理论方法面临的困难

任意三维物体不可压理想势流的控制方程是拉普拉斯方程,给定定解条件则解唯一确定。船体势流的求解,在全部边界上给出$\frac{\partial \phi}{\partial n}$,问题归结于第二类边值问题(Neumann Problem)。20世纪60年代,美国的Hess和Smith发展了一种任意三维物体无升力势流的计算方法(H-S方法),该方法可求得场内任一点的速度和压力,可用来计算常规船型的势流场[10-13]。

Hess对任意三元升力体的势流计算研究,使用源和偶极子两种分布,源分布用来满足没有穿透物体表面流动的边界条件,偶极子分布用来满足升力体部分后缘库塔条件。机翼和机身的交线人为地加"额外"的升力片条来处理,偶极子的强度沿着每个单元线的弧长做线性变化。这两种处理方法,限制了该方法对一般问题的求解。

对蜗尾船型采用源分布的计算方法,不能反映该船型的预旋流特征,这是常规势流理论方法对于蜗尾船型所面临的困难。

同一时期,其他船舶工作者也对蜗尾船型的流场进行了大量的计算研究工作。与以上所述方法的区别在于,其或者所采用表面源的分布类型不同,或者在某一方法的基础上更细致地考虑了自由面的影响,但计算结果总体与试验结果仍存在一定偏差。由此可见,对于蜗尾船型,单纯地分布源这一种奇点,难以反映其流动的本质特征。

空气动力学中常用位势理论计算绕翼身组合体的流动,此研究方法最熟知的例子是计算薄的升力机翼和无升力机身的干扰。根据翼组合体的几何特征,其在机身上布置表面源,机翼及机翼和机身的交界面内定义了一个附加"内表面",其上布置空间偶极子,满足物面条件和库塔条件,由此求出源和偶极子分布。然而,附加"内表面"的选取明显地带有经验因素,由于偶极子分布在一个面上,这种"格网法"对解决薄升力机翼的计算比较成功。

采用下潜源的思想改进了 H-S 方法,并计算了绕圆球的流动,计算结果与解析解十分吻合,该方法不仅可减少计算工作量,而且在物体表面上未出现奇点[3,7,21]。在恰当满足船体表面边界条件和线性化自由面边界条件的前提下,通过体表布置 Kelvin 兴波源,能够较好地计算绕船体的流动并顺利进行兴波阻力计算[52-54]。由于兴波项主要影响邻近自由面的流动,如果主要研究绕船体下面一部分的流动,则事实上虽已发生明显的兴波,仍可简单地忽视兴波的影响而得出足够精确的结果。其在忽略兴波项后,计算结果近似等于 H-S 双重模的结果。

同时,以下研究工作,也为建立蜗尾船型的流场计算模型提供了启示。如采用涡环和离散线源联合分布的方法,涡环与离散线源分布在舵的中面内,能较好地反映厚度不大的舵的流动性能[55]。采用涡格法,将舵流动性能分成升力效应和厚度效应分别进行计算,叠加两种效应后,能够较好地模拟舵的流动性能[56];桨叶中弧面上分布单元马蹄形涡,将源强分布与已知叶面厚度通过解析公式直接联系起来,可对定常、非定常螺旋桨的性能进行计算[57];采用源汇和偶极子联合分布的方法,应用薄翼理论研究导管和螺旋桨之间的相互干扰,将奇点转化为分布在物体的拱弧面上来处理[58]。

采用复合奇点法以避免单一奇点困难,不同于之前的各类研究方法,由于蜗尾片体不同于"薄翼",故偶极子不能分布在一个明确的翼面上。在处理奇点分布时必须抛弃薄翼假设,而采用偶极子直接分布于船体表面的涡环栅格法。同时,考虑源和偶极子联合分布,进而求得流场中任一点的速度和压力。

综上所述,在应用并改进涡环栅格法的基础之上,提出在船体表面分布源汇和偶极子的复合奇点法,建立蜗尾船型势流场的计算模型,完成蜗尾船型流场的数值计算。出于理论完整性考虑,以下分别针对无升力势流计算方法、涡环栅格法等作介绍,由此改进提出蜗尾船型的势流理论方法。

14.1.2 无升力势流计算方法

无升力势流的计算采用 H-S 方法。

数学模型如下：

在流场内

$$\nabla^2 \phi = 0 \tag{14.1}$$

在物面上

$$\left.\frac{\partial \phi}{\partial n}\right|_S = \boldsymbol{n} \cdot \mathrm{grad}\phi \bigg|_S = 0 \tag{14.2}$$

在无穷远处

$$\phi \to U_0 x + V_0 y + W_0 z, \quad r = (x^2 + y^2 + z^2)^{\frac{1}{2}} \to \infty \tag{14.3}$$

式中：S 为物面；$\boldsymbol{n}$ 为物面 S 上一点的单位外法线矢量；U_0, V_0, W_0 为匀流的三向速度分量，如图 14.1 所示。

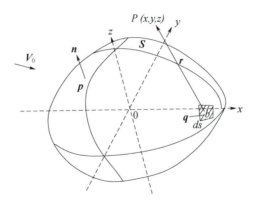

图 14.1 三维体表面

速度势 ϕ 由匀流速度势 φ_0 和扰动速度势 φ 组成：

$$\phi = \varphi_0 + \varphi \tag{14.4}$$

$$\varphi_0 = U_0 x + V_0 y + W_0 z \tag{14.5}$$

扰动速度势满足：

在流场内

$$\nabla^2 \varphi = 0 \tag{14.6}$$

在物面上

$$\left.\frac{\partial \varphi}{\partial n}\right|_S = -\boldsymbol{n} \cdot \boldsymbol{V}_0 \tag{14.7}$$

在无穷远处

$$\varphi \to 0, \quad r \to \infty \tag{14.8}$$

扰动速度势为

$$\varphi(p) = -\frac{1}{4\pi}\iint_S \frac{\sigma(q)}{r(p,q)}\mathrm{d}s \tag{14.9}$$

式中：$q \in S$ 为源点；$p \in \Omega$ 为场点。

产生的速度为

$$V(p) = \nabla\varphi(p) = \frac{1}{4\pi}\iint_S \sigma(q)\frac{\boldsymbol{r}(p,q)}{r^3(p,q)}\mathrm{d}s \tag{14.10}$$

这样选取的速度势 $\varphi(p)$ 严格满足拉普拉斯方程式(14.6)及无穷远处扰动速度势趋于零的条件式(14.8)，未知的源强分布 $\sigma(q)$ 由物面边界条件式(14.7)确定。

物面上任一点 q_0 的速度为

$$V(q_0) = \frac{1}{4\pi}\mathrm{P.V.}\int_S \sigma(q)\frac{\boldsymbol{r}(q_0,q)}{r^3(q_0,q)}\mathrm{d}s + \frac{\sigma(q_0)}{2}\boldsymbol{n}_0 \tag{14.11}$$

式中：P.V. 为积分主值。

将式(14.11)代入式(14.7)，得到关于 $\sigma(q)$ 的积分方程式：

$$2\pi\sigma(q_0) + \boldsymbol{n}_0 \cdot \int_S \sigma(q)\frac{\boldsymbol{r}(q_0,q)}{r^3(q_0,q)}\mathrm{d}s = 4\pi b(q_0) \tag{14.12}$$

式(14.12)为表面源分布 $\sigma(q)$ 的第二类 Fredholm 积分方程，是 H-S 方法的基本方程。具体计算方法可参考文献[10-13]。

14.1.3 涡环栅格法

单纯的源汇分布不产生环量，不能用于求解有升力问题，点涡是有环量的，切向速度间断面等价于有涡层，而涡层和偶极子层是等价的。面源使分布曲面两侧法向速度间断，其密度等于内外流场边界上法向速度差；垂直于曲面的偶极子分布使曲面两侧切向速度间断。所以，求解无升力绕流问题，可以在物面上分布源汇层，也可以布放偶极子层；而求解有升力绕流问题时，必须布放偶极子或涡元。

涡环栅格法是求解有厚度机翼的一种数值计算法，与升力面理论的涡格法有明显的差别，其四边形偶极子分布于物体表面。以下讨论涡环栅格法。

1. 基本理论

三元不可压无旋绕流的控制方程为

$$\nabla^2 \phi = 0 \tag{14.13}$$

速度势 ϕ 由来流($\boldsymbol{V}_0$)的速度势与扰动势 φ 组成：

$$\phi = V_0 \cdot (x\boldsymbol{i} + y\boldsymbol{j} + z\boldsymbol{k}) + \varphi \tag{14.14}$$

且有

$$\nabla \phi = \boldsymbol{V} \tag{14.15}$$

$$\nabla \times \boldsymbol{V} = 0 \tag{14.16}$$

扰动势满足拉普拉斯方程。

定解条件由物面条件、库塔条件、尾涡条件三部分组成,如图14.2所示。

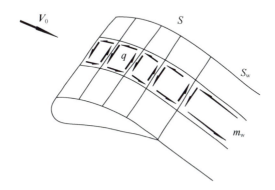

图 14.2 ┃ 翼型四边形单元

(1) 无穷远处:$\varphi \to 0$。

(2) 物面上:$\dfrac{\partial \varphi}{\partial n} = -\boldsymbol{n} \cdot \boldsymbol{V}_0$。

(3) 尾缘处:满足库塔条件。

尾涡面是指压力连续而切向速度间断的面,在尾涡面上,$V_n = 0$。

2. 模型建立

选择满足基本方程和无穷远边界条件的函数都是拉普拉斯方程的解。要表现物体的升力效应,选取偶极子作为基本解。

扰动速度势 φ 由分布在物面 S 和尾迹面 S_w 上极向垂直于这些表面的偶极子产生,其势可写为

$$\varphi(p) = \frac{-1}{4\pi} \iint_{S+S_w} m(q) \frac{\partial}{\partial n'}\left(\frac{1}{r(p,q)}\right) \mathrm{d}s \tag{14.17}$$

式中:$m(q)$ 为 q 点面偶极子密度;$r(p,q)$ 为奇点 q 和场点 p 之间的距离;n' 为面偶极子的单位外法线矢量。

将物面 S 和尾迹面 S_w 划分成许多四边形单元,如图14.2所示。

则

$$\varphi(p) = \frac{-1}{4\pi}\sum_{j=1}^{J} m_j \int_{S_j} \frac{\partial}{\partial n'} \frac{1}{r(p,q)} \mathrm{d}s - \frac{1}{4\pi}\sum_{k=1}^{K} m_k \int_{S_k} \frac{\partial}{\partial n'} \frac{1}{r(p,q)} \mathrm{d}s \tag{14.18}$$

单元 S_j 产生的势 φ_j 为

$$\varphi_j = \frac{-m_j}{4\pi} \int_{S_j} \frac{\partial}{\partial n'} \frac{1}{r(p,q)} \mathrm{d}s \quad (14.19)$$

单元所诱导的速度为

$$V_j(p) = \nabla \varphi_j = -\frac{m_j}{4\pi} \int_{l_j} \frac{r}{r^3} \times \mathrm{d}l \quad (14.20)$$

式(14.20)与沿周线 C 的涡线所诱导的速度公式

$$V = -\frac{\Gamma}{4\pi} \int_C \frac{R \times \mathrm{d}l}{R^3} \quad (14.21)$$

是一致的,不过是偶极子强度取代涡环强度,表明了涡环和偶极子的等价性,如图 14.3 所示。

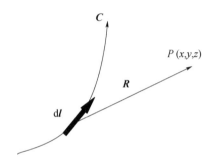

图 14.3 ┃ 沿周线 C 的涡线诱导

这样,就得到诱导速度为

$$V(p) = -\sum_j m_j \frac{1}{4\pi} \int_{l_j} \frac{r}{r^3} \times \mathrm{d}l - \sum_k m_k \frac{1}{4\pi} \int_{l_k} \frac{r}{r^3} \times \mathrm{d}l \quad (14.22)$$

式中:S_j,S_k 分别为物面和尾迹上的单元;l_j,l_k 为它们的周界;m_j,m_k 为其上待求的偶极子分布密度。诱导的速度等于所有 l_j 上强度为 m_j 的涡环和 l_k 上强度为 m_k 的涡环所诱导的速度之和。

3. 诱导速度计算

如图 14.4 所示,根据毕奥－萨伐尔定律,任一单位强度的直线段涡线 AB 对空间任一点 P 的诱导速度 V_{AB} 为

$$V_{AB} = \int_{AB} \frac{1}{4\pi} \frac{\mathrm{d}l \times r}{r^3} = \frac{1}{4\pi a}(\cos\theta_1 - \cos\theta_2) K \quad (14.23)$$

单位矢量 K 与 $\mathrm{d}l \times r$ 的方向一致,以矢量 r_1 和 r_2 的矢量乘积形式表示为

$$K = \frac{r_1 \times r_2}{|r_1 \times r_2|}$$

$\cos\theta_1, \cos\theta_2$ 及 a 可写为

$$\cos\theta_1 = \frac{\boldsymbol{r}_0 \cdot \boldsymbol{r}_1}{r_0 r_1}, \quad \cos\theta_2 = \frac{\boldsymbol{r}_0 \cdot \boldsymbol{r}_2}{r_0 r_2}$$

$$a = \frac{|\boldsymbol{r}_1 \times \boldsymbol{r}_2|}{r_0}$$

所以

$$\boldsymbol{V}_{AB} = \frac{1}{4\pi} \cdot \frac{1}{|\boldsymbol{r}_1 \times \boldsymbol{r}_2|} \left[\boldsymbol{r}_0 \cdot \left(\frac{\boldsymbol{r}_1}{r_1} - \frac{\boldsymbol{r}_2}{r_2} \right) \right] \boldsymbol{K} \tag{14.24}$$

式中:r_0, r_1, r_2 为对应矢量的模。

式(14.24)是计算诱导速度的基本公式,也可用于马蹄涡诱导速度的计算。

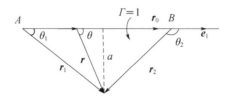

图 14.4 ┃ 直线段涡线诱导速度

4. 库塔条件处理

由于尾迹上下压力连续,假设尾迹平行于来流方向,所以尾迹每一纵向条带各单元上的涡环强度应该相等。这些涡环合在一起相当于马蹄涡,其尾涡部分平行于来流方向,附着涡部分与物体后缘重合。

根据后缘的库塔条件,马蹄涡的强度 m_w 相邻物面单元上的涡环强度有如下关系:

$$m_w = m_上 - m_下 \tag{14.25}$$

参见图 14.5 及图 14.6。

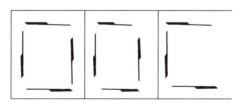

图 14.5 ┃ 涡环

扰动场可写为

$$\boldsymbol{V}(p) = \sum_{j=1}^{N} m_j \boldsymbol{C}_j(p) \tag{14.26}$$

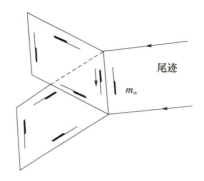

图 14.6 ｜ 马蹄涡强度

式中：N 为物面 S 上的单元总数。

（1）对于不和物体后缘相邻的单元，影响系数为

$$C_j(p) = -\frac{1}{4\pi}\int_{l_j} \frac{\boldsymbol{r}(p,q)}{r^3(p,q)} \times \mathrm{d}\boldsymbol{l} \tag{14.27}$$

（2）对于和物体后缘相邻的单元，影响系数为

$$C_j(p) = -\frac{1}{4\pi}\int_{l_j} \frac{\boldsymbol{r}(p,q)}{r^3(p,q)} \times \mathrm{d}\boldsymbol{l} \pm H(p) \tag{14.28}$$

式中：$H(p)$ 为单位强度马蹄涡诱导的速度，正号用于上表面单元，负号用于下表面单元。

单位强度马蹄涡诱导速度计算公式为

$$H(p) = \frac{1}{4\pi}\frac{\boldsymbol{r}_1 \times \boldsymbol{e}_1}{|\boldsymbol{r}_1 \times \boldsymbol{e}_1|^2}\left(1 + \frac{\boldsymbol{r}_1 \cdot \boldsymbol{e}_1}{r_1}\right) - \frac{1}{4\pi}\frac{\boldsymbol{r}_2 \times \boldsymbol{e}_2}{|\boldsymbol{r}_2 \times \boldsymbol{e}_2|^2}\left(1 + \frac{\boldsymbol{r}_2 \cdot \boldsymbol{e}_2}{r_2}\right) + \frac{1}{4\pi}\frac{\boldsymbol{r}_1 \times \boldsymbol{r}_2}{|\boldsymbol{r}_1 \times \boldsymbol{r}_2|^2}\left[\boldsymbol{r}_0 \cdot \left(\frac{\boldsymbol{r}_1}{r_1} - \frac{\boldsymbol{r}_2}{r_2}\right)\right]$$

$$\tag{14.29}$$

式中：$\boldsymbol{r}_1,\boldsymbol{r}_2,\boldsymbol{r}_0,\boldsymbol{e}_1$ 为图 14.7 中所示矢量；$\boldsymbol{e}_1$ 为单位矢量；$\boldsymbol{e}_2 = \boldsymbol{e}_1$。

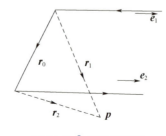

图 14.7 ｜ 矢量示意图

5. 数值处理

为确定涡环强度,取物面任一单元 S_j 上控制点 $q_i, i = 1,2,\cdots,N$,在这些点上满足流动与物面相切的绕流条件,则

$$\boldsymbol{n}_i \cdot \sum_{j=1}^{N} m_j \boldsymbol{C}_j(q_i) = -\boldsymbol{n}_i \cdot \boldsymbol{V}_0 \tag{14.30}$$

或

$$\sum_{j=1}^{N} k_{ij} m_j = B_i \quad i = 1,2,\cdots,N \tag{14.31}$$

式中

$$k_{ij} = \boldsymbol{n}(q_i) \cdot \boldsymbol{C}_j(q_i), \quad B_i = -\boldsymbol{n}(q_i) \cdot \boldsymbol{V}_0 \tag{14.32}$$

每个曲面单元 S_j,处理方法同 H-S 方法,仅影响系数不一样。

求出物面偶极子分布 $m_j, j = 1,2,\cdots,N$,计算物面压力分布时,需要计算物面上的速度。由于偶极子只是在每个单元内是常数,在相邻单元之间是间断的,考虑偶极子的变化,由每单元对控制点的速度可推出:

$$\boldsymbol{V}(q_i) = -\frac{1}{2}\mathrm{grad}m(q_i) - \frac{1}{4\pi}\int_S \boldsymbol{n} \times \mathrm{grad}m(q) \times \frac{\boldsymbol{r}}{r^3}\mathrm{d}s - \frac{1}{4\pi}\int_l m(q)\frac{\boldsymbol{r}}{r^3} \times \mathrm{d}\boldsymbol{l} \tag{14.33}$$

当单元接近平面形状时,第二项可忽略,第一项可近似为

$$\mathrm{grad}m(q_i) \approx \frac{\Delta m}{h} \cdot \boldsymbol{i} \tag{14.34}$$

参见图 14.8。

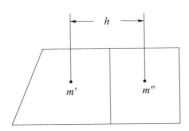

图 14.8 接近平面形状的单元

图中,Δm 为顺流向两单元的偶极子强度差,h 为两单元形心间的距离。

严格的物面上扰动速度公式为

$$\boldsymbol{V}(q_i) = -\frac{\Delta m}{2h}\boldsymbol{i} + \sum_{j=1}^{N} m_j \boldsymbol{C}_j(q_i) \tag{14.35}$$

值得注意的是,在满足物面法向速度为零的条件,建立涡强代数方程时,

用到的诱导速度公式是式(14.26),公式中没有考虑 $-\frac{1}{2}\mathrm{grad}m(q_i)$ 这一项,这并不引起误差,因为 $\mathrm{grad}m(q_i)$ 与 $\boldsymbol{n}(q_i)$ 正交,推导代数方程式(14.30)时,两者的点积为零;在计算物面上一点的速度时,则应考虑此项,因而采用式(14.35)。

14.1.4 蜗尾船型的势流理论方法

在讨论了 H-S 方法和涡环栅格法后,计算蜗尾船型的势流场就成为可能。

采用涡环栅格法,结合 H-S 方法,提出计算任意三维体绕流的数值方法——源汇-偶极子复合奇点法(Source - Doublet Method),建立了求解蜗尾船型势流场的数学模型。

1. 数学模型

基本方程仍是拉普拉斯方程:

$$\nabla^2 \phi = 0 \quad (14.36)$$

速度势 ϕ 由来流(V_0)速度势与扰动势 φ 组成,即

$$\phi = \boldsymbol{V}_0 \cdot (x\boldsymbol{i} + y\boldsymbol{j} + z\boldsymbol{k}) + \varphi \quad (14.37)$$

且有

$$\nabla \phi = \boldsymbol{V} \quad (14.38)$$

$$\nabla \times \boldsymbol{V} = 0 \quad (14.39)$$

扰动势 φ 也满足拉普拉斯方程,其边界条件由以下三部分组成:

(1) $\varphi \to 0$,当 $(x,y,z) \to \infty$ 时。

(2) $\left.\dfrac{\partial \varphi}{\partial n}\right|_S = -\boldsymbol{n} \cdot \boldsymbol{V}_0$。

(3) 尾缘满足库塔条件及尾涡面边界条件。

2. 扰动势选取

选取源汇和偶极子联合分布的速度势作为扰动势,有

$$\varphi(P) = -\frac{1}{4\pi}\iint_{S_1} \frac{\sigma(q)}{r(p,q)}\mathrm{d}s - \frac{1}{4\pi}\iint_{S_2} m(q)\frac{\partial}{\partial n}\left[\frac{1}{r(p,q)}\right]\mathrm{d}s \quad (14.40)$$

式中:(x,y,z) 为流场中某一点 P 的坐标;(ξ,η,ζ) 为计算模型物面上某一奇点 q 的坐标;$\sigma(q)$ 为物体表面源汇分布区的源汇强度;$m(q)$ 为偶极子分布区及尾涡面上的偶极子强度;S_1 为源汇区;S_2 为偶极子分布区,如图 14.9 所示。

当 $p \to q$,沿外法线方向求导,代入定解条件,可得到关于求解源汇强度、涡环及马蹄涡强度的第二类边值问题的 Fredholm 积分方程:

$$2\pi\sigma(p) - \boldsymbol{n}(p) \cdot \nabla\iint_{S_1} \frac{\sigma(q)}{r(p,q)}\mathrm{d}s - \boldsymbol{n}(p) \cdot \nabla\iint_{S_2} m(q)\frac{\partial}{\partial n}\frac{1}{r(p,q)}\mathrm{d}s = -4\pi\boldsymbol{n}(p) \cdot \boldsymbol{V}_0$$

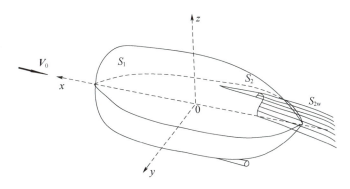

图 14.9 ｜ 源汇和偶极子联合分布速度势

$$P \in S_1 \tag{14.41}$$

以及

$$-\boldsymbol{n}(p) \cdot \nabla \iint_{S_1} \frac{\sigma(q)}{r(p,q)} \mathrm{d}s - \boldsymbol{n}(p) \cdot \nabla \iint_{S_2} m(q) \frac{\partial}{\partial n} \frac{1}{r(p,q)} \mathrm{d}s = -4\pi \boldsymbol{n}(p) \cdot \boldsymbol{V}_0$$
$$P \in S_2 \tag{14.42}$$

若 $\sigma(q)$ 和 $m(q)$ 按式(14.41)、式(14.42)求出，则速度势可由式(14.40)确定，物面上任一点 p 的速度和压力系数可按下式求出：

$$\boldsymbol{V}(p) = \nabla \phi \tag{14.43}$$

$$C_p(p) = \left[1 - \left(\frac{V(p)}{V_0}\right)^2\right] \tag{14.44}$$

沿体表进行压力积分，可求得物体的流动受力。

3. 数值处理

将计算物面用最接近每个小曲面的平面四边形来取代，使求解奇点强度连续分布的问题简化为求解有限个奇点强度的问题。则式(14.41)及式(14.42)可以离散为

$$2\pi\sigma_i - \sum_{\substack{j=1\\j\neq i}}^{M} \boldsymbol{n}_i \cdot \sigma_j \iint_{S_j} \nabla\left(\frac{1}{r_{ij}}\right) \mathrm{d}s - \sum_{j=M+1}^{N} \boldsymbol{n}_i \cdot m_j \cdot \iint_{S_j} \nabla\left[\frac{\partial}{\partial n}\left(\frac{1}{r_{ij}}\right)\right] \mathrm{d}s = -4\pi\boldsymbol{n}_i \cdot \boldsymbol{V}_0$$
$$i \leqslant M \tag{14.45}$$

$$-\sum_{j=1}^{M} \boldsymbol{n}_i \cdot \sigma_j \iint_{S_j} \nabla\left(\frac{1}{r_{ij}}\right) \mathrm{d}s - \sum_{j=M+1}^{N} \boldsymbol{n}_i \cdot m_j \cdot \iint_{S_j} \nabla\left[\frac{\partial}{\partial n}\left(\frac{1}{r_{ij}}\right)\right] \mathrm{d}s = -4\pi\boldsymbol{n}_i \cdot \boldsymbol{V}_0$$
$$i > M \tag{14.46}$$

式中：$i = 1, 2, \cdots, N$。

式中：M 为源汇区网格数；N 为计算物体总网格数；r_{ij} 为第 j 块网格奇点到第

i 块网格控制点的距离；n_i 为第 i 块网格控制点处曲面单位外法线向量。

又

$$-n_i \cdot \iint_{S_j} \nabla\left(\frac{1}{r_{ij}}\right) \mathrm{d}s = n_i \cdot \iint_{S_j} \frac{r_{ij}}{r_{ij}^3} \mathrm{d}s = n_i \cdot C_{ij}$$

$$C_{ij} = \iint_{S_j} \frac{r_{ij}}{r_{ij}^3} \mathrm{d}s \quad (i \neq j) \tag{14.47}$$

而

$$D_{ij} = -\iint_{S_j} \nabla\left[\frac{\partial}{\partial n}\left(\frac{1}{r_{ij}}\right)\right] \mathrm{d}s = -\int_{l_j} \frac{r_{ij}}{r_{ij}^3} \times \mathrm{d}l \tag{14.48}$$

以 A 表示源汇对控制点的影响系数，以 B 表示偶极子对控制点的影响系数，则

$$A_{ij} = \begin{cases} 2\pi & (i = j) \\ n_i \cdot C_{ij} & (i \neq j) \end{cases} \tag{14.49}$$

$$B_{ij} = n_i \cdot D_{ij} \tag{14.50}$$

则式(14.45)、式(14.46)最终可写为

$$\sum_{j=1}^{M} A_{ij}\sigma_j + \sum_{j=M+1}^{N} B_{ij}m_j = -4\pi n_i \cdot V_0 \tag{14.51}$$

式(14.51)进一步可写为如下的矩阵形式：

$$[E]_{N \times N} \cdot [x]_{N \times 1} = [F]_{N \times 1} \tag{14.52}$$

式(14.52)中，系数矩阵 $[E]$ 为

$$[E] = \begin{array}{|c|c|} \hline ① & ② \\ \hline ③ & ④ \\ \hline \end{array} \quad [x] = \begin{array}{|c|} \hline ⑤ \\ \hline ⑥ \\ \hline \end{array} \quad [F] = \begin{array}{|c|} \hline ⑦ \\ \hline ⑧ \\ \hline \end{array}$$

其中

$$① = \begin{bmatrix} A_{1,1} & \cdots & A_{1,M} \\ \vdots & & \vdots \\ A_{M,1} & \cdots & A_{M,M} \end{bmatrix} = [E_1]$$

$$② = \begin{bmatrix} B_{1,M+1} & \cdots & B_{1,N} \\ \vdots & & \vdots \\ B_{M,M+1} & \cdots & B_{M,N} \end{bmatrix} = [E_2]$$

$$③ = \begin{bmatrix} A_{M+1,1} & \cdots & A_{M+1,M} \\ \vdots & & \vdots \\ A_{N,1} & \cdots & A_{N,M} \end{bmatrix} = [E_3]$$

$$④ = \begin{bmatrix} B_{M+1,M+1} & \cdots & B_{M+1,N} \\ \vdots & & \vdots \\ B_{N,M+1} & \cdots & B_{N,N} \end{bmatrix} = [E_4]$$

$$⑤ = [\sigma_1,\cdots,\sigma_M]^T = [\sigma]$$

$$⑥ = [m_1,\cdots,m_{N-M}]^T = [m]$$

$$⑦ = [f_1,\cdots,f_M]^T = [F_1]$$

$$⑧ = [f_{M+1},\cdots,f_N]^T = [F_2]$$

各个块的物理意义如下：

① 表示表面源汇对表面源汇控制点的影响。
② 表示偶极子对表面源汇控制点的影响。
③ 表示表面源汇对面偶极子控制点的影响。
④ 表示偶极子对偶极子控制点的影响。
⑤ 表示待求源汇强度。
⑥ 表示待求偶极子强度。
⑦ 表示表面源汇控制点的边界条件。
⑧ 表示偶极子控制点的边界条件。

4. 方程求解

式(14.52)的解强烈依赖于对角元素占优势的程度。考虑到单元的划分数量和计算时间两种因素，可采用两种求解办法：

1) 迭代法

式(14.52)的总体系数矩阵按源汇区和偶极子区分块：

$$\begin{bmatrix} E_1 & E_2 \\ E_3 & E_4 \end{bmatrix} \begin{bmatrix} \sigma \\ m \end{bmatrix} = \begin{bmatrix} F_1 \\ F_2 \end{bmatrix} \quad (14.53)$$

由式(14.53)，得

$$[E_1][\sigma] + [E_2][m] = [F_1] \quad (14.54)$$

$$[E_3][\sigma] + [E_4][m] = [F_2] \quad (14.55)$$

迭代步骤如下：

(1) 令$[m]^{(0)} = [0]$，由式(14.54)求得$[\sigma]^{(0)}$。
(2) 将$[\sigma]^{(0)}$代入式(14.55)，求得$[m]^{(1)}$。
(3) 将$[m]^{(1)}$代入式(14.54)，求得$[\sigma]^{(1)}$。
(4) 求：$\text{EPS}_1 = \max\limits_{i=1,M}[\sigma_i^{(1)} - \sigma_i^{(0)}]$；$\text{EPS}_2 = \max\limits_{i=1,(N-M)}[m_j^{(1)} - m_j^{(0)}]$。

若$E = \max(\text{EPS}_1, \text{EPS}_2) < \text{EPS}$，结束求解；否则$[\sigma]^{(1)} \to [\sigma]^{(0)}$，转(2)继续。

(5) 当迭代次数 $n > N$ 给定时,输出计算结果与迭代情况。

以上矩阵分块迭代法,优点在于可划分更多的单元,计算组合体相互干扰的问题比较有效,适于解高阶矩阵方程,计算结果证实了方法的可靠性。但是,解的收敛快慢依赖于初值的选取,迭代时间较长。若进一步采用松弛技术,可望加快迭代速度。

2) 整体求解法

设置一个大型存储单元,存放式(14.52)的总体系数矩阵,采用高斯列主元消去法求解。

整体求解法使单元划分数量受到限制,但不存在解的收敛问题,计算时间短,适于解低阶矩阵方程。

用两种方法对同一计算模型做对比计算,计算结果相同。两种方法的具体选取,可视研究对象的需要确定。

在后面的论述中,将结合具体的算例,讨论库塔条件的处理。

14.2 蜗尾船型研究的势流理论应用

在涉及具体算例之前,简要讨论单元划分的情况。对于源汇和偶极子分布区域所采用的单元划分方法应满足以下两个要求:

(1) 从一个格网块平面过渡到邻近格网块平面的角度变化应该尽可能小。

(2) 从一个元素到另一个元素格网块尺寸的改变应该尽可能小。

由于计算模型几何形状的复杂性,要达到上述两个要求,必须采用单元子区域划分方法,在几何形状曲率变化大的地方,应当增加单元数量。

14.2.1 翼型势流场计算

采用涡环栅格法,将偶极子分布在翼面上,计算机翼的流动性能,对翼型势流场的计算可检验自编涡环栅格法程序的可靠性。

1. 计算模型

建立如图 14.10 所示坐标系。计算模型采用 NACA00012 对称翼型的小展弦比机翼。翼零升力攻角 $\alpha_0 = 0$,避免了计算结果在与实验给果比较时由零升力攻角的确定所带来的误差。取展弦比 λ 为 2,模型基本厚度型值如表 14.1 所列。

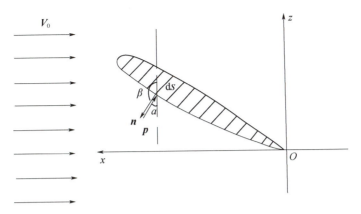

图 14.10　翼型计算坐标系

表 14.1　NACA0012 基本厚度型值

$100(x/b)$	0	0.5	1.25	2.5	5.0	7.5	10	15	20	25
y/b	0	1.153	1.894	2.615	3.555	4.200	4.683	5.345	5.737	6.941
$100(x/b)$	30	40	50	60	70	80	90	95	100	
y/b	6.002	5.803	5.294	4.563	3.563	2.623	1.448	0.807	0.807	

机翼置于理想不可压的无限流场中,来流速度定常。设尾涡面为一无限薄面,以 s_w 表示。除 s_w 面和翼表面 s 为奇点分布面外,无限流场中的流动满足拉普拉斯方程。

2. 单元划分

翼表面由四边形网格单元逼近,单元划分的疏密程度有一定的要求。在前缘曲率变化大的地方,采用了细密的网格,因为该区域存在驻点,速度,压力变化较大;对于比较平直的区域,单元划分相对要疏一些;沿机翼展向划分6条,考虑到机翼中部比较接近于二元平面流,靠近中部,纵向条带宽一些;接近端部,纵向条带窄一些,计算结果证实了这一划分方式的合理性。

在给定型值点的基础上,通过抛物线插值,加密了分点,对两种形式的点作了区分,单元分点取型值点和加密点,对模型作了两组不同单元数量的计算:一组全部采用机翼型值,每一弦向条带上有 36 个单元,上下表面各 18 个;另一组加上加密插值点,每一弦向条带上有 48 个单元,上下表面各 24 个。

NACA0012 机翼翼型,给定型值点 216 个单元计算点,抛物线插值点 288 个单元计算点,如图 14.11 所示。

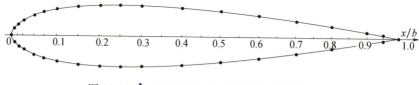

图 14.11 ｜ NACA0012 机翼翼型单元计算点示意

3. 库塔条件处理

库塔条件处理的形式有多种,下面具体讨论两种处理形式。

(1) 物体后缘不能有集中涡,则尾涡强度与相邻的物面单元上的涡环强度之间有如下关系:

$$m_w = m_{上} - m_{下} \tag{14.56}$$

数值处理时,尾涡强度仅影响邻近尾缘的上下表面单元,如图 14.5 和图 14.6 所示。

(2) 尾涡流面上 $V_n = 0$,据此在距后缘 1% 弦长处的尾迹面内取一控制点,求解尾涡强度如图 14.12 所示。

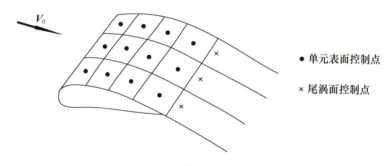

图 14.12 ｜ 翼型控制点

4. 尾涡面处理

在理论上应精确模拟出尾涡面形状,以准确满足库塔条件。这样,就必须采用迭代方法来确定其形状,由此使计算量增加。数值计算表明,尾涡面的真实形状对机翼流动性能的计算结果影响不大。只要尾涡面假设合理,其与实际尾涡面的偏差不会导致预报的流动性能出现较大误差。

将尾涡面假设为伸向无穷远后方且与来流方向成某一夹角的流面。在数值试验上,尾涡面是从机翼尾缘处下泄流体形成的流面。

为了探讨尾涡面的几何形状和空间位置对计算结果的影响,对尾涡面泄向远后方的方向做了如下两种处理:

(1) 尾涡面在靠近尾缘附近是机翼拱弧面向尾缘外的延伸面,如图 14.13 所示。

(2) 尾涡面从尾缘起与来流 V_0 成某一夹角 β,延伸向无穷远后方,如图 14.14 所示。

计算表明,两种处理的结果相差甚微,这说明尾涡面泄出方向在一定范围内的变化对计算结果影响不大。

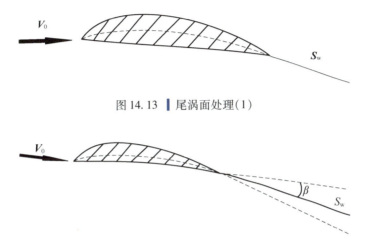

图 14.13 ┃ 尾涡面处理(1)

图 14.14 ┃ 尾涡面处理(2)

5. 物面上诱导速度计算

涡环栅格法中给出了单元对控制点的速度计算公式:

$$V(q_i) = -\frac{1}{2}\mathrm{grad}\, m(q_i) - \frac{1}{4\pi}\iint_S \boldsymbol{n} \times \mathrm{grad}\, m(q) \times \frac{\boldsymbol{r}}{r^3}\mathrm{d}s - \frac{1}{4\pi}\int_l m(q)\frac{\boldsymbol{r}}{r^3}\times \mathrm{d}\boldsymbol{l} \tag{14.57}$$

第二项取积分主值,由于

$$(\boldsymbol{n} \times \mathrm{grad}\, m(q)) \times \boldsymbol{r} = (\boldsymbol{n} \cdot \boldsymbol{r})\mathrm{grad}\, m(q) - \boldsymbol{n}(\boldsymbol{r} \cdot \mathrm{grad}\, m(q)) \tag{14.58}$$

当曲面形状接近平面时,这一项在本单元上引起的速度与第一项相比可以略去。第一项的计算公式为

$$\mathrm{grad}\, m = \frac{\partial m}{\partial x}\boldsymbol{i} + \frac{\partial m}{\partial y}\boldsymbol{j} + \frac{\partial m}{\partial z}\boldsymbol{k} \tag{14.59}$$

涡环栅格法的处理中,仅考虑了物面顺流方向的扰动速度,适用于展弦比大的机翼计算,下面讨论精度较高的处理方法。

考虑到展弦比较小时,近端部的流动与二元平面流差距很大,因此,还要考虑物面的横向流动。

用同一纵向条带相邻 3 单元上及同一横向条带相邻 3 单元上控制点的 m_i 进行抛物线插值,求 $\dfrac{\partial m}{\partial x}$,$\dfrac{\partial m}{\partial y}$,$\dfrac{\partial m}{\partial z}$。

3 点不等间距插值一阶导数计算公式为

$$\begin{cases} f'(x_0) = \dfrac{f_0 - f_1}{x_0 - x_1} + \dfrac{f_2 - f_1}{x_1 - x_2} + \dfrac{f_2 - f_0}{x_2 - x_0} \\ f'(x_1) = \dfrac{f_0 - f_1}{x_0 - x_1} + \dfrac{f_1 - f_2}{x_1 - x_2} + \dfrac{f_0 - f_2}{x_2 - x_0} \\ f'(x_2) = \dfrac{f_1 - f_0}{x_0 - x_1} + \dfrac{f_1 - f_2}{x_1 - x_2} + \dfrac{f_2 - f_0}{x_2 - x_0} \end{cases} \quad (14.60)$$

式中:f_0,f_1,f_2 为对应 x_0,x_1,x_2 的函数值,如图 14.15 所示。

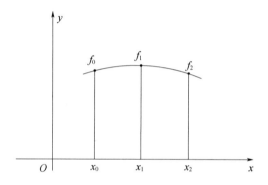

图 14.15　3 点不等间距插值

6. 流体动力性能计算

根据伯努利方程,物面上压力系数为

$$C_p(q_i) = 1 - \dfrac{V^2(q_i)}{V_0^2} \quad (14.61)$$

压力系数进行积分,可计算 C_L、C_R 及压力中心 C.P.。

1) 升力系数 C_L

设作用在 i 单元上的压力为 P_i,单元面积为 ΔS_i,单元外法线单位矢量为 $\boldsymbol{n}_i$,则作用到单元上的力矢量 $\boldsymbol{F}_i$ 为:

$$\begin{aligned} \boldsymbol{F}_i &= F_{xi}\boldsymbol{i} + F_{yj}\boldsymbol{j} + F_{zi}\boldsymbol{k} \\ &= -P_i \Delta S_i \boldsymbol{n}_i \\ &= -P_i \Delta S_i (n_{xi}\boldsymbol{i} + n_{yi}\boldsymbol{j} + n_{zi}\boldsymbol{k}) \end{aligned}$$

单元升力

$$\Delta L_i = F_{zi} = -P_i \Delta S_i n_{zi} = -C_{pi} \frac{1}{2}\rho V_0^2 \Delta S_i n_{zi}$$

机翼升力

$$L = \sum_{i=1}^{N} \Delta L_i \tag{14.62}$$

故升力系数

$$C_L = \frac{L}{\frac{1}{2}\rho V_0^2 A} = \frac{\sum_{i=1}^{N} -C_p(q_i)\Delta S_i n_z(q_i)}{A} \tag{14.63}$$

2）诱导阻力系数 C_R

单元诱导阻力

$$\Delta R_i = -F_{xi} = P_i \Delta S_i n_{xi} = C_{pi} \frac{1}{2}\rho V_0^2 \Delta S_i n_{xi}$$

机翼诱导阻力

$$R = \sum_{i=1}^{N} \Delta R_i \tag{14.64}$$

故诱导阻力系数

$$C_R = \frac{R}{\frac{1}{2}\rho V_0^2 A} = \frac{\sum_{i=1}^{N} C_p(q_i)\Delta S_i n_x(q_i)}{A} \tag{14.65}$$

3）距机翼后缘力矩系数及压力中心 C.P 的计算：

单元力矩

$$\boldsymbol{\Delta M}_i = \boldsymbol{r}_i \times \boldsymbol{F}_i = (x\boldsymbol{i} + 0 \cdot \boldsymbol{j} + z\boldsymbol{k}) \times (-\boldsymbol{n}_i P_i \Delta S_i) = \boldsymbol{j} P_i (n_{zi}x - n_{xi}z)\Delta S_i$$

则力矩系数

$$C_M = \frac{\sum_{i=1}^{N} \Delta M_i}{\frac{1}{2}\rho V_0^2 Ab} = \frac{\sum_{i=1}^{N} C_p(q_i)(n_z(q_i)x - n_x(q_i)z)\Delta S(q_i)}{Ab} \tag{14.66}$$

在式(14.63)~式(14.66)中，A 为翼平面投影面积，b 为弦长。

距前缘压力中心位置 C.P 的计算如图 14.16 所示。

$$LS\cos\alpha + RS\sin\alpha = M$$

则压力中心距后缘力臂长为

$$S = \frac{C_M b}{C_L \cos\alpha + C_R \sin\alpha}$$

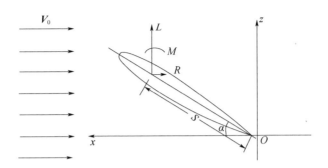

图 14.16 距前缘压力中心位置计算

距前缘压力中心距离系数为
$$C.P = 1 - S/b \tag{14.67}$$

7. 比较方法

1) 公式法

布拉果公式适用于展弦比为 $\lambda = 0.2 \sim 5$ 的机翼升力系数估算,精度较好[4]。

$$C_L = 2\pi \frac{2.7\lambda + 2(\alpha - \alpha_0)}{2.7\lambda + 2\pi}(\alpha - \alpha_0) \tag{14.68}$$

式中:α 为翼型的几何攻角;α_0 为零升力攻角。

诱导阻力系数的计算公式为
$$C_R = \frac{C_L^2}{\pi\lambda}(1 + \delta)$$

对于矩形机翼,$\delta = 0.5 \sim 0.6$。

2) 试验结果

从 NACA0012 翼型流体动力性能试验曲线中,通过展弦比换算,得出对应攻角下的升力系数。

8. 计算结果分析

对于 NACA0012,展弦比 $\lambda = 2.0$,单元数量为 288 的机翼在攻角 $\alpha = 8°$ 时的计算结果如下:

(1) 从尾缘到前缘,上下表面偶极子强度沿翼弦近似于直线分布,如图 14.17 所示,尾缘处偶极子强度间断,上下表面的差值即为尾涡面偶极子强度。

(2) 压力分布曲线光顺性较好,反映了机翼的压力分布特征,说明速度计算准确性较好。压力沿翼展分布表明,越靠近端部,压力负峰值的模越小,流动呈三元效应,反映了有限翼展机翼的流动特性。尾缘端部速度奇异,这正是端部影响最大的区域,如图 14.18 ~ 图 14.21 所示。

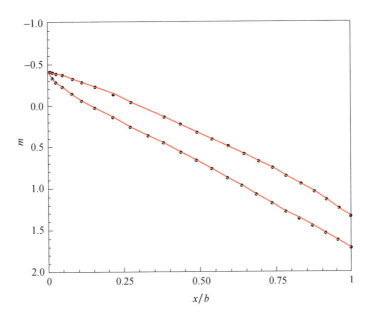

图 14.17 偶极子强度沿翼弦分布图($y/(L/2)=0.1$)

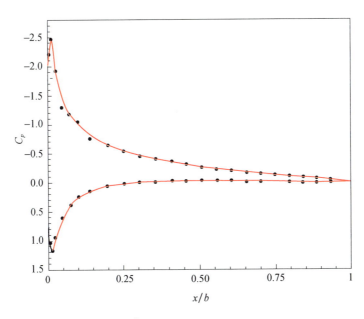

图 14.18 压力分布图($y/(L/2)=0.1$)

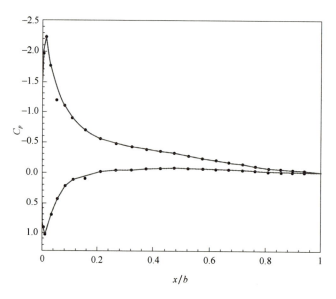

图 14.19 ▎压力分布图($y/(L/2) = 0.5$)

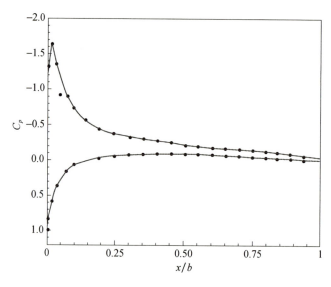

图 14.20 ▎压力分布图($y/(L/2) = 0.85$)

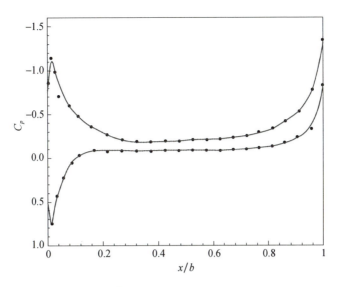

图 14.21 ┃ 压力分布图($y/(L/2) = 0.95$)

(3) 计算结果在较大的攻角范围内($\alpha < 12°$)接近于试验插值结果($\Delta C_{Lmax} < 8\%$),与布拉果公式相差较小,表明压力积分能较好地计算升力系数,端部影响不明显。随着攻角增大,端部影响加大,差值有所增加。变展弦比数值计算结果表明:端部影响随机翼展弦比的增大而减小,说明展弦比较小,攻角较大时,需考虑端部的影响,如表 14.2 所列。

(4) 诱导阻力系数与公式计算结果间存在较大的差异,这一点同样为许多研究学者的数值实践所证实。对一般机翼,$C_L/C_R = L/R = 24 \sim 26$,而 C_{Ri} 仅是 C_R 的一部分,因此,C_{Ri} 与 C_L 相比为小量。压力积分计算,由于单元在阻力方向的投影面积很小,给计算过程带来难以克服的困难。理论上讲,差别应随划分单元的数量增加而减小,这为数值计算所证实,如表 14.2 所列。

(5) 库塔条件两种处理形式的计算结果相差不大,表明两种处理形式是等价的。

综上所述,涡环栅格法对于展弦比较大机翼在较大的攻角范围内($< 12°$)计算结果准确有效,并随展弦比值增大,计算准确度更高。对于大攻角的情况,不能忽略端部影响,这时应该建立考虑端部影响的涡环栅格法程序。两种库塔条件的处理形式彼此等价。预先假设合理涡尾迹面不会导致流体动力性能预报出现较大误差。该方法具有将升力效应和厚度效应一并考虑的优点,求解方法具有普遍实用意义。

表 14.2 翼型 NACA0012 计算结果比较（展弦比:2.0）

攻角/(°)	单元数 288						试验插值	计算值比较/%			单元数 216						计算值比较/%		
	栅格法计算值			布氏公式计算							栅格法计算值			布氏公式计算					
	C_L	C_{Ri}	C_p	C_{Lgs}	C_{Rigs}		C_L	ΔC_L（与公式）	ΔC_L（与试验）	ΔC_{Ri}	C_L	C_{Ri}	C_p	C_{Lgs}	C_{Rigs}		ΔC_L（与公式）	ΔC_L（与试验）	ΔC_{Ri}
0	0.0	0.0	—	0.0	0.0		0.0	—	—	—	0.0	0.0	—	0.0	0.0		—	—	—
2	0.1034	0.0042	0.2534	0.1027	0.0023		0.111	0.74	6.80	44.5	0.1034	0.0011	0.2459	0.1027	0.0025		0.75	6.80	56.7
4	0.2063	0.0100	0.2540	0.2080	0.0077		0.200	0.78	3.18	23.1	0.2063	0.0027	0.2438	0.2080	0.0071		0.78	3.18	61.0
6	0.3082	0.0171	0.2547	0.3159	0.0187		0.319	2.44	3.39	8.5	0.3081	0.0085	0.2446	0.3159	0.0158		2.46	3.40	46.6
8	0.4083	0.0281	0.2560	0.4260	0.0295		0.405	4.24	0.83	4.7	0.4063	0.0189	0.2457	0.4260	0.0278		4.27	8.15	31.8
10	0.5063	0.0414	0.2578	0.5396	0.0428		0.516	6.17	1.88	3.4	0.5061	0.0306	0.2470	0.5396	0.0428		6.21	1.92	28.5
12	0.6014	0.0526	0.2600	0.6554	0.0604		0.630	8.24	4.50	12.9	0.6010	0.0414	0.2498	0.6554	0.0637		8.29	4.60	31.3
14	0.693	0.0602	0.2640	0.7738	0.0802		0.732	10.40	5.30	25.0	0.6924	0.0484	0.2530	0.7738	0.08012		10.5	5.40	39.5
16	0.7802	0.0607	0.2692	0.8948	0.1017		0.854	12.80	8.64	40.3	0.7794	0.0492	0.2580	0.8948	0.1015		12.9	8.73	51.5
18	0.8624	0.048	0.2770	1.0185	0.1243		0.938	15.30	8.10	61.0	0.8612	0.0411	0.2657	1.0185	0.1239		15.4	8.20	66.8

14.2.2 蜗尾船型势流场计算

1. 蜗尾船型一

蜗尾船型一的艏部具有球鼻艏,带平行中体,为尽量给螺旋桨提供开敞供水,在靠近船艉处底部向上收缩,采用方尾。为方便比较,分别对外蜗改型设计前与外蜗改型设计后的两船进行计算,所关注的重点是螺旋桨桨盘面处的伴流情况。

1) 单元划分

根据船型特点,在首尾区相应划分为较为细密的单元,考虑船长比设计吃水大得多,各四边形单元为狭长矩形,单元的划分应尽量满足前面所提及的两个划分原则。

2) 计算状态

蜗尾船型一的计算状态表如表 14.3 所列。

表 14.3 蜗尾船型——计算状态表

	外蜗改型设计前		外蜗改型设计后	
计算状态	1	2	3	4
特征	无假尾	有假尾	有假尾	有假尾
计算方法	H-S 方法	H-S 方法	H-S 方法	源汇-偶极子复合奇点法
桨盘面伴流	图 14.22	图 14.23	图 14.24	图 14.25

桨盘面选取 $0.20R$、$0.4R$、$0.6R$、$0.8R$、$1.0R$,共 5 个不同半径的圆周,每个圆周上等间隔分布 10 个点,共 50 个点,作为标称伴流场的计算点,绘制了周向和径向合成伴流图。

3) 计算结果

(1) 计算状态 1。船长方向单元划分数量为 18,吃水方向单元划分数量为 10,体表共分为 180 个四边形单元,采用上述势流方法进行了计算。

得到桨盘面处伴流情况示例如图 14.22 所示。

(2) 计算状态 2。在该船型设计及模型试验过程中发现,因射流面在船尾后方形成水面下凹,为使尾部流线脱出体表时保持延续,沿艉部"滞区"边界将流线延长做一"假尾",以模拟船舶流场。用带"假尾"的"相当船体"同样划分 180 个四边形单元。

得到桨盘面处伴流情况示例如图 14.23 所示。

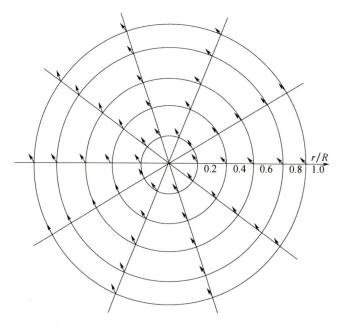

图 14.22 ┃ 外蜗改型设计前无假尾桨盘面伴流合成图（H-S 方法）

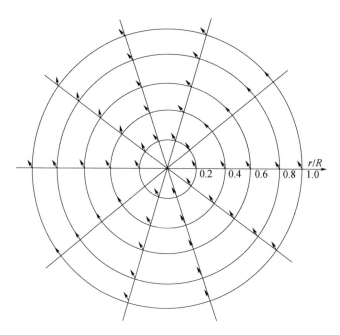

图 14.23 ┃ 外蜗改型设计前有假尾桨盘面伴流合成图（H-S 方法）

比较以上计算状态1与计算状态2的计算结果,可知:桨盘面各计算点合成伴流大小差别不大,大致以彼此平行的方向流经盘面,合成伴流无预旋,反映了桨前开敞供水的流动特征。流场分布与流线测试结果基本吻合。靠近自由面,控制点上的速度基本上以平行于静止水面的方向流过体表,反映了自由面为固壁假设的合模势流动特点,这些点的速度与考虑兴波的结果出入相对较大。总体来看,在数值计算中加假尾方案,更有利于船尾势流场计算。

(3) 计算状态3。因蜗尾计算需要,对外蜗改型船划分了较多的单元,船长方向单元划分数量为18,吃水方向单元划分数量为14,共252个四边形单元,外蜗区单元划分进行加密处理。

得到桨盘面处伴流情况示例如图14.24所示。

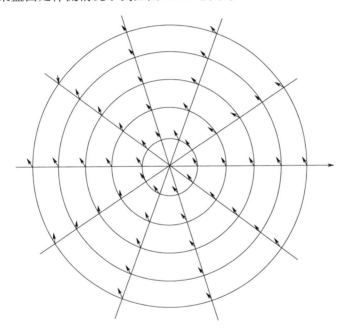

图14.24 ｜ 外蜗改型设计后有假尾桨盘面伴流合成图(H-S方法)

分析计算结果可知:除外蜗区外,体表控制点上的速度与计算状态(1)、计算状态(2)流场基本一致,反映了船型的总体流动特征。外蜗区控制点上的速度顺着体表流动,没有绕蜗槽流动。桨盘面各点合成伴流大小差别不大,大致以彼此平行的方向流过盘面,与计算状态(1)、计算状态(2)的合成伴流图差别不大,没有形成预旋流动;采用H-S方法,不能反映蜗尾船型的流场特征。

(4) 计算状态4。将外蜗改型船体表划分为源汇区和偶极子区两大区域,分别布置源汇和偶极子,基于以上对H-S方法和涡环栅格法的改进,用提出的源汇－偶极子复合奇点法求解。

① 区域布置:体表划分为180个源汇四边形单元;外涡区,分别对96个偶极子单元和112个偶极子单元做比较计算。

② 尾缘条件处理:对于蜗槽片体,以其片体结束的尾部边界作为满足库塔条件的一部分尾缘;对于螺旋桨轴上的区域,沿其光顺收缩面延长一段距离后压缩成一条线,与尾部蜗槽边界线形成完整的尾缘。尾涡面假设为从尾缘起延伸到无穷远的流面。此外,对尾缘做变位置处理,采用曲线尾缘和直线尾缘等方式调整。尾缘线上点的布置力求均匀,并兼顾前面的单元分点。

得到桨盘面处伴流情况示例如图14.25所示。

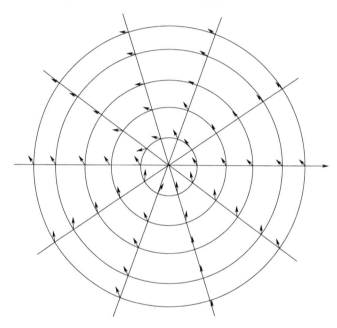

图14.25　外蜗改型设计后有假尾桨盘面伴流合成图(源汇－偶极子复合奇点法)

从计算结果中可以看出:桨盘面周向和径向合成伴流形成了明显的预旋流动,完全不同于状态1、2、3所计算的伴流图,外蜗区出现了绕蜗槽流动的情形,反映了船型的流动特征;除外蜗区外,流场接近于计算状态3中的结果。通过两组偶极子数目不同(96个偶极子单元和112个偶极子单元)的计算,发现偶极子数量的改变对流场的影响并不明显,表明在源汇数量一定的条件下,偶极子数量在达到一定程度后,不必细分。总体来看,尾缘位置的调整对流场和标称伴流场的影响不大,但以尾缘更准确地接近真实的几何位置与形状为佳,表明了数值计算过程的稳定性及计算结果的客观性。

从以上对比计算中可得出如下结论：

（1）采用源汇－偶极子复合奇点法可有效地计算外蜗改型船的势流。

（2）建立的涡模型能够反映蜗尾船型的预旋流动。

（3）处理尾缘条件的办法是有效的，尾涡面的合理假设较好地反映了蜗尾船型的尾流特征。

2. 蜗尾船型二

为进一步验证涡模型设想，检验所提出源汇－偶极子复合奇点法的可靠性，对另一线型更为复杂的外蜗改型船，即蜗尾船型二进行计算。

蜗尾船型二的蜗槽开得较深，一部分蜗槽超出设计水线。如果仍以设计水线作为映射壁面进行计算，则超出设计水线的蜗槽映射将失去物理意义，通过数值试验也验证了这一点。为了较好地解决这一问题，将映射壁面进行提高处理，使整个蜗槽都处于映射壁面之下，消除了物理意义上的不确定性。数值试验结果表明，这样处理对蜗槽桨盘面附近的流场计算影响不大，因而是可行的。

1）单元划分

考虑外蜗改型船线型复杂，单元划分采用了子区域划分方法。子区域划分即将船体表面根据其线型特点，划分成若干个子区域，每个子区域内采用常规的网格处理办法。

为了充分体现蜗尾船型的特征，蜗槽区子区域的边界采用蜗尾船型的特征线：蜗顶线、蜗底线、蜗端线、平底线等。

船体表面分为14个子区域，各子区域内的单元数如下：

A:8； B:6； C:5； D:132； E:30； F:12； G:12；
H:5； I:16； J:12； K:21； L:56； M:5； N:1

子区域排列次序体现从前到后，从上到下的原则。

2）计算状态

蜗尾船型二计算状态如表14.4所列。

表14.4 蜗尾船型二（外蜗改型船）计算状态表

	蜗尾船型二	
计算状态	1	2
计算方法	H-S方法	源汇－偶极子复合奇点法
桨盘面伴流	图14.26	图14.27

选取右桨5个不同半径的圆周，共计算了90个点的三向伴流。

3）计算结果

（1）计算状态1。根据上述区域划分,将体表划分为321个四边形单元,全部布置面源对体表流场及桨盘面标称伴流场进行计算。

计算得到螺旋桨桨盘面伴流合成情况如图14.26所示。

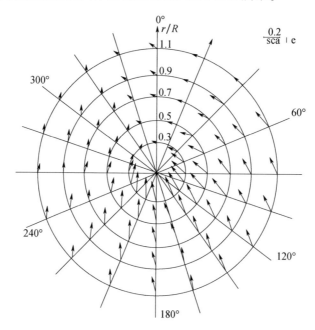

图14.26 蜗尾船型二计算状态1桨盘面伴流合成图（H-S方法）

分析计算结果可知:周向和径向合成伴流场图说明左区域伴流有顺时针转动的趋势,右区域伴流有逆时针转动的趋势,两区域伴流大体上以某一直线为对称轴呈对称分布,与常规船型的计算结果差别不大,与相应的伴流测量结果比较相符;总体来看,没有预旋流动,不能反映蜗尾船型的伴流分布特征;H-S方法不能反映蜗尾船型的预旋流特征,难以用于计算蜗尾船型流场。

（2）计算状态2。

① 偶极子分部区域。

两种形式偶极子分布区域:①仅在L区分布56个偶极子;②除L区外,还包括蜗槽部分的K、J、I子区域,共分布105个偶极子。

② 尾缘条件处理。

仅在L区(56个偶极子)选取最能反映船型特征的几何位置确定尾缘,从尾缘处拖出延伸到无穷远处的自由涡面,以满足库塔条件。

计算得到螺旋桨桨盘面伴流合成情况示例如图14.27所示。

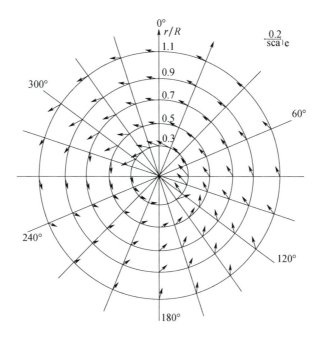

图 14.27 蜗尾船型二计算状态 2 桨盘面伴流合成图(源汇－偶极子复合奇点法)

分析计算结果:周向和径向合成伴流图表明,桨盘面存在明显的预旋,证实了偶极子分布对流场的模拟作用,检验了蜗尾船型计算模型的正确性。另外,通过与相关测量结果的比较,合成伴流图在 160°－0°－320°范围较大的区域,合成伴流方向基本一致,数值大小差别不大,特别是在螺旋桨发力的主要区域($0.7R$ 附近),与有关测量结果的近似程度良好。在靠近尾涡面处,难以避免计算过程中奇异现象的发生。船体表面速度场能反映船型的流动特性。两组数量不同的偶极子分布对合成伴流计算影响不大,说明增加的偶极子可代替源块。具体处理时,偶极子的布置需直接联系库塔条件,如图 14.28 及图 14.29 所示。适当调整尾缘位置,对计算结果影响并不大,这从侧面反映了计算的客观性及数值求解的稳定性。虽然映射壁面是由自由面提高两条水线而成,但计算结果能够反映流场的特性,表明这种处理方法可使问题得以简化。

通过以上计算得到初步结论:外蜗改型船的 H-S 方法计算伴流图与改型前原型船伴流图有相同的规律,说明 H-S 方法不能预报预旋流。书中提出的源汇－偶极子复合奇点法可有效解决外蜗尾型船的势流场计算问题,可成功计算桨盘面周向和径向的标称伴流场。

在此,有必要对外蜗尾船的预旋效应机理进行简单讨论,以 150°和 330°的径线为对称轴线。

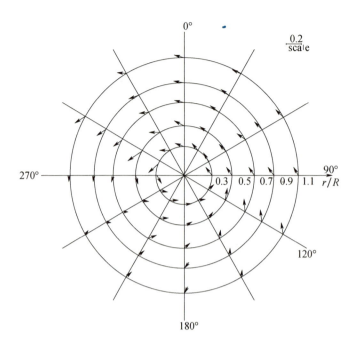

图 14.28 | 56 个偶极子桨盘面计算伴流图（源汇－偶极子复合奇点法）

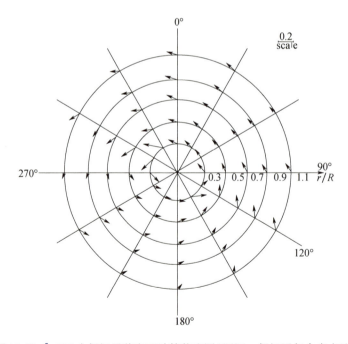

图 14.29 | 105 个偶极子桨盘面计算伴流图（源汇－偶极子复合奇点法）

(1) 外蜗改型设计之前的伴流测量结果表明,周向和径向伴流速度在对称轴两侧方向相反,旋转对称。若沿一条 $r=c$ 的圆周作 $\varGamma = \int_l V_t \mathrm{d}s$ 的环量计算,结果近似为零,表明合成伴流无预旋。螺旋桨在此伴流场顺时针旋转时,在对称轴的右方,合成伴流增加了桨叶的攻角,使推力增加。在左方,情况正相反,推力减小。这样,桨叶在一周范围内升力有较大的波动,引起叶片激振。同时,推力一周的平均作用力没有增加。

(2) 外蜗改型船的测量结果表明,在对称轴左右桨盘合成伴流不对称。与改型前原船测量结果比较,150°−240°−330°之间的区域内顺时针旋转明显减弱;在150°−0°−330°之间的区域内,逆时针旋转明显增加,在 $r=c$ 处做环量计算, $\varGamma = \int_l V_t \mathrm{d}s < 0$,明显有逆时针预旋流存在。螺旋桨在此伴流场中顺时针旋转时,在对称轴右方逆时针伴流使桨叶推力增加。在左方减小的顺时针伴流使推力的减少量不大。这样,桨叶运动一周,推力有所增加。螺旋桨旋转一周中推力的变化量较原船型有所降低,激振力减小。

(3) 对外蜗改型船源汇−偶极子复合奇点法的计算,所得伴流图与相应试验测量结果存在相同的规律,不仅顺时针旋转减弱,而且存在明显的逆时针旋转。因此,用源汇−偶极子复合奇点法理论上预报了蜗尾船型预旋流的存在,解释了预旋流的反桨效应及提高推进效率、减振降噪的机理。

第 15 章 潜艇观通拖体水动力学设计

潜艇在水下航行时可将观通拖体浮标施放至水面,开展观测、通信及定位等任务,在任务完成后再将观通拖体收回到浮标收放装置中。海面波浪、海流和风的作用,使得近水面浮标的运动状态变得十分复杂。潜艇近水面航行时的观通拖体浮标运动规律和水动力特性与小水线面双体船之单片体有类似的方面,但浮标在尺度上小得多,且有缆索拖曳,因而其运动和受力又具有差别,需根据流体力学基本原理建立适用于潜艇观通拖体浮标的理论和方法,进而完成相应设计和计算。观通拖体水动力设计的主要任务包括:拖体型式分析与净浮力设计;浮标缆索性状和拖曳力计算;拖航收放运动稳定性分析;浮标在规则波及不规则波中的运动预报;观通浮标设计环境和技术指标的确定(如潜深航速及海况,允许的缆长、张力及倾角,允许的横摇纵摇有义值等)。[59-70]

15.1 拖体型式分析与净浮力设计

论证拖体方案,确定拖体形式,根据技战术指标设计拖体的尺度和计算力学参数,是观通拖体水动力学设计的主要任务之一。在确定拖体的总体型式前,需针对各类拖体开展基于水动力学特性比较的多方案对比分析,同时对拖曳状态和拖缆性状的初步分析可为缆索和拖体的设计提供依据。

15.1.1 拖体型式

潜艇观通拖体主要分为升力型、浮力型、复合型三大类,其分别借助于升力、浮力和二者的共同作用上升到近水面、贴水面或浮出水面,从而完成观通任务。

1. 升力型拖体

升力型拖体主要借助升力上升,主体为短翼型,辅之以垂直和水平安定翼调

节平衡,参见图 15.1。其上升力为升力与浮力之和,其中升力为主要成分,拖体的上升力和阻力可分别表示为

$$\begin{cases} T_y = 0.5\rho V^2 C_y S + F_f - W \\ T_x = 0.5\rho V^2 C_x S \end{cases} \tag{15.1}$$

式中:ρ 为水密度;V 为速度;C_y 为升力系数;C_x 为阻力系数;S 为翼面积;F_f 为浮力;W 为拖体重力。

由式(15.1)可知,拖体的上升力和阻力与速度的平方成正比,在零航速或低航速时如 $F_f < W$,则拖体不能上浮至水面。所以升力型拖体不宜在零航速或低航速时使用,只有在速度足够大时才能产生足以使拖体上升至水面的升力。拖曳角 α 可由下式计算:$\tan\alpha = T_y/T_x$,获得较大的拖曳角 α 有利于拖体上升。

参见图 2.9 可知,当机翼的潜深减小时其升力系数也随之减小。机翼升至水面时升力减小至无限水深升力的 1/2,这样若翼型拖体的上升力不足以承担其重力,拖体将向下运动。当拖体下潜到足够的深度时机翼升力增大,拖体上升力增大为正值,拖体又将往上运动,这是引起"海豚式"运动的原因之一。拖体攻角的改变也容易引起升力的波动,产生"海豚式"运动,即在纵向平面内的运动不稳定。加之,升力型拖体还会产生横向的摆动。这类拖体拖曳力大,运动不稳定,为保持其稳定,需要对尾水平舵面进行控制,使得控制机构复杂,将增加拖体的载重和缆索的直径。此外,由于其翼形结构有效容积小,不利于布置观通设备。

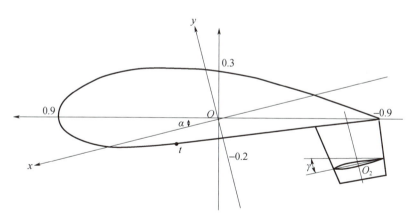

图 15.1 | 升力型拖体

2. 浮力型拖体

浮力型拖体主要借助浮力上升,其主体为水滴型轴对称旋转体,辅之以安定翼,上升力主要为浮力,如图 15.2 所示。拖体的上升力和阻力可分别表示为

$$\begin{cases} T_y = \gamma V_t - W \\ T_x = 0.5\rho V^2 C_r S \end{cases} \quad (15.2)$$

式中:γ 水的重度,$\gamma = \rho g$;V_t 为拖体排水量,其余变量同前。

由式(15.2)可知,拖体的上升力等于净浮力,只与拖体水下排水量和自重有关,而与速度无关。拖体阻力与速度的平方成正比。因此,浮力型拖体可用于零航速直到某一航速段的各种工况。根据拖体使用的设计速度计算出拖体阻力,再由缆索形状计算等设计满足潜深、缆长和最大张力等条件的合理上升力(净浮力),即可确定拖体排水量 $V_t = (T_y + W)/\gamma$,以及拖点处的拖曳角 $\alpha = \arctan(T_y/T_x)$。

其浮力不因拖体姿态(攻角)的改变而变化,阻力变化不大。由于浮力的稳定性,使之不会产生"海豚式"运动,有可能达到自然稳定,这样就无须增加控制装置。浮力拖体有利于布置观通设备。

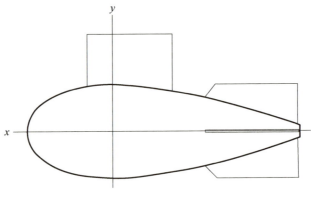

图 15.2 ｜ 浮力型拖体

3. 复合型拖体

随着观通浮标技战术指标的提升,对浮标的稳定性和耐波性提出高要求,观通设备仪器等的布置也需进行优化布局。为了满足这些新的要求和变化,随着新型浮标的研究,出现了复合型拖体。其设计思路是在浮力型拖体的基础上增加升力翼和稳定鳍,形成"升力-浮力复合型拖体"。复合型拖体兼有以上两类浮标拖体的优缺点,其水动力平衡方程同式(15.1),升力由升力翼和稳定鳍产生。为了增加浮标拖航时的稳定性和抗风浪能力,需设计增稳减摇装置。

15.1.2 拖体上浮位置分析

浮力型拖体可以上浮到近水面、贴水面或浮出水面3种位置,3种位置的上浮机理分析如下:

1. 近水面

拖体轴线的沉深 h 大于拖体最大截面的半径 R,$h>R$,参见图 15.3(a)。当 $h\geqslant 14R$ 时,可不考虑波浪与自由液面的影响;当 $5R\leqslant h<14R$ 时,波浪与自由液面的影响较小;当 $R<h\leqslant 5R$ 时,波浪与自由液面的影响较大,必须予以考虑。

由于拖体的主体潜没于水中,近水面方案隐蔽性好,受风浪的影响较小,耐波性好,不受波浪砰击安全性好,兴波阻力小,受力状态稳定,姿态变化小。缺点是潜深过大时观通设备布置困难。

2. 贴水面

拖体轴线的沉深 h 等于拖体最大截面的半径 R,$h=R$,参见图 15.3(b)。潜深小则需考虑兴波阻力,拖体阻力 T_x 等于兴波阻力 R_w 与黏性阻力 R_v 之和,即 $T_x = R_w + R_v$,阻力较深潜时增加。上升力 T_y(净浮力)仍按水下排水量 V_t 计算,无变化。隐蔽性、耐波性和安全性居中,受风浪影响大于近水面状态,小于出水面状态,无砰击载荷,比较利于布置观通设备。

3. 出水面

拖体轴线的沉深 h 小于拖体最大截面半径 R,$h<R$,拖体部分露出水面(露脊),参见图 15.3(c)。需考虑兴波阻力,出水前和出水后净浮力有大的变化,出水后的水下排水量 V_w 小于拖体总排水量 V_t。为了保证缆索的形状和拖体的上浮指标(潜深、航速、缆长等),应按净浮力设计水下排水量 V_w,加上水上排水量后等于总排水量 V_t。这样使拖体总排水量增加,拖体总体尺寸增大,浮出水面的附加排水量对于保证上浮指标而言是多余的,且是有害的。在潜艇收放浮标过程中拖体经历从出水面沉入水下以及从水下升出水面等非线性的过渡过程,其受力状态复杂,受力增加。出水面状态下拖体的隐蔽性差,受风浪影响大耐波性差,易受砰击载荷,安全性差。优点是观通设备布置条件好。

设计中权衡以上 3 种位置状态,往往以采用贴水面方案为宜。

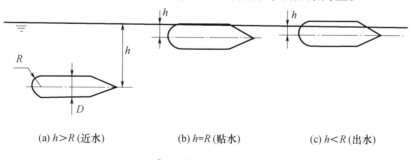

图 15.3 拖体上浮位置的3种方案

15.1.3 拖体净浮力设计

拖体净浮力设计的主要过程包括:

(1)由给定的潜深、航速、缆长和允许的最大张力条件,利用缆索性状计算软件或程序等,反复计算优化求得合适的拖体净浮力。

(2)由净浮力估算拖体排水量,设计拖体,计算几何参数。

(3)由设计的拖体线型,重新计算阻力和缆索性状,若满足全部条件则完成设计,否则重新调整设计,重复上述过程,直至满足全部条件为止。

(4)对初步选定的拖体进行浮标收放运动计算和耐波性计算。

15.2 浮标系统静水力性能计算

15.2.1 浮标在平静水面匀速拖航时的姿态计算

浮标在平静水面匀速拖航时的力与力矩平衡关系满足平面力系平衡方程:

$$\begin{cases} \sum X_i = 0 \\ \sum Y_i = 0 \\ \sum M_i = 0 \end{cases} \tag{15.3}$$

对于拖航的浮标而言,可具体写为

$$\begin{cases} T_x + R_B + R_S + \sum_{i=1}^{4} R_{ai} = 0 \\ T_y + \rho g V_0 - Wg + L_a = 0 \\ M_T + M_W + M_R + M_L = 0 \end{cases} \tag{15.4}$$

式中:T_x,T_y,M_T 分别为缆索张力的水平分力、垂直分力和张力 T 对浮标浮心产生的力矩;R_B 为主体阻力;R_S 为支柱阻力;R_{ai} 为第 i 个尾鳍的阻力;ρ 为水密度;V_0 为浮标排水体积;W 为浮标总重;g 为重力加速度;L_a 为水平尾鳍产生的升力;$M_T = M_{Tx} + M_{Ty}$ 为张力水平分力和垂直分力产生的力矩;M_W 为重力力矩;M_R 为阻力力矩;M_L 为尾鳍升力力矩。

力矩对浮心进行计算,因此浮力产生的力矩为零。阻力包括主体、支柱和尾鳍产生的兴波、黏性及形状阻力。

15.2.2 零航速时浮标姿态计算

零航速时浮标的阻力、升力及其相应的力矩为零,因此力平衡方程为

$$\begin{cases} T_x = 0 \\ T_y + \rho g V_0 - Wg = 0 \\ M_T + M_W = 0 \end{cases} \tag{15.5}$$

15.2.3 姿态示例计算

输入浮标型线设计的几何参数、重心位置、浮心和拖点位置等,可进行浮标姿态计算分析,如零航速及 6kn 航速时浮标的纵倾姿态(负号表示埋艏):

零航速俯仰角:$\theta = -6.21°$

6kn 航速俯仰角:$\theta = -0.46°$

设拖缆下拖点 A 为缆索与潜艇收放缆装置连接点,上拖点 B 为缆索与浮标连接点。在给定航速时即可计算下拖点的张力 T_A 和上拖点的张力 T_B,进一步判别缆索张力是否满足规定的拖曳力要求。如收放缆索的速度不大,可以预计收放过程中缆索的张力变化不大,收缆过程中张力会增加,精确的预报有待进一步计算确定。

15.3 缆索性状和拖曳力计算

潜艇在潜深为 H 时以匀速 V_0 航行,为了实现水下航行的观测、通信和定位,通过缆索将拖体浮标施放至水面。为了确定拖缆的长度、张力和缆索的形状,需进行水下拖曳问题的计算,均流中缆索性状计算的方法可参见相关文献。[59-64]

15.3.1 缆索平衡方程

缆索平衡方程的一般形式为

$$\frac{d\boldsymbol{T}}{dl} + \boldsymbol{F} = 0 \tag{15.6}$$

式中:$\boldsymbol{T}$ 为缆索截面上的内力;$\boldsymbol{F}$ 为缆索单位长度上的外力;l 为缆索曲线坐标。

此外,尚需补充物理条件,平面问题时为

$$M(l) = EI\frac{d\theta}{dl} \tag{15.7}$$

式中:M 为缆索某一点上弯矩;θ 为缆索某一点的转角;EI 为缆索弯曲刚度。

将缆索进行物理上离散,并假设缆索无限柔软,则以上两方程变为

$$\frac{\Delta \boldsymbol{T}}{l_{i,i+1}} + \boldsymbol{F} = 0 \tag{15.8}$$

$$M_i(\boldsymbol{F}) + M_i(\boldsymbol{T}) = 0 \tag{15.9}$$

式中:i 为任一离散点。

15.3.2　缆索受力分析

将缆索离散成许多微段,分析从 i 节点到 $i+1$ 节点微段 $l_{i,i+1}$ 的受力。当离散点充分接近时,可假定 i 与 $i+1$ 间的缆索能以刚性直线代替,参见图15.4及图15.5,因此力 F 将由两部分构成:

(1) 垂直向下的重力 $Wl_{i,i+1}$,其中 W 为单位长度缆索水中重量。

(2) 均流 V(缆索与水流相对速度)作用在倾斜刚性柱体 $l_{i,i+1}$ 上的水动力。

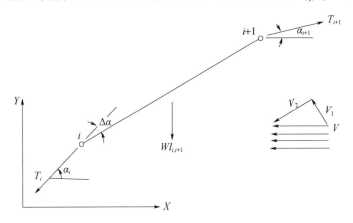

图15.4　缆索微段 $l_{i,i+1}$ 的受力图

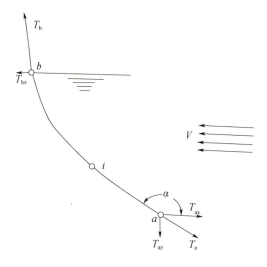

图15.5　缆索受力图

其水动力计算存在诸多假设:一类假设是摩擦阻力对压阻力无干扰;另一类假设考虑其干扰。事实上,由于沿缆索的摩擦阻力一般不大,采用第一类假设已足够精确,故将 $l_{i,i+1}$ 上的水动力分解为垂直和平行于它的两个分量 R_D 及 R_F,则 R_D 可按迎面阻力计算,R_F 可按摩擦阻力计算。

$$R_D = \frac{1}{2}\rho V_1^2 D C_D l_{i,i+1}$$

$$R_F = \frac{1}{2}\rho V_2^2 \pi D C_F l_{i,i+1}$$

式中:ρ 为流体密度;速度 V 的两个分量为 V_1、V_2;D 为缆索直径;C_D 为缆索迎面阻力系数;C_F 为缆索摩擦阻力系数,参见表 15.1。

两个速度分量:

$$V_1 = V\sin(\alpha_i - \Delta\alpha)$$
$$V_2 = V\cos(\alpha_i - \Delta\alpha)$$

两个水动力分量:

$$R_D = 0.5\rho V^2 C_D D\, l_{i,i+1} \sin^2(\alpha_i - \Delta\alpha) \tag{15.10}$$

$$R_F = 0.5\rho V^2 m\, C_D D\, l_{i,i+1} \cos^2(\alpha_i - \Delta\alpha) \tag{15.11}$$

文献假设把倾斜 45°时圆柱上 R_F 与 R_D 之比 m 推广到任意角度。事实上随着倾斜角从 0°增加到 90°,这两项阻力之比将从 ∞ 降至零。当倾角为 45°时,两速度分量相等 $V_1 = V_2$,因此两阻力之比等于两阻力系数之比,即 $R_F/R_D = \pi C_F/C_D = m$。简单地假设是把倾斜 45°时圆柱上 C_F 与 C_D 之比推广到任意角度,有

$$C_F = m\, C_D/\pi \tag{15.12}$$

式中:比例系数 m 取值参见表 15.1。

表 15.1 缆索迎面阻力系数及比例系数取值

缆索截面形状	C_D	m
圆形截面	1.2	0.02 ~ 0.05
具分段流线型套	0.2	0.8

15.3.3 缆索无因次方程

平面问题缆索基本方程组式(15.8)及式(15.9)经适当变换可转变为如下无因次形式:

$$S_{i,i+1} = \frac{2\sin(\Delta\alpha)}{G\sin^2(\beta_i) - \cos(\beta_i)} \tag{15.13}$$

$$\alpha_{i+1} = \arctan\left\{\frac{\sin(\alpha_i) + S_{i,i+1} - GS_{i,i+1}\sin^2(\beta_i)\cos(\beta_i)[1 - m|\cot(\beta_i)|]}{\cos(\alpha_i) + GS_{i,i+1}\sin^3(\beta_i)[1 + m|\cot^3(\beta_i)|]}\right\}$$

(15.14)

$$t_{i,i+1} = \frac{\cos(\alpha_i) + GS_{i,i+1}\sin^3(\beta_i)[1 + m|\cot^3(\beta_i)|]}{\cos(\alpha_{i+1})} \quad (15.15)$$

式中:$S_{i,i+1} = \frac{Wl_{i,i+1}}{T_i}$ 为无因次步长;$G = \frac{\frac{1}{2}\rho V^2 C_D D}{W}$ 为缆索阻重比;$t_{i,i+1} = \frac{T_{i+1}}{T_i}$ 为相对张力,其他相关变量参见图 15.4。

$$\beta_i = \alpha_i - \Delta\alpha \quad (15.16)$$

若缆索型号及相对水流速度已知,则出现在式(15.13)~式(15.15)方程组中仅含 6 个变量 $S_{i,i+1}, \Delta\alpha, T_i, \alpha_i, T_{i+1}, \alpha_{i+1}$,假如 $i = a$ 点的张力为已知,即已知 T_a 与 α_a,则对于一定的无因次步长,以上方程则仅剩 3 个未知量,方程组是封闭的。

考虑到前已假设缆索上每一弧长以其弦长代替,几何方面其误差为 $O(\Delta\alpha)^2$,因此在 $\Delta\alpha$ 相等的基础上选择无因次步长,对每一离散段将具有一致的误差,$\Delta\alpha$ 实际上起着精确度控制量的作用,一般取 $\Delta\alpha = 0.05$ 左右。

不难发现解以上方程组实际上是一递推过程,只要已知缆索上任一点的张力 T,则在任何精度要求下,整条缆索形状及各点张力均为可求。

15.3.4 端点张力条件

实际问题中一般给定端点的张力,如以下几种情况:

(1)潜艇通信浮标,拖体浮标的阻力和净浮力已知,因此浮标上拖点为计算端点。T_x = 浮标阻力;T_y = 浮标净浮力。

(2)水面艇的水下拖曳,拖曳器的阻力、重量及机翼动力压载已知,拖曳器与缆索铰接点为计算端点。T_x = 拖曳器阻力;T_y = 拖曳器水中重量 + 动力压载。

(3)对深水抛锚不产生走锚的极限情况,在无沉块时要求锚索与海底相切,在有沉块时要求沉块不被拉起,因此锚与链索链接点为计算端点,端点张力和方向等参见图 15.5。T_x = 锚抓力 = 抓力系数 × 锚重;T_y = 沉块水下重量。

15.3.5 缆索性状示例计算

给定潜深 H,缆长 L 小于一定规定要求,在由净浮力设计拖体浮标后,给出不同航速下缆索性状的示例计算结果,如图 15.6 ~ 图 15.8 所示。

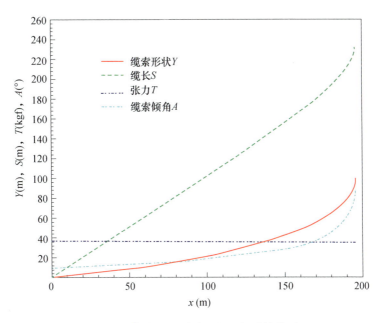

图 15.6 ｜ 低航速缆索性状示例计算结果

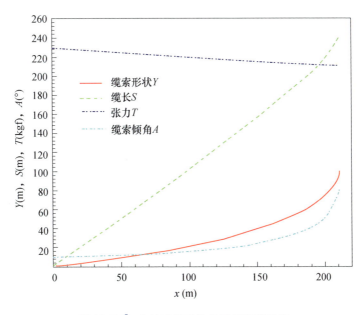

图 15.7 ｜ 中航速缆索性状示例计算结果

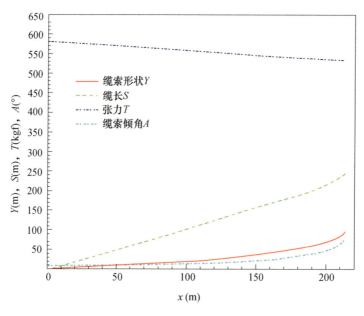

图 15.8 ｜ 高航速缆索性状示例计算结果

15.4 > 水下浮标收放运动计算

近年来,潜载观通拖体及其水下收放技术得到了迅速发展,已可从水下数十米乃至上百米的深度成功施放到水面,实现观测与通信。在拖体收放过程中应保持缆索和浮标运动的稳定及安全,避免浮标与艇体或垂直安定面的碰撞擦刮,避免缆索与艇上结构物的缠绕,因此需关注并分析浮标收放过程中的运动特性和力学特性。

比较潜艇近水面航行和小水线面双体船之单片体,浮标运动规律和水动力特性与其相类似,此外浮标收放运动规律和水动力特性与潜艇水下发射导弹也有相似方面,但浮标在尺度上小很多,因有缆索拖曳其运动和受力又有一些差别。如果以缆索拖曳在浮标上产生的力和力矩替代火箭发动机的推力和力矩,则二者可由相同的运动微分方程描述。

在建立浮标收放运动微分方程时,计及缆索张力矢量与力矩矢量的影响。考虑到浮标与鱼雷的几何形状相似,水下运动规律相同,因此借用鱼雷的水动力估算方法是可行的。鱼雷流体动力的线性导数基本可通过工程估算的方法得出。在计算浮标黏性力和惯性力的系数时,采用计算鱼雷水动力系数的方法和公式,此部分内容可见第 9 章。采用适合的数值方法计算,得到浮标运动轨迹及其速度、加速度等,浮标承受的惯性力、黏性力、重力、浮力、水动阻力和尾鳍的升力,浮标收放过程中缆索的性状和张力,从而使设计浮标的水中运动轨迹、出入水姿态、缆索性状和张力等满足要求。

15.4.1 水下运动微分方程组

通过浮标水下运动微分方程组,可预报浮标运动轨迹、速度、加速度与姿态,浮标出入水时的运动参数。此处主要研究施放缆索过程中浮标从离开收放装置一直到达水面阶段的运动特性和回收缆索过程中逆向运动的特性,收放过程中浮标在其主体轴系的纵向平面内运动,因此只需求解纵向运动微分方程。

如以缆索拖曳在浮标上产生的力和力矩替代火箭发动机的推力和力矩,则可用潜射导弹运动微分方程描述浮标收放运动,因此采用 9.5 节给出的一组方程:

$$\dot{u} = f_1/(m + \lambda_{11}) \tag{15.17}$$

$$\dot{v} = [(J_Z + \lambda_{66})f_2 - (mx_G + \lambda_{26})f_3]/[(m + \lambda_{22})(J_Z + \lambda_{66}) - (mx_G + \lambda_{26})^2] \tag{15.18}$$

$$\dot{r} = [-(mx_G + \lambda_{26})f_2 + (m + \lambda_{22})f_3]/[(m + \lambda_{22})(J_Z + \lambda_{66}) - (mx_G + \lambda_{26})^2] \tag{15.19}$$

$$\dot{\theta} = r \tag{15.20}$$

$$\dot{X}_e = u\cos\theta - v\sin\theta \tag{15.21}$$

$$\dot{Y}_e = u\sin\theta + v\cos\theta \tag{15.22}$$

辅助方程有

$$V_T = (u^2 + v^2)^{\frac{1}{2}} \tag{15.23}$$

$$\alpha = \arctan\left(-\frac{v}{u}\right) \tag{15.24}$$

$$r' = rL/V_T \tag{15.25}$$

$$\Delta G = G - B \tag{15.26}$$

式中:ΔG 为主体负浮力;G 为主体重力;B 为主体浮力。

$$f_1 = T_x - \Delta G\sin\theta + \frac{1}{2}\rho V_T^2 SC_x(0) \tag{15.27}$$

$$f_2 = T_y - \Delta G\cos\theta + \frac{1}{2}\rho V_T^2 S(C_y^\alpha \alpha + C_y^r r' + C_y^{\delta_e}\delta_e) - mur \tag{15.28}$$

$$f_3 = M_{Tz} + G(-x_G\cos\theta + y_G\sin\theta) + \frac{1}{2}\rho V_T^2 SL(C_N^\alpha \alpha + C_N^r r' + C_N^{\delta_e}\delta_e) - mx_G ur \tag{15.29}$$

式中：T_x，T_y 为缆索张力在主体坐标系中的两个分量；M_{Tz} 为缆索张力力矩。

式(15.17)~式(15.22)组成了拟线性变系数的一阶常微分方程组。联合辅助公式，加上适合的初始条件即可用龙格-库塔法求解。

15.4.2 浮标收放运动示例计算

输入浮标自重、载重、重心位置、绕三轴的转动惯量等数据，给定潜航深度、速度、缆索直径、单位长度缆重、缆索阻力系数等物理参数，对浮标的收放运动进行示例计算。

1. 收浮标运动

设浮标漂浮在水面做观通工况运动，当潜艇机动转移时浮标收放装置以匀速缠绕缆索，缆长从水面平衡位置长度逐渐减到零，缆索牵引拖体做回收运动。回收缆索过程中，拖体和缆索相对于静水的速度增大，受力也增大。缆索的性态和拖体运动同时发生变化，因此须将缆索的性态和拖体运动微分方程耦合计算。在要求的收缆时间内，浮标离收放装置的水平距离、垂直深度和缆长逐渐减到零，浮标速度及倾角变化范围不大，缆索张力变化范围较大。

图15.9所示为收浮标过程中水平距离、垂直深度、缆长和倾角随时间的变化规律；图15.10所示为下拖点(a)、上拖点(b)张力的变化规律；图15.11所示为浮标垂直速度、水平速度、速度的模和倾角的变化规律。

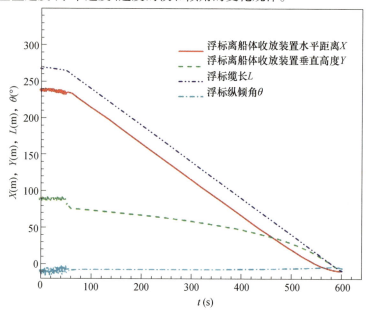

图15.9 收浮标过程中距离、深度、缆长和倾角的变化

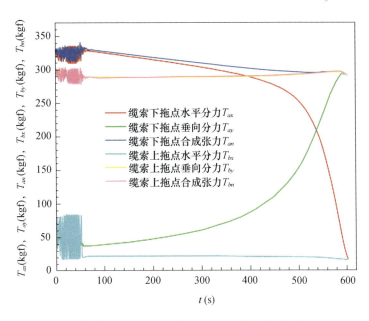

图 15.10 收浮标过程中下拖点(a)、上拖点(b)张力的变化

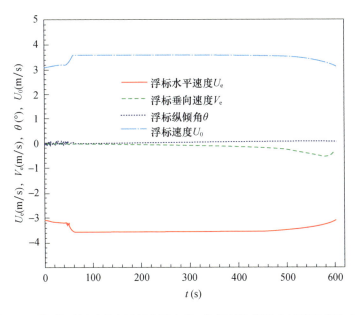

图 15.11 收浮标过程中浮标水平速度、垂直速度、倾角和速度的模的变化

2. 放浮标运动

设浮标停留在收放装置中,当潜艇需要观通工况作业时,浮标收放装置以匀

速施放缆索,缆长逐渐从零增加到水面平衡位置长度,拖体牵引缆索完成施放浮标运动。施放缆索过程中拖体和缆索相对于静水的速度减小,受力也减小。缆索的性态和拖体运动同时发生变化,因此须将缆索的性态和拖体运动微分方程耦合计算。在要求的放缆时间内,浮标离收放装置的水平距离、垂直深度和缆长逐渐从零增加,浮标速度变化及倾角变化范围不大,缆索张力变化范围较大。

图 15.12 所示为放浮标过程中水平距离、垂直深度、缆长和倾角随时间的变化规律;图 15.13 所示为下拖点(a)、上拖点(b)张力的变化规律;图 15.14 给出了浮标垂直速度、水平速度、速度的模和倾角的变化规律。

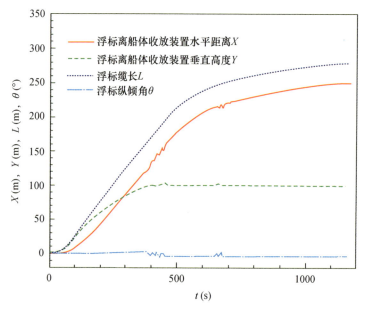

图 15.12 放浮标过程中距离、深度、缆长和倾角的变化

3. 讨论

浮标静平衡状态和收放运动中,缆索下拖点的张力都大于上拖点的张力,因为上拖点的张力仅由浮标的水动力确定,而下拖点的张力由浮标和缆索的水动力确定。当收缆过程结束或放缆过程起始时缆长为零,上下拖点张力相等,且为最小值。浮标收放运动中当浮标贴近水面时,缆索上下拖点的张力最大,因为此时浮标的水动阻力最大,缆索最长因而缆索的水动阻力也最大。收浮标过程中浮标运动速度大于潜艇航速,当观通设备导流罩进入水下时,缆索上下拖点的张力出现最大值,此值分别大于浮标静平衡状态时的上下拖点的张力。放浮标过程中浮标运动速度小于潜艇航速,导流罩浮出水面时,缆索上下拖点的张力出现最大值,此值分别近似等于浮标静平衡状态时的上下拖点的张力。浮标收放运

动中当收放缆索的速度变化大时,浮标运动的速度和倾角、缆索上下拖点的张力也随之变化,需关注其变化的幅度有无超过设计要求范围。

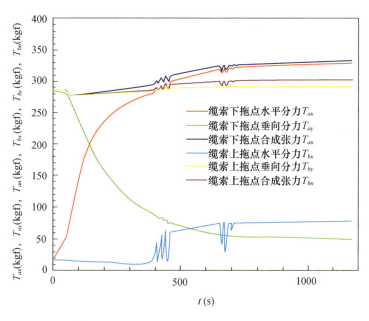

图 15.13 ┃ 放浮标过程中下拖点(a)、上拖点(b)张力的变化

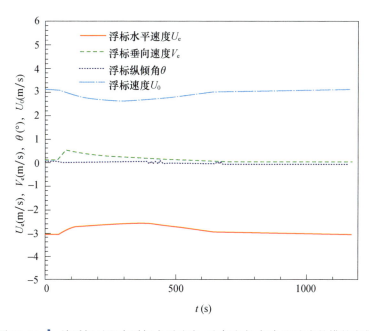

图 15.14 ┃ 放浮标过程中浮标水平速度、垂直速度、倾角和速度的模的变化

在保障观通浮标技术要求前提下,为了减小缆索张力和缆索长度,减小浮标净浮力,进而减小浮标尺度获得优良的缆索浮标系统,可以采取以下几点措施:①采用缆索减阻措施减小缆索阻力系数 C_D,具有分段流线型尾套的缆索相比圆柱型可大幅减小阻力系数;②在保证强度和使用要求条件下尽可能减小缆索直径 D,以减小缆索阻力;③减小水中单位长度缆索重量 W。

15.5 浮标系统在规则波中的动力响应

15.5.1 线性波理论

1. 线性波基本方程

考虑理想不可压均匀流体,流动有势。在自由海面上压力等于大气压。海底设为水平固壁边界。波高相对于波长是小量,流体质点运动是缓慢的。按照这些假设,非线性自由表面运动边界条件和动力边界条件可以简化为线性的自由液面边界条件。采用直角坐标系,xoy 平面与静水面重合,oz 轴垂直向上,波动沿 ox 轴传播。这样,二维平面波波动势 φ 满足以下线性化的微分方程和边界条件:

$$\begin{cases} \nabla^2 \varphi = \dfrac{\partial^2 \varphi}{\partial x^2} + \dfrac{\partial^2 \varphi}{\partial z^2} = 0 & (-d \leqslant z \leqslant 0) \\ \left.\dfrac{\partial \varphi}{\partial z}\right|_{z=-d} = 0 & (-\infty \leqslant x \leqslant \infty) \\ \left.\dfrac{\partial \varphi}{\partial z} + \dfrac{1}{g}\dfrac{\partial^2 \varphi}{\partial t^2}\right|_{z=0} = 0 \end{cases} \quad (15.30)$$

2. 有限水深波动势

设常深度二维线性波的波面方程为

$$\eta = A\cos(kx - \omega t) = \dfrac{H}{2}\cos(kx - \omega t) \quad (15.31)$$

式中:A 为波幅;H 为波高,$H = 2A$;k 为波数,$k = 2\pi/L$;L 为波长;ω 为波圆频率,$\omega = 2\pi/T$,T 为波周期;波形传播速度 $C = L/T = \omega/k$。

由此得到波动速度势、水质点的速度、加速度和波压分布公式如下:

$$\varphi = \dfrac{gA}{\omega}\dfrac{\operatorname{ch} k(z+d)}{\operatorname{ch} kd}\sin(kx - \omega t) = \dfrac{gH}{2\omega}\dfrac{\operatorname{ch} k(z+d)}{\operatorname{ch} kd}\sin(kx - \omega t) \quad (15.32)$$

$$u_x = \dfrac{gHk}{2\omega}\dfrac{\operatorname{ch} k(z+d)}{\operatorname{ch} kd}\cos(kx - \omega t) \quad (15.33)$$

$$u_z = \frac{gHk}{2\omega}\frac{\text{sh}k(z+d)}{\text{ch}kd}\sin(kx-\omega t) \tag{15.34}$$

$$\dot{u}_x = \frac{gHk}{2}\frac{\text{ch}k(z+d)}{\text{ch}kd}\sin(kx-\omega t) \tag{15.35}$$

$$\dot{u}_z = -\frac{gHk}{2}\frac{\text{sh}k(z+d)}{\text{ch}kd}\cos(kx-\omega t) \tag{15.36}$$

$$P = -\gamma z + \frac{\gamma H}{2}\frac{\text{ch}k(z+d)}{\text{ch}kd}\cos(kx-\omega t) \tag{15.37}$$

式中:$\gamma = \rho g$,γ 为水的重度,d 为水深。

有限水深波的有关公式:

$$\omega^2 = kg\text{th}kd$$

$$c = \omega/k = \sqrt{g\text{th}(kd)/k}$$

$$c = \frac{gT}{2\pi}\text{th}(kd)$$

$$T = \sqrt{2\pi L\text{cth}(kd)/g}$$

$$L = \frac{gT^2}{2\pi}\text{th}(kd)$$

3. 无限水深波动势

当水深趋于无穷时,以下极限等式成立,则以上公式可变为无限水深时的相应公式。

$$\lim_{d\to\infty}\text{e}^{-kd} = 0$$

$$\lim_{d\to\infty}\frac{\text{ch}k(z+d)}{\text{ch}kd} = \lim_{d\to\infty}\frac{\text{sh}k(z+d)}{\text{ch}kd} = \text{e}^{kz}$$

$$\lim_{d\to\infty}\text{th}(kd) = \lim_{d\to\infty}\text{cth}(kd) = 1$$

15.5.2 小尺度结构物上的波浪力

与波长相比尺度较小的物体的波浪力计算,目前在工程设计中仍广泛采用莫里森(Morison)方程。该理论假设物体的存在对波浪运动无显著影响,认为波浪对物体的作用主要为黏滞效应和附加质量效应。

1. 作用在固定小结构物上的波浪力

作用在静止不动的小尺度结构物上的波浪力由黏滞阻力和惯性力两部分组成。作用在物体上的水平分力 f_x 和垂直分力 f_z 分别为

$$f_x = f_{dx} + f_{ix} = \frac{1}{2}C_{dx}\rho S_x u_x|u_x| + \rho V_0 \dot{u}_x + C_{mx}\rho V_0 \dot{u}_x \tag{15.38}$$

$$f_z = f_{dz} + f_{iz} = \frac{1}{2}C_{dz}\rho S_z u_z |u_z| + \rho V_0 \dot{u}_z + C_{mz}\rho V_0 \dot{u}_z \qquad (15.39)$$

式中:ρ 为水密度;S_x,S_z 分别为 x 方向和 z 方向的特征面积;C_{dx},C_{dz} 分别为物体在 x 方向和 z 方向的阻尼系数;C_{mx},C_{mz} 分别为物体在 x 方向和 z 方向的附加质量系数;V_0 为物体排水体积;u_x,u_z 为波浪水质点的运动速度;$\dot{u}_x$,$\dot{u}_z$ 为波浪水质点的运动加速度。

2. 作用在运动的小结构物上的波浪力

设小结构物在平衡位置附近有小的振荡运动,这时可以将莫里森方程推广应用。式(15.38)和式(15.39)中的流体质点速度和加速度,分别用流体质点和结构物质点的相对运动速度和相对加速度代替。

3. 作用在小结构物上的波浪力矩

作用在浮体上的纵倾波浪力矩:

$$M_y = -\int_{x_1}^{x_2} f_z(x - x_0)\,dx \qquad (15.40)$$

式中:f_z 为波浪作用在单位长度浮体上的垂直分力,由莫里森方程计算。

计算中同样应考虑物体与波浪相对运动的影响,作用在浮体上的横摇和首摇波浪力矩可类似地进行计算。

15.5.3 浮标系统动力响应方程

不考虑海流影响,只考虑一阶波浪力对系统的作用,将浮标的 6 个自由度运动解耦。各自独立地分析它们在波浪作用下的动力响应,这样计算预报的响应比耦合运动的计算结果要大,预报偏于安全。

1. 浮标垂荡运动动力响应方程

浮标在正横波作用下的垂荡运动方程为

$$(1 + C_{mz})m\ddot{z} = f_z \qquad (15.41)$$

式中:m 为浮标质量;f_z 为浮标受到的垂向波浪力。

将垂向波浪力式(15.39)代入式(15.41),推导得到简化的微分方程:

$$\ddot{z} + 2\nu_z \dot{z} = P_z\cos\omega t + Q_z\sin\omega t \qquad (15.42)$$

其解为

$$z = z_0 \cos(\omega t - \beta_3) \qquad (15.43)$$

浮标在波浪力作用下的纵荡和横荡动力响应方程与垂荡运动方程形式上是一样的,只是各自的方程系数不同。

2. 浮标纵摇运动动力响应方程

由于浮标的浮心高于重心,当浮标发生纵倾时,浮力和重力形成恢复力矩。

在波浪力矩的作用下纵摇运动方程为

$$(1 + C_{Iy}) I_y \ddot{\psi} + V_0 g h \psi = M_y \tag{15.44}$$

式中:I_y 为浮标绕形心的转动惯量;C_{Iy} 为附加转动惯量系数;V_0 为浮标的排水量;h 为浮标的纵稳性高;M_y 为纵倾波浪力矩。

由式(15.40)计算波浪力矩,代入式(15.44),化简得到微分方程

$$\ddot{\psi} + 2\nu_\psi \dot{\psi} + \omega_\psi^2 \psi = P_\psi \cos\omega t + Q_\psi \sin\omega t \tag{15.45}$$

式中:$2\nu_\psi$ 为浮标纵摇阻尼;ω_ψ 为无阻尼纵摇圆频率;P_ψ, Q_ψ 分别为波浪力矩的余弦项和正弦项的幅值。其解为

$$\psi = \psi_0 \cos(\omega t - \beta_5) \tag{15.46}$$

横浪时浮标在波浪力作用下的横摇和首摇运动动力响应方程与纵摇运动方程形式上是一样的,只是各自的方程系数不同。

15.5.4 解摇荡微分方程的数值方法

状态空间法从现代自动控制理论中引用而来,它是将 n 个 2 阶常微分方程转化成 $2n$ 个一阶常微分方程,然后利用各种一阶常微分方程组的数值方法求解。

1. 状态方程的建立

设 n 个 2 阶常微分方程组为

$$M\ddot{X} + C\dot{X} + KX = F(t) \tag{15.47}$$

式中:$X = [x]$ 为 n 维向量;M, C, K 分别为 $n \times n$ 的质量矩阵、阻尼矩阵和刚度矩阵;$F = [f(t)]$ 为 n 维强制力向量。方程组描述了 n 维向量 X 的 2 阶耦合振动。

引入 $2n$ 维的状态函数:

$$Y = [y] = \begin{bmatrix} X \\ \dot{X} \end{bmatrix} \tag{15.48}$$

由式(15.47),得

$$\dot{X} = 0 \cdot X + I \cdot \dot{X}$$

$$\ddot{X} = -M^{-1}KX - M^{-1}C\dot{X} + M^{-1}F$$

式中:0 为 $n \times n$ 的零矩阵;I 为 $n \times n$ 的单位矩阵。

将式(15.48)两边微分并考虑到上式,得

$$\dot{Y} = \begin{bmatrix} \dot{X} \\ \ddot{X} \end{bmatrix} = \begin{bmatrix} 0 & I \\ -M^{-1}K & -M^{-1}C \end{bmatrix} \begin{bmatrix} X \\ \dot{X} \end{bmatrix} + \begin{bmatrix} 0 \\ M^{-1}F \end{bmatrix}$$

整理,得

$$\dot{Y} = AY + B \tag{15.49}$$

式中:$A = \begin{bmatrix} 0 & I \\ -M^{-1}K & -M^{-1}C \end{bmatrix}, B = \begin{bmatrix} 0 \\ M^{-1}F \end{bmatrix}$

A 矩阵中 0 为 $n \times n$ 的零矩阵;I 为 $n \times n$ 的单位矩阵;B 矩阵中的 0 为 n 维零向量。这样将 2 阶常微分方程组式(15.47)转换成 $2n$ 维状态函数 Y 的一阶常微分方程组式(15.49)。

2. 龙格 – 库塔法(R – K 法)

求解一阶常微分方程组的龙格 – 库塔法具有 4 阶精度。

设一阶常微分方程组的初值问题:

$$\dot{y}_i = f_i(t, y_1, y_2, \cdots, y_n)$$
$$y_i(t_0) = y_{i0} \quad (i = 1, 2, \cdots, n) \tag{15.50}$$

式中:y_i 为第 i 个待求的未知函数 $y_i(t)$;y_{i0} 为其初值,f_i 为强制函数。

取时间步长为 h,第 i 个函数 y_i 在 $t_m = t_0 + mh$ 时刻的近似值为 y_i^m,则龙格 – 库塔法的计算公式如下:

$$y_i^{m+1} = y_i^m + \frac{h}{6}(k_{i1} + 2k_{i2} + 2k_{i3} + k_{i4})$$

$$y_i^0 = y_{i0}$$

$$k_{i1} = f_i(t_m, y_1^m, y_2^m, \cdots, y_n^m)$$

$$k_{i2} = f_i(t_m + \frac{h}{2}, y_1^m + \frac{h}{2}k_{11}, \cdots, y_n^m + \frac{h}{2}k_{n1})$$

$$k_{i3} = f_i(t_m + \frac{h}{2}, y_1^m + \frac{h}{2}k_{12}, \cdots, y_n^m + \frac{h}{2}k_{n2})$$

$$k_{i4} = f_i(t_m + h, y_1^m + hk_{13}, \cdots, y_n^m + hk_{n3})$$

$$i = 1, 2, \cdots, n; \quad m = 0, 1, 2, \cdots。$$

4 阶龙格 – 库塔格式每一时步需要 4 次调用 f_i 函数,其截断误差为 $O(h^5)$。

3. 阿当姆斯预测校正法(Adams 法)

求解一阶常微分方程组的阿当姆斯法,计算步骤如下:

预测:

$$\overline{y}_i^{m+1} = y_i^m + \frac{h}{24}[55\dot{y}_i^m - 59\dot{y}_i^{m-1} + 37\dot{y}_i^{m-2} - 9\dot{y}_i^{m-3}]$$

$$\overline{\dot{y}}_i^{m+1} = f_i(t_{m+1}, \overline{y}_1^{m+1}, \overline{y}_2^{m+1}, \cdots, \overline{y}_n^{m+1})$$

校正:

$$y_i^{m+1} = y_i^m + \frac{h}{24}[9\bar{\dot{y}}_i^{m+1} + 19\dot{y}_i^m - 5\dot{y}_i^{m-1} + \dot{y}_i^{m-2}]$$
$$\dot{y}_i^{m+1} = f_i(t_{m+1}, y_1^{m+1}, y_2^{m+1}, \cdots, y_n^{m+1})$$
$$i = 1,2,\cdots,n \quad m = 0,1,2,\cdots$$
(15.51)

阿当姆斯法每一时步需 2 次调用 f_i 函数,计算效率高,其截断误差为 $O(h^5)$,具有 4 阶精度。它在计算 y_i^{m+1} 时要用到前 4 步的信息,是一种 4 步法,因此必须借助某种单步法启动,如 R – K 法。

15.5.5 规则波中动力响应示例计算

给定浮标长度 L,直径 D,重量 W,转动惯量 J_x、J_y、J_z,浮标稳性高 $h = Z_B - Z_G$,航速 U_0 等,采用莫里森公式计算作用在小尺度结构物上的波浪力和力矩,用无限水深的线性波理论计算波浪及水质点的速度、加速度,求解浮标系统在波浪中的动力响应微分方程,得到 6 个自由度摇荡运动的幅频响应函数。

图 15.15 所示为主要频段的浮标纵荡、横荡和垂荡响应的部分结果;图 15.16 所示为主要频段的浮标纵摇、横摇和首摇响应的部分结果。图中平移运动幅值单位为米,摇转运动幅值单位为弧度。根据 6 个运动的幅频响应特性,可计算相应的响应幅值算子(RAO),为不规则波中的浮标耐波性预报提供数据。有义频率附近的频段是包含了主要波成分的频段,即在此频段包含了最大的海浪能量,是产生激振力的主要波段。

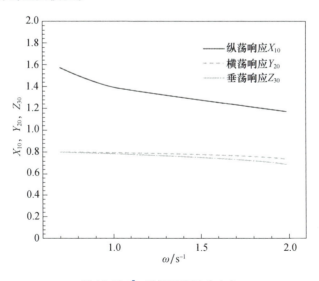

图 15.15 浮标平移运动响应

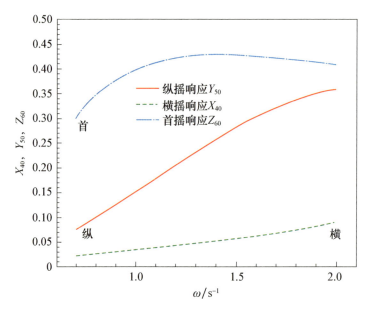

图 15.16 浮标摇转运动响应

15.6 > 浮标系统在不规则波中的摇荡响应

15.6.1 浮标在不规则海浪中的摇荡响应

浮标在不规则海浪中的响应服从统计规律。本节主要讨论不规则波的波幅谱、波倾角谱及浮标摇荡运动的响应谱以及相关的统计预报值。

1. 国际船池会议标准波谱

国际船池会议(ITTC)建议的标准波谱公式为

$$S(\omega) = \frac{A}{\omega^5} e^{-B/\omega^4} \qquad (15.52)$$

式中: ω 为波浪的圆频率; $A = 8.1 \times 10^{-3} g^2$; $B = 3.11/H_{1/3}^2$; g 为重力加速度; $H_{1/3}$ 为有义波高(m)。

波谱函数下的面积 m_0, 是不规则海浪中波面升高平方的平均值, 而 $\sigma = m_0^{\frac{1}{2}}$ 为均方根值。

$$m_0 = \int_0^\infty S(\omega) \mathrm{d}\omega \qquad (15.53)$$

谱曲线下面积的 n 次矩:

$$m_n = \int_0^\infty S(\omega)\omega^n \mathrm{d}\omega \quad n = 1, 2, \cdots \tag{15.54}$$

平均跨零周期:
$$T_Z = 2\pi (m_0/m_2)^{\frac{1}{2}} \tag{15.55}$$

峰-峰周期:
$$T_C = 2\pi (m_2/m_4)^{\frac{1}{2}} \tag{15.56}$$

有义波浪周期:
$$T_1 = 2\pi (m_0/m_1)^{\frac{1}{2}} \tag{15.57}$$

平均表观波长:
$$L_Z = 2\pi g (m_0/m_4)^{\frac{1}{2}} \tag{15.58}$$

波高的统计平均值,可用以下公式表示:

平均波高:
$$H_{平均} = 2.506 m_0^{\frac{1}{2}} \tag{15.59}$$

1/3 最大波的平均波高:
$$H_{1/3} = 4.000 m_0^{\frac{1}{2}} \tag{15.60}$$

1/10 最大波的平均波高:
$$H_{1/10} = 5.090 m_0^{\frac{1}{2}} \tag{15.61}$$

1/100 最大波的平均波高:
$$H_{1/100} = 6.671 m_0^{\frac{1}{2}} \tag{15.62}$$

2. 波倾角密度谱 $S_\theta(\omega)$

波倾角密度谱与波幅密度谱满足以下关系:
$$S_\theta(\omega) = k^2 S(\omega) = \frac{\omega^4}{g^2} S(\omega) \tag{15.63}$$

式中:$k = 2\pi/\lambda$ 为波数;λ 为波长。

3. 浮标摇荡响应谱 $S_\varphi(\omega)$

浮标摇荡响应的谱密度函数等于波谱密度函数与响应幅值算子(RAO)的乘积,对于横摇,有
$$S_\varphi(\omega) = S(\omega)(\varphi_a/\zeta_a)^2 \tag{15.64}$$

式中:横摇运动的响应幅值算子 RAO $= (\varphi_a/\zeta_a)^2$,φ_a/ζ_a 由规则波中的幅频响应曲线得到。

如果考虑波倾角密度谱,则浮标响应的横摇谱密度函数可表示为
$$S_\varphi(\omega) = S_\theta(\omega)(\varphi_a/\theta_e)^2 \tag{15.65}$$

式中：φ_a/θ_e 为浮标横摇角与最大波倾角之比，表达了浮标在规则波中幅频响应特性。

15.6.2　不规则波中浮标摇荡统计特性的预报

首先计算浮标在规则波中的横摇幅频特性 φ_a/θ_e，然后根据式(15.64)或式(15.65)计算横摇响应谱密度函数 $S_\varphi(\omega)$，最后按以下公式计算统计特性。

$$m_n = \int_0^\infty S_\varphi(\omega) \omega^n d\omega \quad n = 0,1,2,\cdots \tag{15.66}$$

式中：m_n 为响应谱密度曲线下面积的 n 次矩。

若横摇幅值谱曲线下的面积为 m_0，则有

平均横摇幅值：

$$\phi_{平均} = 1.253 m_0^{\frac{1}{2}} \tag{15.67}$$

1/3 最大幅值平均值：

$$\phi_{1/3} = 2.000 m_0^{\frac{1}{2}} \tag{15.68}$$

1/10 最大幅值平均值：

$$\phi_{1/10} = 2.545 m_0^{\frac{1}{2}} \tag{15.69}$$

1/100 最大幅值平均值：

$$\phi_{1/100} = 3.336 m_0^{\frac{1}{2}} \tag{15.70}$$

浮标在不规则海浪中的垂荡、纵摇等响应与横摇响应的预报方法相同。

15.6.3　不规则波中摇荡响应示例计算

根据国际船池会议推荐的标准波能谱——ITTC 波谱，进行非规则波波谱分析得非规则波参数：海洋有义波高 $H_{1/3} = 1.5$m，非规则波周期：跨零周期 $T_0 = 4.473$s，有义周期 $T_{1/3} = 5.477$s，非规则波波长：跨零波长 $WL_0 = 31.224$m，有义波长 $WL_{1/3} = 46.815$m，非规则波圆频率：跨零频率 $W_0 = 1.405$，有义频率 $W_{1/3} = 1.147$。

表 15.2 所列为纵荡、横荡、垂荡、纵摇、横摇、首摇 6 个自由度运动的示例计算结果，表 15.3 所列为波能谱经谱宽系数修正的示例计算结果。

表 15.2　非规则波预报结果

	平均值	有义值	1/10 最大平均值	1/100 最大平均值
波高/m	0.940	1.500	1.908	2.501
波倾角/(°)	7.546	12.045	15.327	20.087
纵荡/m	0.835	1.332	1.695	2.222

(续)

	平均值	有义值	1/10 最大平均值	1/100 最大平均值
横荡/m	0.487	0.777	0.989	1.296
垂荡/m	0.473	0.756	0.962	1.260
纵摇角/(°)	8.270	13.201	16.798	22.015
横摇角/(°)	4.368	6.973	8.873	11.629
首摇角/(°)	14.566	23.250	29.586	38.776

表 15.3　谱宽系数修正结果

	平均值	有义值	1/10 最大平均值	1/100 最大平均值
波高/m	0.674	1.076	1.370	1.795
波倾角/(°)	5.962	9.516	12.109	15.870
纵荡/m	0.645	1.030	1.311	1.718
横荡/m	0.372	0.594	0.756	0.991
垂荡/m	0.371	0.592	0.754	0.988
纵摇角/(°)	6.505	10.382	13.211	17.315
横摇角/(°)	3.746	5.979	7.608	9.971
首摇角/(°)	11.262	17.976	22.874	29.979

不论是非规则波预报结果还是谱宽系数修正结果,从表中数据可知:拖体浮标纵荡预报值分别与其相应的波高同量级;拖体浮标横荡运动与垂荡运动同量级,其分别与其相应的波幅(波高一半)同量级;拖体浮标纵摇角分别与其相应的波倾角同量级;拖体浮标横摇角比波倾角小,大约为其一半;拖体浮标首摇角比波倾角大,大约为其一倍。拖体浮标的尺度远小于不规则波波长,小型结构物在波浪中的随波性使得拖体浮标随波起伏,计算结果也表明此点。值得注意的是,浮标的自重、载重、重心位置、绕三轴的转动惯量等参数对计算结果影响大,只有精确地获得这些参数才能得到准确的预报值。

参考文献

[1] 潘文全. 流体力学基础[M]. 北京:机械工业出版社,1980.

[2] 吴望一. 流体力学[M]. 北京:北京大学出版社,1982.

[3] 陈材侃. 计算流体力学[M]. 重庆:重庆出版社,1992.

[4] 许维德. 流体力学[M]. 北京:国防工业出版社,1997.

[5] 董祖舜. 快艇动力学[M]. 武汉:华中理工大学出版社,1992.

[6] 王献孚,周树信,等. 计算船舶流体力学[M]. 上海:上海交通大学出版社,1992.

[7] 陈材侃,刘华. 解三维水翼绕流的下潜涡环栅格法[J]. 船舶力学,2005,9(02):41-45.

[8] 汪淳,邹早建. 一种计算水翼水动力的三维面元法(英文)[J]. 船舶力学,2001(03):18-25.

[9] NAKATAKE K et al. A Practical Calculation Method for Thick Wings[C]. The 6th International Symposium on Practical Design of Ships and Mobile Units, 1995.

[10] HESS J L, SMITH A M O. Calculation of Potential Flow about Arbitrary Bodies[J]. Progress in Aerospace Sciences, 1967, 8:1-138.

[11] HESS J L, SMITH A M O. Calculation of Non-lifting Potential Flow about Arbitrary Three Dimensional Bodies[C]. Douglas Aircraft Co. Report Nr ES 40622,1962.

[12] HESS J L,SMITH A M O. Calculation of Nonlifting Potential Flow about Arbitrary Three-dimensional Bodies[J]. Journal of Ship Research, 1964, 8(04):22-44.

[13] HESS J L. Calculation ofPotential Flow about Arbitrary Three-dimensional Lifting Bodies[R]. Douglas Aircraft Co Long Beach CA, 1972.

[14] 尤子平. 潜艇上层建筑大容积条件下的潜浮性能[J]. 舰船科学技术,1982(10):1-16.

[15] 郑熹. 高压气体应急吹除潜艇压载水舱的气动力计算[J]. 舰船科学技术,1989(06):7-18.

[16] 叶剑平,戴余良,李亚楠. 潜艇主压载水舱高压气吹除系统数学模型[J]. 舰船科学技术,2007(02):112-115,126.

[17] BOOTH T B. Stability of Buoyant Underwater Vehicles, Part I, Predominantly Forward Motion[J]. International Shipbuilding Progress, 1977,24(279):297-305.

[18] 邓志纯,陈材侃. 潜艇应急上浮稳性研究[J]. 中国造船,2004(01):24-28.

[19] BOOTH T B. Stability of Buoyant Underwater Vehicles:Part II. Near Vertical Ascent. [J]. International Shipbuilding Progress, 1977, 24(280):346-352.

[20] 孙元泉,马运义,邓志纯. 潜艇和深潜器的现代操纵理论与应用[M]. 北京:国防工业出

版社,2001.

[21] 陈材侃. 一种连分式递推关系和复指数积分 $En(z)$ 的计算[J]. 华中科技大学学报(自然科学版),1984,15(05):16 - 19.

[22] Hans P L. Lennart Bystrom. Hydrodynamic Aspects of the Design of the Forward and Aft Bodies of the Submarine[C]. International Symposium on Naval Submarine, London, 1983.

[23] 梁中刚,陈材侃,周凌. 潜艇前体线型与水动力噪声[C]. 船舶水下噪声学术讨论会,2005.

[24] 李福新,张宇文,石秀华. 回转体流噪声——边界层转捩区的声辐射[J]. 声学学报,1999(5):536 - 543.

[25] 包慎良,朱继周. 今日潜艇[M]. 北京:海军出版社,1988.

[26] 夏国泽. 不可压缩边界层理论[M]. 武汉:华中理工大学出版社,1992.

[27] 彭临慧,付建辉,孙玉东,朱锡清. 湍流边界层压力起伏频谱特性研究[J]. 声学学报,1999(5):523 - 528.

[28] 施生达. 潜艇操纵性[M]. 北京:国防工业出版社,1995.

[29] 李天森. 鱼雷操纵性[M]. 北京:国防工业出版社,1999.

[30] 黄景泉,张宇文. 鱼雷流体力学[M]. 西安:西北工业大学出版社,1989.

[31] 徐宣志. 鱼雷力学[M]. 北京:国防工业出版社,1992.

[32] 李宜敬,张中钦,张远君. 固体火箭发动机原理[M]. 北京:北京航空航天大学出版社,1991.

[33] 董师颜,孙思诚,等. 固体火箭发动机原理[M]. 北京:国防工业出版社,1983.

[34] 王宝寿,许晟,易淑群,等. 水下推力矢量特性试验研究[J]. 船舶力学,2000(05):9 - 15.

[35] 何洪庆,张振鹏. 固体火箭发动机气体动力学[M]. 西安:西北工业大学出版社,1988.

[36] 李世模. 兴波阻力理论基础[M]. 北京:人民交通出版社,1986.

[37] 程天柱,石仲堃. 兴波阻力理论及其在船型设计中的应用[M]. 武汉:华中工学院出版社,1987.

[38] 黄鼎良. 小水线面双体船性能原理[M]. 北京:国防工业出版社,1993.

[39] 冯大奎. 小水线面双体船阻力性能研究及船型优化[D]. 华中科技大学,2004.

[40] 蔡跃进,黄鼎良. 小水线面双体船阻力及其优化研究[C]. 中国造船工程学会船舶力学学术委员会第一届船舶阻力学术讨论会论文集,船舶阻力学组. 1986.

[41] LEE C M, CURPHEY R M. Prediction of Motion, Stability, and Wave Load of Small - Waterplane - Area, Twin - Hull Ships[J]. Transactions of SNAME, 1977,85:94 - 130.

[42] TOMMASI G B. Experimental Evaluation of a new Stern Shape[J]. International Shipbuilding Progress, 1976, 23(258): 31 - 51.

[43] TOMMASI G B. A Hydrodynamic Study of the Cochlea - channeled Stern[J]. International Shipbuilding Progress, 1977, 24(277): 237 - 261.

[44] 程尔升. 蜗尾船型研究[C]. 第二届全国内河船舶学术交流会论文集,1990.

[45] 程尔升,何晓. 外旋蜗尾船型[J]. 民船船型开发通讯,1988.3:28.

[46] 许巨林,程尔升. 平头蜗尾船型尾流场的试验研究[C]. 中国造船年会论文集,1986.

[47] 平头蜗尾船型研究组. 300客位平头蜗尾(十堰号)综合研究报告[R],1985.9.

[48] 薛中川. 平头蜗尾船型原理与设计[M]. 武汉:华中工学院出版社,1985.

[49] 刘幼华,程尔升. 对一条系列60船模尾流场进行的能量分析计算[J]. 中国造船,1992,2:90.

[50] 刘幼华,程尔升. 船舶推进的一种能量分析方法及其应用[C]. 船舶力学委员会推进与空泡学组论文集,1990.

[51] 程尔升,吴建财,陈材侃. 一种外旋蜗尾船型的势伴流场数值模拟与分析[J]. 华中理工大学学报,1993(06):144-148.

[52] GADD G E. A Method for Calculation over Ship Hulls[J]. R. I. N. A,1970,7(3):112.

[53] 王传友. 慢船兴波理论研究及其在船型优选上的应用[D]. 武汉:华中工学院,1987.

[54] 肖人杉. 有限水深的慢船理论与兴波阻力数值计算[D]. 武汉:华中工学院,1989.

[55] 王国强,张天峰. 非线性涡格法计算带端部分离流的船舵流体动力性能[J]. 中国造船,1987(02):16-23.

[56] 刘幼华. 转柱舵的试验研究与数值模拟[D]. 武汉:华中工学院,1987.

[57] 周卫. 螺旋桨升力面理论数值计算[D]. 武汉:华中工学院,1988.

[58] 董世汤,冯锦璋. 求解任意三维体绕流的复合型奇点分布法及其在预报导管螺旋桨非定常水动力性能中的应用[J]. 舰船性能研究,1986.1:28.

[59] 陈加菁,张年方,袁毅之. 均流中悬索的性状及计算[J]. 中国造船,1980(01):51-64.

[60] М. Н. Алекседров. ОБУсцлцятВСложныхЯкорныхКанамах[C]. ТрудыЛКИВыпхххIII,1961.

[61] PODE L. Tables for Computing the Equilibrium Configuration of a Flexible Cable in a Uniform Stream[R]. David Taylor Model Basin Washington DC,1951.

[62] EAMES M C. Steady-state Theory of Towing Cables[J]. RINA Trams,April 1968,110.

[63] JACOBS E N, ABBOTT I H A. Airfoil Section Data Obtained in the NACA Variable-density Tunnel as Affected by Support Interference and Other Corrections[R]. NACA Report,1939,669:14.

[64] PEDERSEN P T. Eguilibrium of Offshore Cables and Pipeline During Laying[J]. I. S. P.,1975,22(256):14.

[65] 竺艳蓉. 海洋工程波浪力学[M]. 天津:天津大学出版社,1991.

[66] 李积德. 船舶耐波性[M]. 北京:国防工业出版社,1981.

[67] 李德镍. 三锚链系泊柱式平台的动力反应[J]. 海洋工程,1986,4(2):73-81.

[68] 朱新颖,黄祥鹿. 深海锚泊浮标的二阶动力分析[J]. 海洋工程,2000,18(2):74-78.

[69] BHATTACHARYYA R. 海洋运载工具动力学[M]. 邬明川,戴仁元,陶饶森. 北京:海洋出版社,1982.

[70] 陶尧森. 船舶耐波性[M]. 上海:上海交通大学出版社,1985.